戴爱莲

我的艺术与生活

戴爱莲口述

罗　斌、吴静姝 记录、整理

人民音乐出版社
华乐出版社

图书在版编目（CIP）数据

戴爱莲：我的艺术与生活／戴爱莲口述：罗斌，吴静姝整理 .— 北京 ：人民音乐出版社：华乐出版社，2003. 3
（2018.6 重印）

ISBN 978-7-80129-087-8

Ⅰ. 戴…　Ⅱ.①戴…　②罗…　③吴…　Ⅲ.戴爱莲－生平事迹　Ⅳ. K825. 76

中国版本图书馆CIP数据核字（2002）第 029049 号

责任编辑：牛抒真

人民音乐出版社出版发行·华乐出版社出版发行
（北京市东城区朝阳门内大街甲 55 号　邮政编码：100010）
Http://www.rymusic.com.cn
E-mail: rmyy@rymusic.com.cn
新 华 书 店 北 京 发 行 所 经 销
北京隆昌伟业印刷有限公司印刷
880×1230 毫米　32 开　8 插页　10 印张
2003 年 3 月北京第 1 版　2018 年 6 月北京第 3 次印刷
印数：6,041 — 7,540 册　定价：46.00 元

江泽民等国家领导人接见戴爱莲等舞蹈艺术家 （2000 年）

1947年戴爱莲与父亲（坐者）和叶浅予
在特立尼达岛

《瑶人之鼓》剧照 （1944年）

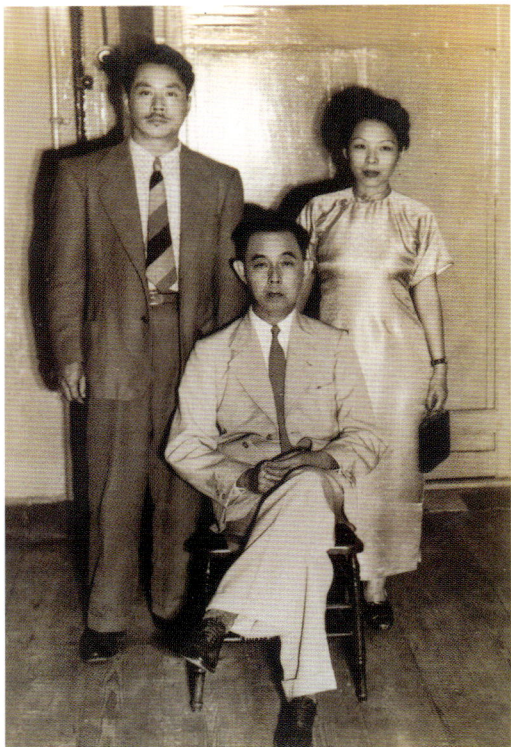

戴爱莲 1986 年在巴黎参加纪念安东·道林的活动

戴爱莲的头像被放置在英国皇家舞蹈学院大厅 （左为艾弗·盖斯特）

戴爱莲与雕塑家威利·苏考普在北京 （1984 年）

戴爱莲与画家叶浅予在一起

《巴安弦子》（叶浅予画）

《青春舞曲》（叶浅予画）

戴爱莲
我的艺术与生活

英国舞蹈史学家艾弗·盖斯特与芭蕾艺术家玛戈·芳婷女爵士在中国驻英使馆的招待宴会上 （1979年）

戴爱莲与参加"意大利国际芭蕾舞创作比赛"的部分评委合影（1983年）

戴爱莲与第一届上海国际芭蕾舞比赛评委合影　（1995 年）

戴爱莲在贝尔格莱德与国际舞蹈理事会部分成员合影

戴爱莲在指导唐敏排练

戴爱莲与她的两个学生冯英、王才军在一起

戴爱莲与中央芭蕾舞团饰演《天鹅湖》的四只白天鹅——白淑湘（左）、冯英（右二）、赵汝蘅（右一）、王珊合影

戴爱莲在美国出版的两本以拉班舞谱记录中国藏族、彝族舞蹈的书籍

戴爱莲与纽瑞耶夫合影

戴爱莲与伊万·纳吉合影

戴爱莲与 20 世纪 30 年代老同学阿莉西亚·玛科娃女爵士合影

国际芭蕾大师纽瑞耶夫的中国妈妈戴爱莲和英国妈妈穆德·劳伊德

1996 年 7 月，戴爱莲被授予香港演艺学院院士证书

79 岁的戴爱莲在金秋晚会上

戴爱莲在"造型表演艺术创作研究成就奖颁奖仪式"上与获奖者合影

戴爱莲与王克芬、罗斌、牛抒真、吴静姝(本书主要工作人员)合影

本书向我们展示了一个真实的戴爱莲——一个不倦的舞者，一个独立的、率真的、乐观的、活泼的、坚忍不拔的女性。

写 在 前 面 的 话

　　戴爱莲是一个什么样的人？作为一名音乐舞蹈类图书的编辑,我深知戴先生在中国舞蹈艺术领域里所取得的卓越成就以及至高地位,在审读戴先生这本自传的过程中,随着我与她本人的交往增多,我逐渐地偏离了舞蹈专业的角度,转而为她身上闪耀着的人格魅力所折服。

　　她给我印象最深的是她的笑容,很难想像一个年逾八旬的老人笑起来会那样美,让人体会到一种发自内心的喜悦与满足——没有枉过了这一生。然而从这本书里我们可以看到,她的一生并不总是伴随着收获,相反却总是经历着一次次的失去:十几岁时,父亲因赌博而逐渐破产,她从一个华侨富商的女儿,沦为要靠打工来勉强维持生活的穷学生;学有所成后,她毅然放弃在英国发展事业的机会,选择回到烽火连天的祖国参加抗日救亡运动;新婚不久就因病失去了生育能力;在战时逃难期间曾几次丢失全部的财物;"文革"中被冠以一大堆莫须有的罪名,经历了批斗、抄家、劳改等许许多多非人的侮辱与折磨;还有她在婚姻上的挫折……她是怎样捱过的呢?

老人说起话来难免有重复的时候,戴先生回忆自己的一生曾经许多次地提到了以下几句话:

　　——要爱国,要爱我们民族的文化。

　　——只要热爱一项事业,为它吃多少苦都值得。

　　——我的成就离不开老师、朋友们的教导和帮助。

　　——自己很幸运。

　　我想这些就是戴先生的回答。对她来说,一次次失去的只是身外之物,而始终抱定不放的是心中的挚爱——对生活的爱,对亲人、朋友的爱,对老师、学生的爱,对艺术事业的爱,对祖国、民族的爱……正因为有了这些爱才有了这样一个成功而精彩人生:一粒生长在海外的种子,辗转回到了阔别几代的祖国,将根深深地扎在中华民族艺术的沃土里,逐渐长成一棵参天的大树,每一个年轮都映照着中国舞蹈艺术的成长与壮大的历程,枝繁叶茂、生机勃勃。

　　坎坷难阻惊鸿步,沧桑不泯赤子心。这就是舞蹈家戴爱莲,她因为有爱而美丽。

責任编辑:牛抒真

2003 年 1 月 18 日

目　　录

前　　　言

许多年来,我的亲戚、朋友和学生们都希望我能写一本自传,但我一直没有做到。

1997年夏,我嘱托王克芬帮助我实现这个心愿。王克芬是新中国成立之前就在上海乐舞学院跟随我学习舞蹈的老学生,她仔细地完成了录音记录稿的初审、初改工作,并带着她的博士生郑永乐,从我数以千计的照片中筛选出一部分以供本书使用。如果没有她积极地推动以及吴静姝、罗斌、霍德华、吴艺、韩宗隆、金立勤、姜敏等中、青年朋友们的帮助,我的这本自传是不可能出版的。

我还要深深感谢人民音乐出版社的领导和本书的责任编辑牛抒真女士,他们为出版本书克服了许多困难,花费了不少心血调整结构、修饰文字、核实内容。我谢谢他们。

我生长在海外,从小接受的是完全西式的文化艺术教育,连中国话都不会说,但我始终坚信自己是个中国人。1940年我从英国奔赴祖国,加入到抗日救亡的洪流中,我要用我所学的舞蹈艺术来为民族的独立与进步服务。

一踏上祖国的土地，我就开始满腔热情地学习中华文化，积极从各民族民间舞蹈艺术的沃土里探寻中国舞蹈之根，终于在1946年第一次将中国民族民间舞整理成表演艺术搬上舞台，这就是当时轰动全国的"边疆舞"。我一生都在努力探寻中国的舞蹈艺术，直到1993年，我77岁时还到云南省的少数民族地区向当地人民学习民间舞蹈。

人们都说戴爱莲爱国，我是爱国的，我爱的"国"是什么？不是中国的风景，很多别的国家的风景也很美丽。我爱的是中国人，爱的是我们的民族，我们的文化。

回顾一生，我感到十分幸运，在人生的道路上总能遇到良师益友。在英国，我有安东·道林这样的好老师教我芭蕾舞艺术；回到祖国后，宋庆龄、周恩来、邓颖超、陶行知、廖梦醒等前辈都曾引导我，使我能够始终从事进步的文化事业，始终和中国人民在一起，经历各种苦难与幸福、考验与成功。

还有我的朋友们，他们使我的生活远离孤独、愉快充实。我谢谢他们。

戴爱莲

2002 年 12 月 18 日

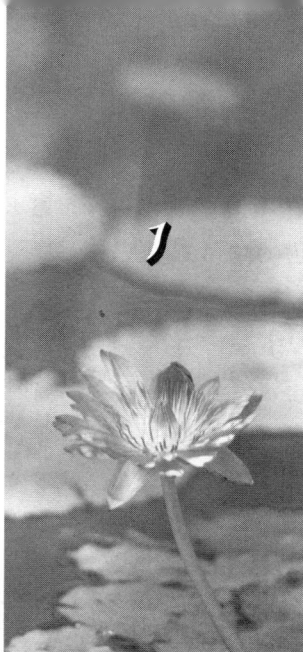

在特立尼达的童年

我 的 出 身

我出生在拉丁美洲西印度群岛的特立尼达的一个三代华侨世家，日期是 1916 年 5 月 10 日。我们家祖籍是广东鹤山的杜阮，此地 20 世纪 50 年代时划归广东新会管理，所以我又是新会人。我的祖父在他小的时候从杜阮移民到了特立尼达。我的母亲是"客家人"，我的曾外祖父母是在太平天国起义后随着家族流落到那儿的。总之，我很小的时候就从大人那里知道自己的根在中国。

其实，我祖上并不姓"戴"！姓戴是一连串的阴错阳差、张冠李戴的结果。我出生后起的英文名字叫爱琳·阿萨克，爱琳被音译为爱莲,即是我后来一直用的中文名字,而姓戴则得先从为什么姓阿萨克谈起。特立尼达的华侨多数是广东人、客家人。对白人管理者来说用广东话和客家话念出来的中文名字十分复杂难记,结果为了方便,大家纷纷起了外国姓名。我母亲家原来姓刘,在岛上则被称为"弗兰西斯"。至于我的爷爷,我只知道他的小名叫阿石,广东话石头的发音是"Sa";阿石便念成了"阿萨"。所以英国人认为这是他的姓,就管他叫"阿萨克",这是个出自圣经的犹太人的姓。我的父亲还有我的姑姑们也就跟着姓了"阿萨克"。直到现在我们住的地方还有以"阿萨克"命名的路和角楼。1930年,我母亲带我去见安东·道林①时,他很奇怪我是中国人,因为我是用"阿萨克"这个姓和他联系的。他问我:"为什么中国人会有一个犹太姓?"我母亲解释说这不是我们的真姓,我的父亲叫阿戴,所以我们姓戴。但是母亲也搞错了。实际上,我父亲是老大,家里人叫他阿大,广东话"大"和"戴"差不多。可是,现在解释已经来不及了。1947年我和我的第一个丈夫叶浅予②去美国访问期间曾回特立尼达探亲。叶浅予会讲广东话,他和我父亲谈了很多,我都没听懂。回国后,一次司徒慧敏问我:"你知道你姓什么吗?"我说:"姓戴。"他说:"不对!你姓吴。这是你父亲和叶浅予聊天时说的。"当时我非常感谢司徒让我知道自己姓吴。可是过了几年,又见到司徒时他说:"你不姓吴,姓阮。"所以,我又不知道自己到底姓什么了?!但是我觉得,很可能姓阮,因为我们老家的村子叫"杜阮",广东人也有姓阮的,很可能我就姓阮。还有一次开政协会的时候,有一个委员对我说:"我们是亲戚,我姓阮,是广东人。"可是别人都知道我

---

①安东·道林:英国著名芭蕾大师,戴爱莲的芭蕾舞教师。

②叶浅予:中国著名画家、漫画大师,创造了《王先生》等漫画系列作品。

戴爱莲的父母亲

姓戴了，如果我再姓"阮"就乱了！反正姓氏不过是个符号罢了。

我的名字还给我带来了其他一些麻烦。我姓的戴，拼音为Dai；在英国威尔士地区，叫大卫的男人，有时小名叫Dai，这是比较普遍的叫法。人们若不认识我，只看我的名字时，会认为我是威尔士人。西方人习惯把名字放在前面，姓放在后面，因而还有人认为我姓爱莲（Ailian），名字叫戴。捷克一个著名舞蹈编导克里亚，是我的好朋友，有一次，他给我写信说："我认为我们是朋友，我签的是名字，可为什么你签的是你的姓？"虽然如此麻烦，我依然认为年纪大的人在这方面可以不必计较，名字是不用改的了，可是，20世纪70年代末我去英国，又有人问我："你为什么改名字？"我说："我没有改，还是戴爱莲！""可是你名字的拼写方式不一样了？"其实现在我是用"戴爱莲"的汉语拼音Dai Ailian，而过去是英文名字Ailien Tai，两个名字的发音相似。

我的出生地特立尼达岛面积有100多平方公里，只比中国的海南岛大一点儿。岛上有一个世界闻名天然的露天沥青湖，开采的沥青销往世界各地，此外这里的石油储量也很丰富。特立尼达岛在当时是英属殖民地，早年曾被法国人占领，葡萄牙人和西班牙人也是最早的殖民者。当年各国的殖民者听说圭亚那有金矿，特立尼达是从中美洲进入南美洲的最后门户，于是这里就成了他们觅攫财富的必经之地。这里的最高领导人是英国委派的总督，首都西班牙港是他的办公地点。特立尼达岛上居民由欧、亚、非等大洲的移民构成，各个民族彼此间界限分明，基本上不相往来。岛上的原住民是加勒比人，属于印第安部落的一支；白人的入侵使这个民族基本绝迹了，据说尚有少数人在西印度群岛某些地方幸存下来。白人属于"上层阶层"，是岛上权利的拥有者；黄皮肤的中

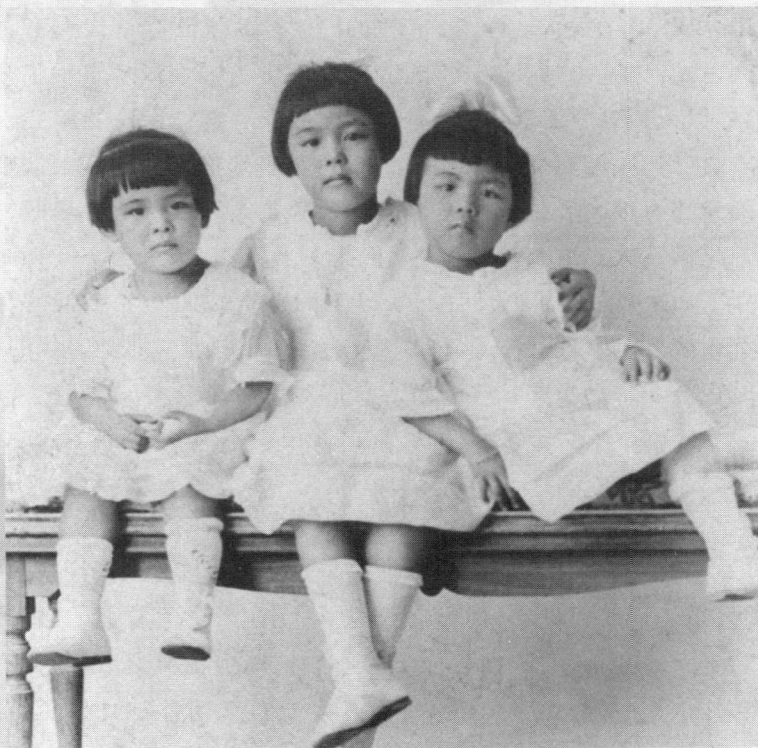

童年时的戴爱莲（左）与两位姐姐

国人属于"中层人士",开铺子的比较多,而且已有三代人了,中国人也做医生、律师或在政府里工作。印度人务农或从事手工艺,也有做生意、开电影院、搞交通的。他们穿着自己的民族服装,保持着自己的民族习惯。我的一个姨、一个表妹都是和印度人结婚的。但我那时很少和他们打交道。非洲裔黑人的社会地位最低,一般都是做下人或奴仆。我们家的佣人多数是黑人,第一个女仆叫"罗斯",后来换了别的女佣人,我母亲懒得记她们的名字,就把她们都叫成"罗斯"。白种人对中国人一样不很尊重。那个时代的种族歧视是非常严重的。

我 的 家 人

我的父亲是家族中的惟一的男性子嗣,他在18岁刚读大学时,我的祖父去世了,作为家族惟一的继承人,父亲责无旁贷地挑起了家庭的重任,因而放弃了深造的机会。我祖父留下不少房产和几个大庄园,那里种植了很多广柑、橙子,可能都是我的曾祖父用从广东带来的种子种下的。庄园里还种咖啡、可可。父亲继承了很可观的家业,引得很多人上门说媒攀戚,但他最终还是选择了心灵手巧,而且富有艺术细胞的母亲。

我母亲的娘家是个人丁兴旺的 "望族",母亲的兄弟姐妹有12个,因此我的表亲众多。岛上几乎所有的中国人家庭都和我家有亲戚关系。后来随着家族的壮大,我的亲戚也就遍布世界各地了。我姥姥的一个姐姐嫁陈姓人家,姥姥的外甥陈友仁,曾任孙中山政府的外交部长。陈友仁的夫人是半非洲黑人半法国人的混血儿,因此他们的四个孩子也都是混血儿,很多人看到陈氏孩子的状况曾误认为陈氏本人也是混血儿。20世纪50年代,我发现了著名导演黄佐临的妹妹也是我的远亲。直到今天,我还会时常遇到这样的"新发现"。家大业也大,那个沥青湖原来就是我母亲娘家的。外公去世得早,大舅14岁就承担了家业。很多人上门来讨债,不得已大舅变卖了一些家产,沥青湖大概就是这时被"割让"出去的。

我的奶奶和我们住在一起。父亲的叔叔住在我家院内的平顶屋里。我父亲有个姑妈,也住在我们的小城里。她有两个女儿,我父亲负责他们一家人的生活。这个城镇就容纳了这些亲戚。我平生第一次见到的死人,就是父亲的叔叔,但他死得很安详,没有引起我的恐惧。奶奶的形象与人格,至今历历在目。我不知她生在何地,但在我的记忆中,她在家中一直穿的是清朝式样的衣服——一种用广东人爱穿的外黑内黄的香云纱缝的低领、广袖、铜扣、大花边的褂子,肥硕的裤子。她与父亲在家里讲广东话,而我们其他人讲英语。

我的姥姥姓梁,到上小学的年龄,我开始住在她家里,我的两个最小的舅舅、一个姨也与我们同住,他们当时都未婚。十一舅身体锻炼得很棒、很健美,他经常边看体育杂志,边对镜子锻炼。我常跟在他后面模仿。不久父亲在首都买了房子。我上小学时,每星期天,整个家族的人都要集中在姥姥家中,因为她那里院子很大。一到那里,孩子们都要向姥姥问好:"姥姥,我来了。""好,好!"姥姥总是笑着回应。她不可能一一记住我们,因为孩子实在太多了。

二姨准备结婚时,所有婚礼用品一应储存在一间大木房中,那时岛上没有电,照明采用蜡烛,我的一个舅舅不慎使点燃的蜡烛烧着了窗帘,整个木屋化成了灰烬,搅了一场盛大的婚礼。

我的四姨是个精明人。每次聚会,她让孩子们按年龄逐个坐到她跟前的凳子上,她逐个为孩子们掏耳朵,当时我大约排第十。我总是与表兄弟们一起在户外玩耍,所以我的皮肤黝黑。每次她"接见"我,首先都要向我脸上扑好多名牌 Coty 粉,一边擦,还一边唠叨:"看看,你怎么那么黑!"

我的五姨和十姨去美国学习护士专业,放假回家时她们常对着镜子拔眉毛。这种时髦的做法也传给了我们,连我母亲也不例外。我从小崇拜母亲,总是模仿她的所作所为,因此我也随着她拔眉毛,结果我只剩下细细的一条眉毛,害得我一辈子都要画眉毛。

有时我们和表兄妹共八人去姨姥姥家度假。她子女很多,却独身居住。她总穿维多利亚式的长裙,虽然很老、满脸皱纹,但身体健康,可以不戴眼镜穿针线。她说:"如果你们喜欢,我可以为你们跳舞。"我曾问她:"你单独居住,会不会害怕?"她回答说:"不会,我睡觉时在枕头底下放一把短剑,有一次有人闯进我家里,我举起短剑大吼一声'滚蛋!'小偷害怕了,慌忙逃走。"那时候我们年纪小,玩起来什么都不顾。表兄妹之间常用枕头"打仗",还用马拉小车玩。给我留下深刻印象的是每晚姨姥姥都给大家讲鬼故事,睡觉时能听到孩子们做噩梦时的惊叫声。

我家在首都偏南的一个名叫库瓦(Couva)的城镇。我父母结婚时盖了一栋楼房,房顶很高,我们全家就住在楼上。楼下是我家开的一间大店铺,楼后有个大院子。库瓦只有一条从南到北的大马路,我家的房子坐落在正对着这条路的一个丁字路口上。我家向东斜对着是牧师的家,再过去是医生的家。他们也是这个小城里惟一的牧师和医生。

我家楼上左右各有四个大房间,中间对着楼梯的地方有一个大厅,可以开宴会。我曾在那里学骑儿童自行车和练习滑旱冰。楼下的店铺经营的项目很多,粮油、食品、烟酒等生活用品俱全,我时常能听到有人酒后在下面大声喧哗的声音。我们家自制的很香的面包、鱼干也在铺子里出售。有一个人每天拿一大麻袋新鲜牡蛎(海蛎子)来卖。他有一个瓶子,其中装有醋和辣椒等调料。卖牡蛎时他往鲜蚝肉上点一滴调料。我虽然不爱吃辣椒,但那一滴调料确实很鲜美,我至今还能记得。当地的印度人爱吃辛辣食品,我亲眼见他们吃新鲜的红辣椒。我爱吃甜食,又活泼好动,经常在家庭教师给我们上课的时候,以"上厕所"的名义请假,偷偷跑到楼上的食品餐具间里去吃点果酱之类的东西。另外,我最爱到店铺中吃面包、炼乳加蔗糖组成的"三件套"。

特立尼达岛位于热带地区,全年分为雨季和旱季。雨季给我们带来了全年的用水。我家房子大,主楼和侧屋都有斜屋顶。下雨时雨水顺坡流到落水管, 然后流到 6 米多长的蓄水池中存储起来,旱季时有些人家缺水,还拿桶到我家的店铺买水,当然价格极为低廉。

旱季是收获季节,广柑收完后,又轮到收获值钱的橙子。每到丰收时节,我们的人手就会紧张,来不及收获的果实掉得满地都是。每当可可成熟时,都有一个黑人来用麻袋装样品。那黑人见了我,总说:"小心,等一会儿我就用麻袋把你带走啦!"我很天真地相信了他的话,所以他每次来的时候,我都赶紧奔跑 200 多米,躲在后院的厕所里,以防他来抓我。我们家的院子里还有一个平顶房,它的顶部是可移动的,用滑轮控制,可开可合,是用来晾晒可可豆的。晴天就把顶拉开,雨天就把顶合上,都是为了晾晒可可豆。每到这时,父亲总会喊我们姐妹三人:"你们可以去让可可豆跳舞啦!"于是我们便兴高采烈地跑去翻可可豆,好让豆子受光均匀。

我 的 "人 之 初"

我生在一个五口之家,母亲在生我之前,还生了两个姐姐。我父亲最喜欢我的大姐,我是家里最小的"宝贝",母亲最疼我。我小时候很胖,大人们又称我"小胖子"。我天性好动,走路学得过早,所以小腿有点儿弯曲,走起路来摇摇摆摆的,人们叫我"Toddler"——学步的幼儿。记得小时候,因为我有点"对眼",曾经戴过一段时间眼镜。母亲认为是由于我在婴儿时期总想看站在床后的人又回不过头去,只好用力斜着眼看,导致眼肌发育不健全。后来,她经常把我抱在怀里,向不同方向移动手指来领引我的视线,目的是为了锻炼我的眼肌。在母亲不懈努力下,我的眼睛终于恢复了健康,摘掉了眼镜。

我从小喜动不喜静,给人的印象是胆子大,像个男孩儿!我不记得玩过"洋娃娃",倒是经常上树、踢足球,这对我的性格形成有很大影响。我们家族在我这个年龄段上男孩子较多,女孩子很少,因此我童年的玩伴经常是我的表弟。他们把我这个姐姐当"头儿",非常服我,我想自己能有个"亲弟弟"就更好了。我的童年,基本上是"男孩子的世界",直到14岁去英国前,女孩儿爱美与打扮的天性才逐渐"回到"我身上。

爱哭,也是我童年的"专利"。我们的岛屿地处热带,各家各户的厕所都设在院中,小孩子每人一个小桶,以供"如厕"之用。当时我很小,消化不好经常造成排便不规律,母亲总逼我坐在小桶上,警告我："你拉不出屎，就不许起来！"这是非常令我烦躁的事情，我又无法反抗，只能以长时间的哭泣发泄胸中的郁闷。其实，这"哭"也是"犟"的一种极端表现形式，与我"无拘无束"的天性直接相关联。

父亲外出做生意，家里的一切都交给母亲管理。我从小被母亲惯得比较娇气，不能忍受一丝一毫的压抑，不服大人的"管教"。上小学的时候我不爱吃鱼，因为我们在海岛生活，每天都能吃到渔民送来的新鲜的海鱼，吃得让人腻烦，所以我坚决不吃这个东西。父亲本来是不怎么管孩子的，从来没有打过或骂过我们姐妹三个。但这次见我这样，他却大声地斥责我："给你吃什么，你就吃什么！"但我就是不吃。父亲生气了，他提着我的两只手，转着圈地把我扔在地上，以示他的"教育"。那时我最想吃的是中国的鸡蛋炒饭。"那你就等着吧！"父亲说。"你们吃你们的，我等！"我说。这期间有很多佳肴先后上桌，我虽然有点心里痒痒，但依然保守初衷，"赌"着我那盘炒饭。当炒饭端上桌时，其他好东西都被吃完了。可见我小时候有多犟！

我十分淘气，腿脚又快，遇到做错事情，母亲要惩罚我时，我总能"脚底板抹油"，逃之夭夭。有一次母亲追不到我，便抓住我二姐打了一顿，以此平息她胸中的怒火。这事对我震动很大，本来是我的不对，却让二姐替我背了黑锅，我平生第一次感到了后悔与难过！此事给我一个教训，即做任何事都不能由着性子胡来。

在我未识字之前，二姐(她长我一岁多)为我读童话故事，如：《爱丽斯漫游仙境》、《睡美人》、《灰姑娘》和安徒生的童话故事等。书把我带到了另一个奇妙的世界！我强烈要求认字，学会看书，以便享受美妙的文学。我一生都很喜欢文学，大概与此有关。在众多文学作品和作家中，我最欣赏的是戏剧文豪莎士比亚，他的古英语美妙异常。

7岁时，我高兴地上小学了，学校中有华人、黑人的孩子，还有少数白人。记得我们是在一个大教室上课的。有一天我感到头晕，东西每样好像都在晃动。我正准备举手告诉老师我不舒服，这时校长摇铃宣布，我们这里经历了地震，现在过去了。这时我才明白自己刚才为什么这么难受。

上学后我最喜欢的课是语文、体育及美术，我们还学习历史、地理等。我对这些课都很感兴趣。我们小学还开手工课，学的是绣花。基本功是"补袜子"，每人准备一只小筐，里面盛满手工用具，先学穿线、再"打补丁"，逐步过渡到绣花。从一个小学生的角度要求，我算不上是个好学生，因为我爱玩，但也许我这个人的运气不错，考试我从未不及格过。

上中学后，我最喜欢体育课。课上教授很多体育项目如曲棍球、田径等。我的跑步是强项。我不喜欢的是拉丁语和算术。直到今天，这方面还是我的弱点。我也没有努力学习法语。

我在特立尼达学完了小学和初中课程，但对于我来说，中文没有学好是最大的憾事！因为特立尼达是英属殖民地，没有中文学校。我的教育全部是西方文化的。我家里只有我的奶奶会说一些夹着英文单词的广东话；我母亲是第二代侨民，她和12个兄弟姐妹都讲英语，中国话已经不会讲了。早年我在英国学习时开始真正认识到自己是中国人，但因为我不会说中国话，在从中国来的留学生眼里，我又是个"洋人"，因而我对自己的身份很有自卑感。当然不是所有的生长在海外的华侨都像我这样。我在美国理发店里见的店主的女儿，约会男朋友时对方要她讲广东话，她很不以为然,并不觉得会说中国话有什么好。

我的艺术教育

我父亲不抽烟、不喝酒,就是爱赌钱。广东人有嗜赌的毛病,更何况我的老家又离澳门很近。我曾听说我爷爷开过一个赌场,但我没见过。说不定那个赌场赌光了,反正我父亲是一直赌钱的。父亲因为常赌常败,家庭开支日渐拮据。小学快毕业时,有一次校长让我课后到他的办公室去,我非常紧张,以为自己做错了事情,可实际上他是要我转告母亲:不要忘记交学费。这时我才知道我们家里的经济状况不断走下坡路。

对于父亲光输不赢的赌瘾,我母亲既痛恨又无可奈何,她曾说过:"我庆幸没有儿子,否则,他会像父亲一样的嗜赌成性,那我的命运就太悲惨了!"母亲自己是个家庭妇女,但她喜欢艺术,希望我们姐妹三个都能受到良好的教育。我姐姐不喜欢钢琴,母亲总要拿着个藤条督着她:"你去练钢琴!"这样做最实用的目的是将来可以嫁个好人家。这种观念在那个时代是根深蒂固的,直到1940年我到香港(我当时未婚),我的五姨还要替我找个有钱的婆家呢!

在我上小学前,家里已经有一架自动钢琴——Pianola,里面装着特殊的纸卷,上面有大小不一的孔,用脚踩踏板演奏时,空气通过纸卷的孔,自动奏出音乐。这个琴的音量可以由演奏者自己掌握强弱,可以按自己的意愿渐强、渐弱,体现自己的感情,好像是自己在演奏音乐似的。我童年时就喜欢通过音乐表达自己的感情。当时我太小了,坐在琴凳上脚够不着踏板,只好坐在小凳子上踩踏板,右手掌握音量,左手拉住钢琴以保持板凳的稳定。每天晚上,全家人收工后一起用晚餐,我总在饭后和着音乐为奶奶跳舞。

特立尼达每年在"复活节"前有两天狂欢节,黑人们纷纷起舞,狂跳不已。他们并不把这种东西叫做舞蹈,而是把它称为"跳"。每到此时,整个市镇都像着了魔一般发狂。我们家里也搞一个"彩车"参加游行,我们在车上抛洒纸花、彩带,演奏乐器,挥舞道具,好不热闹!所以,跳舞是我从小就做的"常事"。

我大约是从7岁开始学习弹奏钢琴的,当时我的大姐已学了,但二姐还没开始学,我是吵着、闹着要学,母亲拗不过我,于是我先于二姐学了弹奏钢琴。我的启蒙钢琴教师是个混血黑人,他身材高大,使用英国Trinity(圣父、圣子、圣灵三位一体)音乐学院的考级教材教我钢琴弹奏技巧和乐理知识。每年都有英国考官到他那里主持考试,我考完初级后开始自己试着在母亲唱歌时为她伴奏。我第二个钢琴教师是德国人,他的小女儿是我的朋友。我在老师的指导下达到了该学院考级的中级水平,那是我学琴七年之后的事。当时大姐在考高级水平,我们之间展开了激烈的竞争,最后我的考分超过大姐,心中非常得意。

我的表舅陈友仁的长女陈锡兰在英国读书期间学习了芭蕾舞。暑假时她回到特立尼达就教我们这些表兄妹们跳舞。她长得很漂亮,经常在草地上骑马,一头长发飘在空中,异常潇洒。因为我从小节奏感强,所以经常在儿童舞蹈中担任领舞。她还在自己家中给我一人上芭蕾课。我手扶法式窗户的窗台练习扶把动作。我就是这样学习芭蕾舞的,后来我们居然就演出了!

大约是在五六岁时,我平生第一次上舞台,演出的是一出小歌舞剧,名字叫《仙境风灵草》。记得在市里演出前,我们走台,舞台上的脚灯未装灯泡，我因为年龄小、缺乏知识，坐在台边便将手伸进灯口里触摸，"啪啦"，瞬间一阵麻木，我本能地缩回了手，这才意识到自己被电着了，吓得我顿时出了一身冷汗！从那时到现在，电是我最害怕的东西！

陈锡兰后来成了一位名演员，在整个欧洲都有影响。关于她自己的经历，她曾写了部自传。书中记述了在英国演出《仙境风灵草》时，她与著名芭蕾演员安东·道林(我的芭蕾老师)分别扮演剧中的两只猫的情形。这部书我是在"改革开放"以后看到的，1979年，我曾打电话问安东·道林老师："是否记得很久前你演过《仙境风灵草》吗？"他说："是的，那是我的第一份工作。我演过一只猫，我的舞伴是一个中国女孩子。"可见表姐的记录是实在的。后来她的母亲去世了，她们一家人都到了中国。"大革命"失败后，她们随同孙中山先生一起去了苏联莫斯科，是在那里长大成人的。

表姐离开特立尼达后，我没有继续练芭蕾舞。当地的总督府花园，星期天下午向公众开放。我们全家人每周都去游玩。花园的亭子里有乐队演奏，突然我见到了我的同学和其他女孩子身穿希腊式短裙跳舞。事后我问那位同学在哪里学舞，她说每个星期六下午去奈·沃顿(Nell Walton)那里上芭蕾舞课。于是我告诉母亲，我想去学舞，但母亲迟迟未去联系。星期六我自己到教室外面——特立尼达属于热带，为了通风，上课时门窗都敞开着——我就在那里看课，看完后我就回家模仿着练。随后我又央求母亲，说我想去学，但母亲还是没有去联系。我整整在门外看了一个月的课，听老师的要求，看学生们的动作，回家照样练习。我热心于练舞，还经常把自己的心得告诉十一舅：这个舞步如何做更优美，如何做是错误的。我又去问母亲："您为什么不替我联系一下，我

戴爱莲 14 岁时的全家照

真的要学!"母亲告诉我:"你不知道吗?那里的学生都是白人孩子,我不知他收不收中国孩子?""可是您可以试一试嘛!"我说。她说"可能不行?"我说"您可以试嘛,不收另外再说嘛!"我这人生性很犟,逼着母亲一定要帮我办这件事。于是我便发狠地说:"我不离开您,您现在就打电话给那个老师,我看着您打,我才放心!"母亲确实疼我,这一次她听了我的话。那位英国女教师的父亲是英国派驻该岛的法官,她的话有一定权威性。母亲与她联系后,她答复说:她本人没有意见,但仍需征得白人学生家长们的同意。后来,家长们同意了,我便成了岛上第一个与白人同校学习芭蕾舞的华人学生。

由于我曾私下里用功,通过窗户观看上课,并练会老师所教的动作,因而一进到班里不久就成了"明星",做得比其他学生好。后来老师脚伤了,就让我来做示范。这个班是每周一次,跟我当时的钢琴课一样,下次上课要考一考以前学过的东西,所以我天天都自己在家练,从未中断。那时我还不是芭蕾舞演员,并不懂得做一名专业芭蕾舞演员必须每天练功,但我确是自动地在做了。一个小孩在学芭蕾时,打好基础特别重要,因此启蒙的教员尤其重要。如果你教高年级的芭蕾学生,就会发现基础不好会出毛病,以后很可能就不能再跳了。在岛上我遇到的这位教师是很好的基础教员,使我 14 岁赴英国学习时,可以直接进入高级班上课。

那时候,我们常在城里演出,每次演出父亲都来看,他不仅支持我的活动,而且每次来都送我一件礼物。我记得有一次他送给我一双我梦寐以求的旱冰鞋,我高兴得简直要疯了!他曾告诉我,演出中,他身边的人常发出这样的声音:"你看,你看,那个中国小女孩……"每到此时,他就自豪地回答:"这是我的女儿!"父亲说这些话时,我能从他的脸上看到一种极大的满足。这也是对我的极大鼓舞。后来我的二姐和两个表妹也随我去学习芭蕾舞了。

特立尼达靠近美国,文化方面深受其影响,所以我除了学习芭蕾,还学跳踢踏舞。我有一双黑缎子足尖鞋,鞋头有跳踢踏舞的金属片。我常在杂志中看到身穿礼服、头戴高帽的山姆大叔形象,于是我自编自演了一个美国足尖踢踏舞《山姆大叔》。演出时我身穿美国山姆大叔的装束,脚穿著名卡匹齐欧芭蕾鞋厂生产的足尖踢踏舞鞋。回想起来,当时演出相当幼稚。后来1927年在我11岁时,我和亲戚、同学们排了一个名为《快乐的脚》舞蹈晚会,开场节目——舞蹈《快乐的脚》是在舞台上离地面有一段距离处横拉一条幕布,幕布上部有许多洞,观众可以从幕布的洞里看到演员的头,他们正在唱歌。幕布下面露出演员的脚在跳各种舞步,很有意思。除此之外,我们还表演了自己学过的各种舞蹈和自编自演的各种小舞蹈。

1931年复活节,我还编了《复活节的蛋》,我扮演一只小鸡,开始躲在用藤条和纸做成的假蛋壳后面。音乐开始后我破壳(纸)而出。我是穿足尖舞鞋表演的。后来在我们乘ORINICO号海轮横渡大西洋赴英国途中,我曾在船上的化装舞会中表演这个节目。

总的说来,我少年时代的舞蹈表演是娱乐性的,算不上艺术,除了学习钢琴和喜欢绘画外,我还没有受过全面的艺术教育,各方面都比较幼稚。

有时我想,我为何会成为艺术家?我感到童年的生活在许多方面对我很有影响,除了学习舞蹈,我从小接触音乐,听姐姐念故事。另外我爱动,对体育很感兴趣,还爱看电影。记得在库瓦有个电影院,放映美国的无声电影,我童年崇拜《人猿泰山》的男主角。

此外，在童年我有机会接触创造性艺术——手工艺，这给我留下了深刻的印象。上小学前，我在库瓦城生活比较封闭，除了由家庭教师授课，就是和对面牧师的孩子接触，很少走远。在我家隔壁有个小棚子，里面有位印度手工艺匠，我有空常去那里，悄悄坐在角落里看他工作。他用小炉子把普通的金块、银块冶炼制作成精致漂亮的戒指、手镯、脚镯、耳环等首饰，让我感到他简直像个魔术师一样神奇。直到今天，我对工艺美术一直非常崇拜，我的许多朋友都是工艺美术家。

我从小就我行我素，可能也正因为如此，我从小就很有主见。当时我心目中有很多愿望，第一是要唱歌。我很崇拜我的母亲，时常在心里默念："长大后，我一定要像妈妈那样。"母亲喜欢唱歌，我也想学她那样唱歌。可是我天生的"左嗓子"，唱歌走调。姐姐们经常为此拿我开心，每当我唱得起劲时，她们就问我："'说'什么？"人家明明在唱歌，她们偏来这一手，简直把人"羞死"了！在学校合唱时，我也常走音，所以我就不唱了。但我能控制乐器，我7岁就开始学钢琴了，而且经常是我伴奏、母亲唱歌。奇怪的是，学习钢琴、提琴从不走音？因我"听得准"，就是"唱不准"，所以无法像母亲一样。我曾感觉自己是世界上最"笨"的人之一！

第二个愿望是要当海军。岛上经常有各国的军舰来访，我时常思忖："海那边到底是什么样的？"第三是搞音乐，我的钢琴弹得还是不错的。第四是搞绘画。至于舞蹈只是我众多爱好之一，当时还没有想把它作为终身职业。

我 的 业 余 爱 好

生在海边,我天性喜爱游泳。记不得我是如何学会游泳的,因为我们那里的孩子一出生,父母就抱他们到海水里漂浮,就像是在水中生的一样。小时候,我基本上是游侧泳和仰泳。我特别钦佩美国电影《人猿泰山》那个男主角——世界自由泳冠军乔尼·威斯米勒,他的泳姿异常漂亮,均速、平稳,像一艘汽船一样迅捷,简直把我迷住了!那时我已经能看书了,于是就买了本介绍游泳的书,照猫画虎地学起来了。从书上我知道,自由泳当时存在两种派别,一是澳大利亚派,一是美洲派。不同点在"打腿"的姿势,澳大利亚派主张弯腿打水、美洲派主张直腿打水。我按图学习,先做陆地训练,趴在凳子上打腿,三次一组;再练臂部动作;然后再全身配合,打三次腿划一次臂。熟悉以后,拿一脸盆练吐气、换气。再开始水中练习,先扶板漂浮打水,然后站在水中做头、臂动作,随后做全套动作,逐渐掌握它。这时学自由式仰泳也就不难了。从那时起,游泳占据了我一生大部分的业余时光。我基本上每天游泳,保持了数十年,江河湖海都"游"历过了。中华人民共和国成立后,我有机会办了个优待证,每天可以在陶然亭游泳场与运动员同场次游泳,因为那时游泳的人比较少,也是国家对我的"特殊照顾"。我的自由泳得到过国家游泳冠军、印尼归侨傅教练的调教,所以我的自由式是经过高人指点的,水平不一般哪!

在所有泳姿中,我认为"自由泳"最美,所以一开始我就是学的它,而不是学的蛙泳,因为我主观臆断:蛙泳是很容易的。但当我一接触它,没想到"那么难"!其实这与我个人因素有关。我是学芭蕾舞的,经过芭蕾训练的人,身体从胯部起"外开"是一种必然状态,这是芭蕾所要求的。但对于学习蛙泳来说,这种"外开"就有了显而易见的副作用,因为这种姿态在水中会产生极大的阻力。我练了很久都无法"改善状况",因此我的蛙泳直到今天都很糟糕,很费劲,而且游不远、游不长。60年代我想学习蝶泳,认为它很美,通过模仿别人学会了,可以一下子游50米。这个强度一直坚持到"文革"时期。

游泳是我每天的运动,春夏秋冬始终如一。在游泳池,我常碰到民盟北京市委的一位姓熊的负责同志,最近在报上看到了他已去世的消息。"文革"开始后不让我游了,后来"下放劳动"到沙河附近小汤山"五七干校",那儿有个泳池。每次劳动之后,我就去游泳。我搬到华侨公寓居住后,星期六经常和孩子们一起,骑自行车到附近的运河去游泳,也曾发生了不少趣闻。一次,与我们一同去的某君,上岸后发现所有衣服都被盗了,他只得着"泳装"回家了。

"文革"结束后,游泳的机会少了。近年,我只在美国参加"杰克逊芭蕾舞比赛"期间游过。过去我无论到哪里,行李中泳衣是必备的东西。1998年,我去香港参加"宋庆龄基金会"的纪念活动,有机会游泳,但我没带泳衣,就没游成。我也不感觉遗憾!很多事情,该过去就过去吧,不必强求,我毕竟年纪大了,无须与年轻人比较了。我这一辈子,"游"的距离比走的距离长,大概是因为学舞的缘故吧,游泳对足部没有负担,更适宜保护身体。芭蕾舞演员走路多了身体不舒服,我只是在逃难和在山区生活那段时间,路走得多些。

我最喜欢游海水泳,水越深游得越舒服,幸好我生长在海边,有福气享受这种得天独厚的条件。当然,在海里游泳要识水流,否则很危险,因为水中的暗流或退潮之类随时可以把你带走。这一生,我游过加勒比海、太平洋、大西洋、北欧的海域和中国的渤海、南海。

除了游泳我还非常喜欢乒乓球。我的表姐夫是新加坡和马来西亚华侨,他是学历史的,但我认为他从未认真学习过历史,倒是乒乓球、羽毛球、网球、国际标准舞、桥牌五样东西成了他的"专业",他根本无暇去顾及历史。他把所学带回家,都教给了二姐(因为他过去是她的男友)和我。我不喜欢"国标舞",因为在那里面女的是跟着男的走的,如果男的跳得差,女的势必要倒霉,我感觉到很别扭!另外,我个子矮,如果舞蹈过程中,相互抱得过紧,我的头没地方搁,我会憋气、脖子发僵,难过得很!所以我反感国标舞,这是大个子干的事,我不愿意做。但我喜欢乒乓球,因为表姐夫是专家教出来的,所以我的乒乓球水平也够专业级别,回国后我保持了很久的"中央芭蕾舞团乒乓球女子冠军"的荣誉。羽毛球、网球我打得不多,我家有网球场,我们姐妹几个从小就接触它。表姐夫对我说:"我想学点舞蹈,这对提高我的网球水平有好处。"于是我就教他舞蹈。果然,他的网球技艺大长。他的老师甚感惊奇,他却不无得意地告诉老师这是舞蹈的功劳,因为他有一个学芭蕾舞和现代舞的表妹。他的老师受了他的蛊惑,认为我有能力学好网球,执意要教我一堂网球课,所以,我接受了平生第一次、也是惟一的一次专业网球训练。可我从未将它当做自己的专业,只当是添了一个爱好。

桥牌是一门高深的学问,我很喜欢。在特立尼达的首都西班牙港外有五个小岛,其中一个是专门关押囚犯的,另外有两个岛上有巨大的房子可供人居住。过暑假时,我们家族有时租一个小岛,所有成员聚集在那里游泳、打鱼、划船、游戏。从那时起我就开始打一种叫"威斯特"的牌了,这种牌实际上就是桥牌的前身。在岛上打牌吸引了我,后来在英国留学期间,我一直没有中断玩它,但我恪守一个原则:不赌钱。因为我父亲留给我的阴影太深了!当然,与有些水平相当的人一起打牌时会有一点点钱作注,但谁也不可能赢很多,所以构不成"赌"。在英国,我也参加在留学生中办的比赛。在我的印象中,我和对家参赛没有输过。一次,在伦敦比赛,我的伙伴生病了,临时指定一个英国人与我配对,因为我们打的方法是同一系统的,他是 "卡伯森系统"的叫牌高手。这种情形令我很紧张,他是大师,我是小卒,出了问题我无地自容。可没想到,最先犯错误的是他!……桥牌是一项极佳的智力活动,就是这东西令人上瘾,深入进去,往往神魂颠倒、不思饮食,影响正常作息和学习。这对我,一个学舞蹈的人来说是不大适宜的,所以有好长一段时间我不再打牌了。回国后,我又开始打桥牌,但是打得不多,只是到从化温泉休养时打得较勤。那会儿我们每天下午"上班"就是打桥牌。

一次,我和外交部驻丹麦大使张彤一起打桥牌,这个人很有意思。牌局中他和我聊天,告诉我一些趣闻。他说:"你知道吗?我以前不爱跳交际舞。我是部队出身的,看不惯那玩意儿!可是工作需要,我又必须注意这种礼节性的东西。我当时左右为难,不知如何是好?第一次偷偷看,第二次试试看,第三次埋头干!有时候,外国妇女穿的裙子很长,我一不小心就会踩上,实在是没辙。"桥牌搭档一般彼此熟悉,一旦出错,经常会相互指责。这位大使仁兄,与夫人组成一对,每到这样的时候,他总是情绪激动地申斥夫人:"笨头笨脚!"

还有一次,我和著名的声学科学家马大猷一起打桥牌,那是我们第一次相识。我出错时,他很生气地对我说:"你真可恶!"我并不怪他,因为桥牌是这么个东西。当然,正式比赛时,这一切都不可能发生,连表情、说话都是要受到约束的。

　　到现在,我依然喜欢桥牌,只是苦于没时间玩它;还有,一旦玩起来,我会忘记吃饭、睡觉,这对我来说是不行的,它影响正常工作。以前我有很多副牌、记录本和很多书,所以我懂得叫牌的规则、系统的分类等好多事情,很"专业"的!这些都是表姐夫给我看的,可后来多数都送人了。打桥牌的规矩之一,就是比赛之前每位参与者都要表明自己的系统,比如我就打"卡伯森系统"。在那个时代,"卡伯森系统"是最先进的体系。这种系统是卡伯森夫妇创立的,他们借此经常赢得世界冠军。50年代后,他们开始走下坡路了,这也直接导致了二人婚姻的破裂。现在的系统是在它的基础上发展的,只是更精确了。我是30年代的系统,所以现在和人打牌,一定会输的,因为我不习惯后来的系统。我是那个时代的人!我有一个美籍华人学生卡蒂·魏,曾是世界桥牌冠军。40年代时,她向我学过舞蹈,可能是觉得自己在舞蹈方面没有什么前途,到香港后改学音乐。后来她又改行学医了,在美国肯尼迪机场做医生。她的丈夫是造船工程师魏重庆,是他发明了新桥牌体系,出了书。她学习了"新体系",现在很多人打桥牌都是沿用的这个叫法。她丈夫告诫她:"如果你想做世界冠军,就必须专心做一件事,其他工作就免了吧!"她这样做了,实现了理想。后来,她到台湾和大陆进行教学,培养了很多有才华的年轻人,并与邓小平一起打牌。邓小平的桥牌打得特别高明,两次报上刊登了他对桥牌的处理。我没跟邓小平打过桥牌,但他的女婿到我家里来,与我切磋过牌艺。国内成立"桥牌俱乐部"请我参加了,我去看他们比赛,发现贺龙的儿子水平很高。我现在基本不打牌了,过去与我对面住的邻居——中国银行在英国和非洲某地的负责人娄行长,和我是一个"系统"的,我们俩是牌友,可惜他已不在人世了。但是"卡伯森系统"在目前的牌局中,还是可用的,因为我做过这样的尝试。它除了"叫牌"准确性差点儿以外,其他基本相同。我没和大人物打过桥牌,只有一次,著名历史学家、北京市市长吴晗请我去,但当时我因为有事未能成行。现在想来真有点儿后怕,因为如果去了,"文革"一来,我就又得多了一项罪名!"文革"中我住在学生家中,他们喜欢打桥牌,而且打得很好,其中一位年青牌友后来成为国家桥牌队的队员。在英国时,打桥牌的以医生为最多;桥牌在中国,打牌的则多为知识界人士,如学者、教授之类。桥牌凭脑子,不凭运气,是很高的智力活动。打桥牌要像打仗一样,必须计算精细,不能错;"赢"是最高目标,无论遇到顺利还是逆境,都要竭尽全力去争取胜利。扑克牌在世面上流行的"玩法"甚多,牌种也很丰富,但我只"恋"桥牌,它既很有技巧性,又很刺激!只有它能提起我的兴趣,集中我的注意力,锻炼我的思维能力和科学精神。也有人用打桥牌来调剂生活。1986 年,我赴英曾在钢琴家傅聪家中做客。他说打桥牌是他惟一的休息。几乎每晚他都请牌友到家中打桥牌,我的对家也会打"卡伯森体系",所以那一回玩得很好。

留学英伦岛的日子

幸遇恩师安东·道林

  大约在我 11 岁时,母亲有了找工作的念头。因为父亲赌钱老输,家庭生活状况日益恶化,母亲不想坐以待毙,但她一直是"家庭妇女",没有工作经验。为了提高生存能力,她先去了英国专门学习裁剪,继而又转道巴黎学做毡帽。学成后母亲回到了特立尼达,她从英国给我带来了一本杂志——《舞蹈时代》,里面除了有很多舞蹈照片外还有大量评论文章,集中评论两位世界著名的芭蕾艺术家,一位是安东·道林,一位是阿莉西娅·玛科娃。我对他们非常崇拜,就写信给他们,向他们索要签名照片作为留念。令人高兴的是,他们满足了我的要求。在给安东·道林的信中,我这样写道:"从《舞蹈时代》杂志上,我看到有关您少年时代学习经历的报道,我现在准备到伦敦去您曾经求学过的那家芭蕾舞学校学习,不知那所学校现在的情形怎样,我冒昧地希望您能给我一个指导。"安东·道林给我回了亲笔信,他这样答复我:"那个学校你不必去了,到伦敦后,你第一件事情就是直接来找我。……"我高兴极了!这是我与这位舞蹈大师交往的开始。

1930年,母亲带上我和姐姐坐上海船,历经颠簸到达了英国的南部海港城市。我们下船后转乘火车来到英国的首都——伦敦。第二天,母亲带我到了安东·道林那里。

那时年轻的道林风华正茂、光彩照人,他没有建立学校,只在家里设有一个不大的工作室,用来练功教学。他对我说:"我的教室比较小,最多只能容纳六个学生,现在正好有个学生离开了,如果你愿意,可以跟我学。"我当然很高兴,因为道林不仅是国际知名的芭蕾艺术家,更是个经验丰富的良师。我的班上一共六名学生,三个成人,一个是道林的舞伴——阿莉西娅·玛科娃;一个波兰舞蹈家娜塔莎,我忘了她的姓,只记得最开始的字母是G;还有一个,是著名舞蹈演员道莉斯·桑。此外,还有三个孩子:一个是我,当时还差两个月15岁,刚刚开始发育,身材比较胖。其余两个孩子的年龄与我相仿。一个是温迪·托伊,她很小就经常去参加比赛,英国有个为盲童筹款的专门组织叫"阳光",温迪常去参加它的活动和比赛。我记得她跳过一个墨西哥舞蹈,手拿一顶大草帽,扔在台中央,她和着民间音乐在帽子边上跳来跳去,很好看!后来她成为著名的音乐剧舞蹈编导。另一个孩子,是布里奇特·哈特威格(Brigitte Hartwig),后来她成了"名人",在美国改名薇拉·左林

1931 年戴爱莲（左）与大姐（中）、二姐（右）在英国的合影

娜,是巴兰钦的第二任夫人。我们三个少女因为年龄小,出于安全的考虑,每次都是由母亲们陪伴着来上课。

我的舞蹈水平可以达到道林的专业演员课的要求,只是我没有学过Chainne(平转),因为特立尼达的老师走得早,还没来得及教。在课上遇到这个动作时,我就做另一个行进旋转舞步来代替。一次,当我不按老师的要求,又做自己的动作时,布里奇特的妈妈马上说:"爱琳(我的英文名字)做得不对!"道林却说:"没关系,让她感受什么是舞蹈的愉快!"

当时的英国,跳芭蕾舞的都是白人,不像现在,什么肤色的人都有跳芭蕾的。我是华人,学芭蕾比较晚,加上个子矮,进不了芭蕾舞团。我的老师对我说:"你应该做一件事——让别人看你的演出。"我说:"我进不了芭蕾舞团的,因为我长得矮。"他鼓励我说:"没有关系,在什么地方跳都可以,只要有观众就行。"我问:"去饭馆给吃饭的人跳,可以吗?"他说:"可以。"于是我就找在饭店、餐厅跳舞的工作。可我不喜欢那种环境,加上观众不是欣赏我的艺术而是只为看我的腿,很快我就不再跳这种舞了。很多人都说,学芭蕾是件枯燥的事情,甚至还有人说芭蕾是门残酷的艺术,但我的体会正相反,芭蕾是快乐的。尤其是上安东·道林的芭蕾课,完全是一种享受!他的组合那么富于乐感,那么舒畅,毫无苦涩可言。我练了那么多年芭蕾,从未有过"苦"的感受,只知道用功就行,因为我遵循的是老师传授给我的科学的芭蕾训练方法。实际上,很多"苦"并非来自芭蕾本身,而是不合理的训练方法以及生活方式,如睡眠不足、饮食不当、排练过度等。"苦"是自找的,不是芭蕾的原因!

安东·道林工作室有一个小更衣间。一天,我在里面换衣服时听一个同学讲："我昨天去看了列加特（古雪夫的老师）的课，他的课非常棒！"另一个同学说，阿莉西娅·玛科娃和安东·道林还到艾斯塔费也娃（Astafieva）那里上课，那儿也很精彩。她们的谈话对我有启发，我想应该了解一下这三位老师。于是我也去看列加特等人的教学。我感觉课虽然好，但对我当时的水平来说难度较大。通过比较，我发现道林的课依然是杰出的。

有个像安东·道林那样的教员非常重要，因为不好的教员会教坏学生。20世纪30年代在英国学习的时候，我就有了区分教员好与差的能力。我敢说，当时我见到的好的芭蕾教员不超过5个。40年后，我为中央芭蕾舞团找教员同样坚持这一原则，当时纽瑞耶夫[①]很帮忙，他建议我说："美国的斯坦利·威廉姆是一个很好的教员，你们应该请他；还有一个俄罗斯教员，年纪大了，不要等他死了再请！"我非常赞同英国皇家舞蹈学院的教员培养体系，在英国，即使是有名的演员想教课，也必须先进学校接受培训，才能获得执教资格。

接受其他名师的指点

有一次上课时布里奇特的妈妈问我："除了上课之外，你还到什么地方练功？"我说："我只到这里来。"我那时还小，并不懂得芭蕾舞要每天都上课的道理，我在特立尼达每周也只上一次课，这里一周有三次芭蕾课，我已经感到很幸福了。布里奇特的妈妈很诚恳地对我说："你应该每天都上课才对！布里奇特除了去这里上课外，每周还要去玛丽·兰伯特那里上课，如果你愿意，我也可以

①纽瑞耶夫：20世纪最伟大的芭蕾舞男演员，主演过众多芭蕾舞剧作品。

带你一起去。"于是我开始了每周六天的习舞生涯。

兰伯特和英国皇家芭蕾舞团的创建者德·瓦卢瓦是英国芭蕾的先驱者,她们又都是在佳吉列夫芭蕾舞团师承著名的芭蕾大师恩利科·切凯蒂。

当年德·瓦卢瓦是佳吉列夫俄罗斯芭蕾舞团的演员,而兰伯特早年学习的是 Jagues-Dalcroze 体系——通过人体动作韵律,训练音乐感的一种音乐教育方法。佳吉列夫请兰伯特到该团教演员如何在排练尼金斯基的《春之祭》时,听懂斯特拉文斯基的音乐,随之而舞。兰伯特就是在该团向芭蕾大师切凯蒂学舞,而俄罗斯学派的基础也是切凯蒂学派,因为从 1890 年到 1910 年期间,他在圣彼得堡皇家剧院和学校培养了一代著名演员和教员,其中包括巴甫洛娃、尼金斯基和瓦岗诺娃。他的许多课堂组合被吸收到彼季帕的著名舞剧中。道林也属于切凯蒂学派,因为他曾是佳吉列夫芭蕾舞团的演员。由此可见英国芭蕾的基础是切凯蒂学派。

兰伯特当时有个小型演出团和舞台,地方虽小,但功能不俗。那里不光培养演员,还培养编导。英国最初的编导,像弗雷德里克·阿什顿、安东尼·图德、安德里·霍华德、沃特·高尔等等,都是从这里走出来的。因此兰伯特的功劳是相当大的。我也很高兴,正是那里,我结识了一位英国朋友,她经常在兰伯特因故不能教学的时候替她上课,后来她成了纽瑞耶夫的英国妈妈,她就是穆德·劳伊德。当然,我也有幸认识了阿什顿、图德等一批后来闻名世界的大编导。阿什顿这个人很淘气,他时常会在课堂里搞"恶作剧",模仿他人,而且惟妙惟肖。只要老师背过身去,他就会施展绝技,让所有在场的人无法不开怀大笑!安东尼·图德也是个幽默的天才,但风格与阿什顿不同,是略带酸楚的那一种,也是很有意思。

我与安东尼·图德一直保持了几十年的通信联系。

我一生都十分幸运,一直受到周围的人,父母、同学、特别是老师的鼓励。这也是为什么我对英国有感情的原因——因为我的老师们在那里。我们团去英国演出,有人不相信我的身世,问道林:"您的学生里怎么可能有一个中国小孩呢?"道林对他说:"当然可能了,因为她有天才的素质!"只有兰伯特一人例外。她在自传《水银》(Quick Silver)中说:"我的学生戴爱莲是一般的。"这是可以理解的。30年代初,是英国芭蕾诞生的初期,兰伯特首先想为舞团培养演员和编导。然而我的个子小,比英国姑娘矮得多,当群舞演员都没希望。加上当时只有白种人学芭蕾,因此我成了一个"不合适"的人。虽然如此,我还是能多年坚持学习,因为我特别喜欢上芭蕾课,参不参加演出都没关系。中华人民共和国成立后,兰伯特芭蕾舞团是第一个访华的西方芭蕾舞团。我到机场去欢迎兰伯特,并陪同她参观仅有三年历史的北京舞蹈学校,当时我是校长。兰伯特对我说:"我的学生中,你最有成就。"我认为此话夸张了。她的学生中有英国著名编导和芭蕾艺术家,其中许多人对芭蕾事业做出卓越的贡献。我感到自己在芭蕾方面的成就不如他们。

当年最鼓励我的是常来看课的著名舞蹈评论家阿诺德·赫斯科。他常说我是个可爱的孩子。另外,当时著名的作家和出版商休瑞·布门特非常支持我。他拥有世界著名的芭蕾书店,并撰写《切凯蒂的理论和实践》一书,帮助记录和保存切凯蒂体系。他慷慨地破例把书借给我这个买不起书的穷学生看。我每次只借一本,阅读时小心翼翼,不把书弄脏,还给他时仍然像新的一样。我一生都感谢他对我的帮助,使我受到关于芭蕾历史和芭蕾教学法等方面

戴爱莲的老师玛格丽特·克拉斯克

的教育。

　　我参观的第二个学校是克拉斯克-莱恩芭蕾学校。克拉斯克早年也是佳吉列夫芭蕾舞团演员，后来任切凯蒂伦敦学校的助手。切凯蒂回意大利后学校更名。我认为她的课非常了不起，决定在此上课，不需要访问其他老师了。我在她的高级班上课，男女合班，有不少专业演员，其中包括瑞典皇家芭蕾舞团艺术总监斯基平和澳大利亚芭蕾舞团创始人冯·普拉格，以及著名编导图德等。我感到克拉斯克的课非常规范，有明确的标准，没有模棱两可的做法。她的眼睛像鹰一般敏锐，能一下子抓住学生在力量运用中的优缺点，进行有效的指导。她的教学讲究高质量的古典芭蕾动作和线条，明确教导学生们如何完成。她还根据学生每个人的特点和条件提出要求。我的个子矮，腿不直。她教我如何注意姿态的角度，和气质的运用，给人以高大的感觉。总之，她的学生能力很强，有耐力，规格，动作优美和谐，弹跳无比轻盈。每次上完她的课，我总感觉自己的身体特别轻，走在马路上好像没有地心吸引力，腾空似的。我非常感谢她教我的一切以及对我的鼓励。克拉斯克学校是男女合班，我父亲破产后，她免费教我。我没钱买足尖鞋，无法与女同学一起练足尖动作，我就和男舞者一起练，学习他们的动作，甚至空转能转一圈半。女同学都羡慕我的弹跳能力，因此后来我有能力、也喜欢教男班。这个学校还有创作课，我曾根据德彪西的音乐编舞。另一位老师莱恩还让我免费参加教员训练班，当时我没兴趣，只上了一堂课。今天回想起来有些后悔。

　　玛格丽特·克拉斯克在二次世界大战时，应安东尼·图德之邀赴美，在国家级的芭蕾舞团做教员，也是美国芭蕾舞剧院的第一任教员，而后她成立了自己的芭蕾舞学校。后来美国芭蕾舞界公

戴爱莲第一次登台表演舞蹈，在《海华沙之歌》中担任群舞

认克拉斯克是美国芭蕾的先驱。

1932 年，我第一次在英国登台表演，我在场面宏伟的歌剧《海华沙之歌》(Hiawatha)中担任群舞。这个节目是根据美国诗人 Long Fellow 的描写印第安人的叙事诗改编的，每年夏天都演出。第二年参加演出时，我担任比较重要位置的群舞角色。我曾在一张剧照中，看到前面的斜坡上有我。我想可能是因为我长得黑，有点像印第安人，因此比较受重视。

学习现代舞的表演艺术

我在英国将古典芭蕾可学的东西差不多都学到了，但这并不令我满足。当时现代艺术正在西方世界蓬勃发展，音乐、美术等领域里新的风格、技巧层出不穷，彻底突破了以往工整、写实的创作模式。然而当时的芭蕾缺乏创新精神，芭蕾舞是技艺性很强的艺术，身体的"开度"是从事舞蹈表演的前提条件，也正因为如此，芭蕾舞缺乏自然的表现力，表演比较程式化。这时我看到了现代舞蹈家玛丽·魏格曼[①]的演出，并且被现代舞深深地打动了。以前我从没有见过任何一种舞蹈，在舞台上像"发电"一样的夺人心魄，但她的舞蹈却有这样的震撼力，整个剧院都被感动了！我主观判断，魏格曼一定受了非洲舞蹈的影响，因为她的舞脚跺得很厉害，很有非洲舞的影子，力度极强。我第一次认识到舞蹈可以像其他艺术一样，具有强烈的表现力和感染力。这说明舞蹈种类相互间的吸收很广、范围很大。之后不久，我又听说有个人叫拉班[②]，他的

①玛丽·魏格曼：德国著名现代舞蹈家，表现主义现代舞的重要代表人物。

②拉班：现代舞动作和观念理论的奠基人。

36

舞蹈当时有一个专用德文名词，我德文不好，不知道怎么念，但译到英文后为"中欧舞蹈"，因为它来自中欧洲，并不称"现代舞"。拉班理论也是逐渐发展以后真正完善的。

魏格曼的舞团中的演员莱斯莉·巴若斯-古森斯①在伦敦开了一个现代舞工作室。她丈夫是英国最著名的双簧管演奏家。我很想尝试一下现代舞的滋味，于是去那个工作室学习。她在教学中已经用了一些拉班的理论，她要求：做动作要有意识，不能光做动作。比如，要做一个"圆圈"动作，心里要有"圆"的感觉，要有空间的意念感。

工作室的学员人数不多，一共有不到十个学生。当时现代舞在英国尚属于新生事物，而且它与芭蕾又是互相轻视、互相对立的，现代舞演员与芭蕾舞演员泾渭分明，不能"共处"。我是学芭蕾舞的，因此有人对我有敌意（并非因为我是华人），可我是为了多学些东西，故此依旧去上她的课。在那里，我也上了创作课。我这个人有个从小养成的脾气，争强好胜不服人，就是你越看不起我，我越要表现得好点儿给你看。眼前就是，你越挑剔我，我就越要搞一个现代舞作品让你看看我比你还现代！坎家姐妹帮我找了普罗科菲耶夫的《三个橙子的爱情》里的一段进行曲，根据这个曲子，我编了一个叫《进行曲》的舞蹈。演出时把他们都震住了，所有人大吃一惊！这个作品后来成了我的保留节目。回国演出时，人们说它很像是从武术演化来的，可实际上我并未研究过中国武术。我的教师当时也说，现代舞正处于发展阶段，它很有表现力，但缺乏技巧，所以我们要一起努力建立一些技巧。我便建议可以借鉴一

_____

①莱斯莉·巴若斯-古森斯：美国最早的现代舞工作室创建人。

些芭蕾技巧,可此意却引起了波澜!当时现代舞者的观点是"芭蕾已经过时了",因此我的意见遭到了多数人的反对(只有一个人支持我的观点)。为了不影响他人的观念,老师便不希望我再来上课,把我开除了!

我还希望积累现代舞的经验,正好有一对来自科隆的现代舞蹈家,先生恩斯特·伯克是德英混血儿,夫人洛娣是犹太人,希特勒上台后,他们移民到英国,成立了恩斯特-洛娣·伯克舞蹈团,我申请加入该团。在此团中只有五六名女演员,大部分英国人,其中有位挪威人莉莉恩·艾斯伯耐克,她是我的好朋友(后来她成为欧美舞蹈疗法的先驱者,非常有名)。这些现代舞团成员,多师承魏格曼体系,但并非都是魏格曼的模仿者,莱斯莉·巴若斯、恩斯特·伯克即是,他们都有自己的风格,绝对不同。现代舞的宗旨是传达和说明问题,不是表现自己。这与我们今天的舞蹈要么因袭照搬他人、要么炫耀自身,是有本质区别的。有些人写文章说我为魏格曼倾倒,其实不是这样的。魏格曼吸引我的是她对舞蹈有其独特的入门手法。我并没有企图模仿她,但她让我懂得,人们在从事舞蹈时,可以探索自己的道路。

恩斯特编舞时进行了许多探索。当时英国有个面具剧院,请他编个面具舞蹈。于是我们先学习如何做面具,用代用粘土做模型,用制型纸做面具,然后戴着它跳舞。这次实践让我学会戴面具舞蹈时头部动作和表情要夸大,以便使动作和感情更有感染力,能穿过面具,传递给观众。同时我又有了一项新的爱好,用旧报纸和胶水做成各种面具。粘纸时我注意要顺着人的脸部肌肉粘贴,以塑造不同的表情,然后用颜料涂色。人们开始喜欢我的面具,向我购买,作为墙上装饰品或壁灯的灯罩。这使我有了新的生活来源。

我在恩斯特-洛娣·伯克舞蹈团演出了差不多有两年时间，在此期间，我做了独舞演员。恩斯特的夫人是团里的主要演员，她舞技并不高超，只是在舞台上比较好看而已，类似芭蕾演员里的爱德·鲁宾斯坦。当时他们夫妇因为无法把存款拿出德国，因此必须回德国购物，他们邀我也一同前往，我出于对异邦的兴趣，更何况我很想有些额外收入，于是答应了他们的请求。

在德国的两周我每天和恩斯特夫妇在一起。当地东方人罕见，人们走过都回头看我，使我突然明白，他们请我去德国是为了掩护洛娣这位黑发的典型犹太美女。将世人的注意力引到我这儿（因我是东方人）在客观上能削弱了他夫人的危险系数。他们安排我住在私人小店里，女主人很友好，她曾对我谈起因为要接待一名重要旅客，政府允许她多买一块黄油，由此可以看出当时德国人的生活物资何等短缺。纳粹德国还有许多其他规定：不在人行横道过马路要惩罚；十字路口有各种废物回收桶，为了制造枪炮收集各种金属，谁要把铝桶、牙膏皮扔在垃圾桶中，就被认为是犯罪。但最令人难受的是人民的恐怖感。不论你走在路上还是坐在餐馆中，都可以看到人们在不断左顾右盼。我感到他们是害怕被党卫军抓走。虽然我没有理由紧张，但在德国的两周中我也养成了这个习惯。直到我踏上英国国土时，才松了一口气。我们坐汽车去柏林和海诺威，有很多公路是平坦笔直的，每过一段能看到路边停着飞机、大炮。当时我带了一架照相机，经过柏林的著名政府大厦时，我从敞篷车中站起。洛娣马上拉住我说："如有人看见，会逮捕你。"这些是我对希特勒法西斯统治的印象。

贫困而充实的艺术家生涯

我很幸运,在英国有很多艺术家朋友,我通过他们学了很多东西。其中一家姓坎,有两姐妹,一个兄弟。大女儿学绘画,她经常带我参观博物馆;小女儿弹钢琴。每次我尝试编舞,姐姐就是我的服装设计师,妹妹帮我找音乐、为我伴奏。妹妹的男友是一名钢琴老师——著名钢琴家乔治·伍德豪斯的助手,他使我对钢琴的认识有了极大的深化。以前我总觉得,钢琴不像提琴那样需要自己"创作"音,调音师调整、固定好音高后,我只管弹奏就是了,并未想到如何能让音色好听,于是我的老师——大师的助手给我讲解音锤为什么是那个样子,手如何下落才能使音色圆润,如何使用脚踏板变换声音感觉等,而这些在特立尼达时从未有人教过我。他让我认识了琴的结构,了解了音色、音质的变化和不同的表现力后,我真正懂得了钢琴的创作。我的手不算大,跨度只有"一个8度",演奏复杂的钢琴曲是有困难的。老师便教我前后拉手指,一个一个做,以弥补我手指条件的先天不足。他不但教我钢琴,还使我有机会常去聆听伍德豪斯的音乐课。伍德豪斯对我学习舞蹈很感兴趣,一次他问我编了什么舞,我告诉他编了一个叫《卖花姑娘》的舞蹈,音乐选用的是《波斯广场》这首曲子。他提出看看我创作的这个舞蹈。我便将地毯卷起来,给他跳了一遍。这个舞蹈当时是我为了在饭馆表演而作的,带有较强的商业性。他看罢对我说:"你要搞舞蹈艺术,就应该选择高明的音乐。"他的忠告令我很感动。这是我艺术上的"转折点",我小时候只知道动,现在修养提高了,懂得欣赏严肃艺术了,音乐、绘画等等我都和朋友去看,也逐渐看出点"门道"了。这一切对我提高艺术修养都是大有益处的。

热心指导我的伍德豪斯的助手后来改行做了摄影师,因为钢琴无法维持他的生活。我记得他经常让我做他的拍摄对象,他"锻炼"摄影技术,至今我还存有两张他给我拍的照片。70年代"开放"后,我曾努力寻找过我的"钢琴朋友"和那一家人,很可惜没有找到。我一生不会忘记他们!是他们,让我对艺术痴迷了!

1936年,父亲因为破产,便催促我们尽快回家,否则他无法再负担我们的生活了。当时我大姐已经结婚,这里只剩下二姐和我需要资助。我当时想:"还应继续学习下去,现在回去,我当然可以教舞蹈为生,但这并不是我的目的,我不能回去!"第二天二姐回特立尼达了,我一个人留了下来。父亲给我的钱,付房租没问题,但余下的部分只够吃两天饭,这逼迫我必须经常"打工",才能养活自己。英国的牛奶公司有送货上门的服务项目,除送牛奶外,还送奶糕、奶酪。这些东西够我吃一个礼拜的。奶费一周交纳一次,遇到无钱付账时,我总是请求宽限一星期,但有时,我真的连饭钱都没有挣到。

为了生计,我打扫卫生、在电影里"跑龙套"、做服装模特儿等,什么都干,最有趣的是在电视台跳舞。英国是电视的发祥地,最早期的电视节目的化妆是白、灰、黑三色,因为那时只有黑白电视机。虽然这种化妆有背生活常理,但在电视镜头里出现,效果却很好。此外当时的电视摄像机是不能动的,表演范围是一个"三角形"的,与舞台完全不同,我只有前后的活动空间,左右几乎无法移动,否则就"出画"了。每周我就是在这个区域里现场表演一次舞蹈,基本都是即兴发挥。我还曾为摄影家做模特儿,但最多的还是做美术模特儿,每次工作坐的时间很长。伦敦地方很大,我时常疲于奔命,甚至为没有路费而发愁。然而这些"零碎事",竟然对我的舞蹈事业有帮助,它们让我了解了舞台的使用、灯光与色彩的关系以及舞美设计等一系列与舞蹈表演有关的事情。

我是30年代到英国的,那时正值英国社会经济"大萧条"时期,所有人相对都很辛苦。我因为不知道从前的英国是个什么状况,只知道目前的英国,因此感觉英国大概本来如此。当时,在英国的艺术家大多数都是穷人。

在伦敦的富人区,有一位南非来的老太太,非常喜欢艺术,只要有艺术家到伦敦造访,她都要请他们到自家做客。她家有一个屋顶花园,每次艺术家聚会,她都请我去跳舞。有一次,一位我非常崇拜的外国钢琴家来玩,老太太介绍我与他见面,站在他面前,我当时只顾激动,"傻"得连话都说不出来了!老太太对我很好,每次演完,我都能得到一点报酬;她也常送东西给我。她告诉我说:"我有'青光眼',不久就会瞎的。"想到她孤单一人,无依无靠,又对我关怀备至,我很难过。我真心地向她表示:"我可以侍候你!"她却说:"你还年轻,还有前途,我不能耽误你的。"像这样好心肠的有钱人并不多,我曾向刚到英国时认识的那家富户求助,他们总说:"真对不起,我们的钱实在没有富裕的。"

有钱人是有自己的标准的,因为他们从未尝过"饿肚子"的滋味。而艺术家则不同,他们自己是穷的,懂得我的感受。记得我有个女朋友,名字叫席勒,是个歌唱演员,她曾在严寒时分打电话给我:"亲爱的,你来我这里吧,我的火烧得正旺,你可以暖和暖和!"在现代舞团时,有个同事告诉我:"我有个学生想学现代舞,你来教他吧。"那时,只有艺术家才会真正帮助你!

我有一位来自南非的画家朋友,他反对种族主义,在南非监狱里待了很久。出狱后,他偕当演员的妻子到了英国。有一次,他给我打电话:"我找到了工作,请你来吃饭,饭后我们看演出。"在英国,一出剧目首演之后,都会在舞台上聚餐,今天正好是他担任舞美设计的节目演出。当我到达时,碰巧见到他手里提着两个纸盒,打开一看,里面是面包和洋葱。他对我说:"对不起,他们还没给我钱,今天晚上我们只能吃面包加洋葱汤了。"其实,我对食物绝无特殊要求,只要能果腹充饥,什么东西都是美食!不一会儿,汤端上来了,可里面却是一片金黄,原来他稀里糊涂地用颜料盆做了烧锅,结果把一餐"美味"全搅了!弄得大家只能以面包和盐打发这顿晚饭。这还没完,因为演出结束后,主创人员要盛装出席"总谢幕"。为此,我的朋友借了一套"晚礼服"穿上,但他不会打领结,他夫人和我也是"丈二和尚——摸不着头脑";另外,为了不至于弄脏衣服,他特意叫了去剧场的出租车。他那倒霉的领结,在车里不停地掉着,我与她夫人又不停地帮他搞上去,很狼狈!演出的确相当精彩,演的是莎士比亚的话剧,非常有传统。我的朋友兴奋极了,他不停地鼓掌,那领结还是不停地在掉;临近结束,他说要准备谢幕了,可当他上台时,那个领结已完全掉下来了!40年后,我再回英国,通过当年认识的另一南非朋友与他相见了!他现在从事木偶表演工作,有个很知名的木偶剧院,还有一个流动的舞台。我很高兴又见到了老朋友。他告诉我,那晚的事他至今记得,离开我们以后,他的那双倒霉的鞋(也是借的)也跟他过不去,让他从楼梯上滑了下去,从二楼一直摔到了一楼,他是踉跄着跑进后台的。那个领结很可能是"摔"掉的!

　　虽然那时我们很穷,但人们精神很愉快。开晚会经常是一包花生米,大家席地而坐就玩起来,很是活跃、热闹!伦敦有世界各地不同风味的小饭馆，当然更多的还是咖啡馆。我们这些人也常到那里坐坐，互请一杯咖啡。再穷，这点钱还是有的。

在现代舞团时，有一个人，叫乔瑟菲·埃温斯，结婚前姓葛雷厄姆瑟，她很喜欢我！是我的英国姐姐。我感觉她的头和脖子很像埃及历史中那位年轻貌美的王后的著名雕塑，非常漂亮！她们兄弟、姐妹四人，很早从俄罗斯来英国，可能是犹太人。她与我友好，我也把她当姐姐看待。她很希望我能和她的弟弟彼得·葛雷厄姆瑟结婚。平心而论，她弟弟对我也是很好的。他大约长我三个月，书法很不错。一次，我们一起在她家草地"野餐"，他送给我一枚"订婚戒指"，我收下了。但由于年青气盛以及一些小误会，我们的婚姻最终没成。那时我俩常在餐馆吃饭，很多英国人都用好奇的目光看我，他气不过，总要和人发生冲突！我当时想："如果和这样的一个人生活在一起，那我的日子好过不了！"于是，我很气愤地和他大吵一架，并把"订婚戒指"还给了他。婚姻之事就此告吹了！当然，我和他的姐姐依然是好朋友。

在我生活最艰难的时候，我得到了很多穷朋友的真心帮助，让我感受到了朋友的真实含义。我的同学安·赫钦森到北京时，曾回忆说："爱莲在学校，是个很用功的学生，大家都喜欢帮助勤奋的人。"我说："我这个人总是运气好。"这些经历也培养了我的爱心。我经常想："如果别人碰到困难，我一定要尽我所能帮助他，就像当年那些助我一臂之力的人那样。"

考入尤斯-雷德舞蹈学校

本来我就很喜欢各门类艺术，在这些艺术家朋友们的帮助下，我得以经常享受免费观摩绘画、听大师级的音乐会的待遇，像克莱斯勒的小提琴演奏，我是现场听过的。我还经常被邀请看高水平的芭蕾舞演出，时至今日，我看芭蕾从未买过票，即使没票，我也有机会在走廊中或站在后面观摩。因为有了这些积淀，我的艺术标准就有了尺度。对音乐和绘画，我都有相当层次的鉴赏能力。我深深感到搞舞蹈不能缺乏其他艺术方面的修养。我不能想像如果我没有学过音乐，不欣赏好的美术作品，舞蹈还能不能搞成？因为这些艺术都是相辅相成的。刚回祖国时，很多艺术表演我都不愿去看，因为水平较低，我怕看多了会降低自己的鉴赏水平，尤其是那时的音乐演出。后来，随着交流的增多，我们的水平上去了，不光音乐，连话剧的水平也日益提高。像曹禺、郭沫若、老舍的作品，都是相当杰出的。我觉得，搞舞蹈的人应该能够欣赏其他艺术，至少也要学会欣赏其他艺术。

当时保守的英国芭蕾表演让我感到兴味索然。1939 年的一天，我的钢琴老师请我去看芭蕾舞，我便说："老看芭蕾特技，我都看够了！"但他说："这不一样，这不是一般的芭蕾舞，是尤斯①芭蕾。"我答应他去看。因为当时现代舞的无形象性与芭蕾技巧化的弱点一直困扰我，我认为舞蹈的理想应是一种完美的艺术——现代舞与芭蕾舞的结合。当晚我看了"尤斯芭蕾"的《绿桌》，这个作品在巴黎国际舞蹈档案馆首届创作比赛上获得过一等奖，我真是

---

① 尤斯：德国著名现代舞蹈家，"尤斯现代舞团"的创始人。

45

开了眼界。这是我梦想中的高水平的舞蹈艺术，可以和戏剧、音乐、美术、歌剧相媲美。我兴奋异常，我认为找到了理想的舞蹈艺术形式。那时我年轻，胆子很大，每每看到精彩的演出，结束后都会直奔后台，向演员倾诉我的感受与看法。有时我被节目所打动，到后台看演员时连话都说不出来。我当时的欣赏面相当宽，不仅限于舞蹈，我崇拜大艺术家！看了玛丽·魏格曼的演出，我跑到后台去，告诉她我从未见过这样的舞蹈，你使我大开眼界。"跑后台"是我的习惯，因为我年龄小，又是个中国孩子，大家都会感到很好玩儿！这回我到后台告诉库特·尤斯，说我看了演出印象非常深，尤其是他表演的《绿桌》中的"死神"，动作看似简单，但形象很难塑造。因为这个形象是有音乐上的"对位"的，手做 4 拍时、脚是做 3 拍的，很难跳！他于是便打听我的背景，我告诉他："我是一个舞蹈演员，很想参加您的团体，您的舞蹈，我认为是最理想的舞蹈。我有芭蕾的基础，又有两年多现代舞团的演出经验，到您的团体是可以马上参加演出的。"他说："我所有的演员都要先在我办的舞蹈学校里培训后才能参加演出。"我当时想不通。实际上那时在英国，既学芭蕾又跳过现代舞的人几乎就我一个，因为当时二者相当对立。我自认为很合适进尤斯的舞团，但尤斯说不行，我也没有办法。我只得告诉他我付不起他的学校的昂贵学费。他说："我明天要到欧洲其他地方演出，过些时候还会回到这里。到时候请你来看演出，演出后第二天，我们有一次演员招收考试，你可以来试试。"考试那天，我准时到达，可实际计划是招男演员，有十几位男生在那里，只有我一个女生。尤斯在观众席监考，我们在后台准备。应试者一一跳过，每完成一人，他都有一句评语，然后由钢琴伴奏发话，"好，你可以更衣了"，表示结束。我是最后一个，他让钢琴伴奏弹各种音乐，我便即兴起舞。即兴创作是我的强项，我从小一听音乐就想跳舞，甚至有时不拘小节，有些人听音乐会时认为我很讨厌，因为我老不停地用脚"打节奏"。所以这个考试很对我的胃口。大约20分钟，考试结束，他对我说："你穿衣服，然后到我这里来。"这与别人是不一样"待遇"的！"我请你到我的暑期学校来学习，生活由我来管，但没有零用钱。"我当然很高兴！

很幸运，成为尤斯-雷德舞蹈学校的一名学生，并取得了学校的奖学金。舞蹈学校在达亭顿，是个很大的庄园，里面有森林，环境非常优美。达亭顿始建于11世纪，是英王理查三世送给弟弟约翰·霍兰德的古城堡。这个著名的中世纪建筑经常用于行围采猎。礼堂边的厨房、酒吧、餐厅，至今仍然悬挂着国王兄弟的"白鹿"徽章和旗帜，还有一座大钟。当时庄园的主人是一个美国人，这是她先辈手里继承的产业。她的丈夫是约克郡一个研究农业的英国人。我去的时候，这个地方有两个农场，分属丹麦人和荷兰人管理，还有家具厂、造船厂等等，像个小国家似的，什么都有。他们夫妇在那里先后为庄园的工作人员的孩子办了小学和中学。因为他们喜欢艺术，所以又办了艺术大学。我去的时候艺术大学里面已经有了尤斯-雷德舞蹈学校、歌剧学校、契诃夫戏剧学校、美术学校。英国最知名的陶瓷艺术家伯纳德·里奇就在这里的美术学校教课，他和儿子们的作品在英国属于国宝。黄佐临在这里上过学，著名记者肖乾曾来这里参观。开始这些学校都不是专业的，只是为了给在农场工作的那些工人开展他们的业余文化生活。希特勒统治德国后，很多艺术家都逃到这里，由此就搞起了各类专业的艺术学校，采取的是美国的教育方法，自由随意，艺术气氛极其浓厚。工人们对此有些意见，因为专业性强

戴爱莲（右）23 岁时跟达亭顿庄园的尤斯－雷德舞蹈学校老师莉莎·乌尔曼（左）学舞律

了,他们就不好参加了。

我们吃的都是农场自产的东西,我是免费学生,可以随便吃,没有限量。那里的牛奶像水一样,可以随便喝。住宿没有问题,我们宿舍紧邻著名的"达亭顿大厅"在大院门东面。虽然那个时候正好我父亲破产,但实际上我的生活条件可以说相当"优越"了。农场大概有三四片大的林子,草地像地毯一样,我们可以光脚走路。景色简直就像天堂一样美丽! 这里整天接待各国游客参观,人们称之为"理想的完美境界"。因为这里不仅有各类艺术学校,还有农场、家具工厂等,各种设施应有尽有。加上它久远的历史,神秘的色彩,就形成了它独特的人文气象。我在这里度过了一段终生难忘的幸福时光。即使到今天,人们提起那里,依然充满向往,若要听说你曾在那里生活过一段日子,马上会向你投来崇敬和钦羡的目光。

尤斯学校课程很多,时间安排很紧,所以我每天很忙。我们学两种技巧,一是芭蕾舞,一是"雷德系统"———一种现代舞技巧。在该校除上述两种技巧外,还学习了"空间协调学"(Chorectics),类似于音乐学上的 "和声学",还有"动力学"(Eukenetics)、即兴舞蹈、创作、音乐节奏、音乐欣赏。我们的音乐欣赏课很有趣,每人自带唱片自己听欣赏,大家经常拿上唱片和枕头,躺在美丽的校园草地上听音乐。还要学习舞谱、西方舞蹈史、解剖学,以及海勒夫人的"放松"课程,50 年后我才知道,她教的是类似中国的气功。

到尤斯学校后,我明白了他舞团必须经过他的学校学习的道理,因为只有在这里,才能学到正宗的"拉班"理论。我在那里赶上了拉班 60 岁生日的庆典。记得最后合影时, 我就坐在拉班的脚下,抬头仰望着这位"大英雄",我内心充满敬意,也为自己感到骄傲！可惜当时没有照片留下来。拉班的系统是"立体"的。我从前曾经有过两年现代舞经历，老师只教给我做动作时，圆的全部要感觉是"圆的"，直的感觉上也是要"直的"，但缺乏系统性。拉班则完全不同，它的理论是一个全方位的、系统的舞蹈理论。"尤斯芭蕾"是"整体"：在拉班理论指导下，尤斯（编导）、西格·雷德（教员）、汉斯·哈克洛斯（美术设计）、弗里茨·科恩（音乐创作）团结协作。在《绿桌》的首次创作中，尤斯感觉困难很多，作曲家发现问题出在音乐方面，于是主动改写了音乐。这是一个"合作"的集体，但同时也讲艺术的主导性，即一个人为主。佳吉列夫芭蕾舞团也是因此而成功的。

"尤斯芭蕾"另外一个与众不同之处在于他的舞蹈是"立体的"。无论小节目、还是舞剧，无论悲剧、还是神话，都是保持一种平等的、完善的关系。我认为它是理想性的高雅艺术，这影响了我一生的艺术追求。

到达亭顿后，我开始接触拉班舞谱。过去我学过音乐，知道乐谱对音乐的重要意义；现在学到了舞谱，第一感觉是"太好了，舞蹈也能记录下来了！"因此我特别高兴，对所有关于舞谱的课都感兴趣。我的同学安·赫钦森，毕业后就留下来用拉班舞谱记录《绿桌》。许多世界知名的舞蹈编导（像安东尼·图德等）都从这个作品中得到了启示。

作为学生，我们可以任意参观校内的各种艺术活动。记得一次我和同学去电影学校看电影，第一次放映出来的图像是反的，同学说："没关系，再来一次。"这次，片子倒是从头放的，就是图像上的所有人都是头朝下走路的！逗得我们眼泪都笑出来了。

在学校的时候，我很喜欢画画，也学过水彩画，我感到自己有

"门",但未学好,可能因为我没有时间专门"研究"。回国后,我曾经画过叶浅予的人物像,还发表了。叶浅予的眼睛又大又亮,所以我画他的眼睛的时候,是用的绿色,画成螺旋形。叶浅予有一次画"自画像"时,也把眼睛画成螺旋形。我很喜欢德国的印象派,画虽不多,但表现力很强。

与舞蹈有关的事,我都有兴趣,这也是我找工作的"原则"。记得有个人,他是搞"灯光"的。他请我做"模特儿",穿各种颜色的服装,他试验不同色彩的灯光,寻找各种关系和效果。这对我的舞蹈工作大有裨益,它让我懂得了舞蹈灯光运用的规律。

在达亭顿,我们也上过化妆课,上这门课时,先按一张照片化妆,要把自己"画"得像照片里的那个人。全部过程分为两个步骤:一是打底色,使自己的颜色与照片人物接近;二是勾线条,用线的画法,画出颜色的不同。这对我,一个准备做剧团工作的人来说,是相当重要的知识积累。

灯光、化妆、模特儿的经历,使我积累了不少艺术经验,也对我后来的工作有了极大的帮助。原来我以为舞台艺术是一种"平面艺术",像一幅画。学习了"拉班系统"以后,我才意识到舞蹈艺术的"立体感",像雕塑一样,是空间的艺术。我刚到英国的时候,经常看些展览和听音乐会,接触其他艺术比较多,所以感到搞舞蹈不能缺乏其他艺术方面的修养。我觉得其他艺术对我的舞蹈帮助很大,我不能想像如果我没有学过音乐,不欣赏好的美术作品,舞蹈还能不能搞成?因为舞蹈是"综合艺术",如何使各种手段和谐、完美地表现创作意图,如何发挥演员的潜能达到最佳状态,这些都是很复杂的问题。

达亭顿"暑期学校"没结束前,尤斯告诉我:"你可以留下来继续学习。"可离开学还有两星期,我的个人生计都无着落,所以需要找工作。当时我的房间因为很空荡,于是我曾向尤斯舞校的服装设计师、画家哈科洛斯提了个小小的请求:借他的画,挂在我屋里欣赏,一周换一次。他同意了。他的雕塑也是相当出色的,但他舍不得借给我。这次为了找两周工作以维持生计,我又去找画家哈科洛斯。他欣然答应我做他的绘画模特儿,他提供我的住宿和报酬。他们夫妇都是犹太人,1939 年 9 月 3 日"二战"爆发后,在德国无法生存,便随同是犹太人的库特·尤斯到了英国。但很快,德国军队占领了法国,与英伦三岛近在咫尺,他们作为犹太人,心里又在"打鼓"了! 于是他对我说:"我现在心绪很坏,没有办法画画,你还是另找工作做吧。"原定好的谋生计划又"吹"了! 可又有什么办法呢? 正在这时,我生命中一个极其重要的人物出现了。

我与威利的开始

威利·苏考普①是奥地利人,1907 年生。他 4 岁开始在石板上画画,画了一棵树,她母亲将画拿给相关的老师看。老师看后甚感惊讶,4 岁的孩子能画出这样的画,实在有些异乎寻常! 这说明他很有艺术天赋。他父亲是个制鞋匠,第一次世界大战之后,奥地利人民生活很艰苦,威利家吃饭都成了问题。苦难的生活使他很早就自食其力,他找到一份工作——雕刻雨伞头和象牙盒子,白天在艺术学校学习,晚上工作,一天的时间总是紧绷绷的。后来,他开始在所在的艺术学校教雕塑课。1934 年的一天,达亭顿学校主

①威利·苏考普:英国著名雕塑家,享有女皇颁发的"爵士"称号,1939 年他为戴爱莲雕塑了一尊头像,后来成为英国皇家舞蹈学院的收藏品。

任的秘书来参观,看了他的课,便邀请他去达亭顿访问三个月,从事雕塑创作,还可以出售一些作品。他带上自己的作品和雕塑工具来了。我认识威利,是在参观他的工作室的时候。当时正面临着两星期"真空"的恐惧。他是单身汉,自己不"开伙",只在学校的餐厅就餐,我们也在那里时常碰面。汉斯·哈克洛斯是他的好友,我们因此而彼此熟悉了。当汉斯表明他不能请我替他工作的"立场"时,正好我们三人在同一张桌子上吃饭。听完汉斯的话,威利马上接过来说:"我很羡慕汉斯,他有经济条件请你,我很想为你雕塑,但我是穷艺术家。"我说:"我不是为了赚钱做事情的,只要有地方住、能自己做饭,就满足了。"在英国,餐厅的价格不菲,长时间在那里吃绝对承受不起,达亭顿也不例外。我在伦敦的时候,基本上都是自己做饭的。我对威利说,"如果你的钱能够应付两个人的生活,我可以为你做饭,保证你吃饱!"他说:"没问题。可我没有地方给你住,我的工作室里倒是有个垫子,如果你能将就,不怕睡地板,就可以在那里住。""没关系的!"我年轻,当然不怕这个,所以就一口答应了。

威利·苏考普的性格温柔友善,可工作起来却异常勤奋。我每天都仔细观察他是怎么工作的。我觉得这个人虽然是一个艺术家,但又像一个工人,每天耐心地和泥巴打交道,捏来捏去地没有终结。一天,他正在创作时突然皱起了眉头,我于是问他怎么了。他说:"世界大战开始了,我的未婚妻西蒙在法国过暑假,我怕她困在法国回不来了!"那个时候,我特别敬重他,希望他好,就尽量安慰他。我说:"你知道吗?世界上不论什么事情,只要有开始,就会有结束。战争虽然开始了,但不会永远这样下去的。"听了我的话后,他的眉头舒展开了。没过两天,他的眉头又皱起来了。我问他："你还有什么事情？"他说："我妈妈(她家在奥地利维也纳)本来每两年来英国看我一次,帮我补衣服。可是现在打仗了,她恐怕来不成了。"我说："这没有关系嘛! 我可以给你补衣服。"我在特立尼达时上的是女子学校,学过补袜子、补衣服,还学过绣花,所以我会一些针线活。我给他补衣服的时候,他还穿上试一试,很滑稽地看着衣服破的地方。

星期天,我陪他到森林里散步。遇到路上有水的地方,他怕我踩着水,就把我抱过去。走着,走着,他忽然问我的生日是什么时候,我回答是 1916 年 5 月 10 日,他告诉我他的未婚妻西蒙的生日是 1917 年 5 月 10 日。他已经订婚,因而对我没有什么别的意思。我也知道我们是相见恨晚了!

一天,他告诉我每天正全身心投入工作的时候,总有人来参观,于是思路就被打断了,只好停下来。当时,我想了一个办法:天不亮时,我就起床给他准备早饭,吃完早饭天刚刚亮,他就马上开始工作,一直到有人来参观的时候,他就去休息。他同意了。就这样,我给他做饭,不要他的钱,他也没有钱;他给我饭吃,给我地方住。我们配合得也很好,他也工作得很顺利。40 年后我们重逢时共同回忆了当年的情景,他说当时我们像一家人在一起过日子。

我们是用煤油炉子做饭,可是有一次炉子出了毛病,他又正好出去了。饭做不成,我就在花园里一边采花,一边张望着他回来的路。他回来了,看见我叫了起来："你穿得那么漂亮,但我不会接受你的(是指谈恋爱)!"我说："我没有那个意思,我是没有事情干! 我没有那么滑头,不是为了讨你喜欢,你放心吧。"

他是个很能干的人,什么东西都能修理;为人又好,我喜欢美术,跟他在一起只有两周的时间,但我感到非常舒畅,我不知道他对我的感受如何？反正我认识了这个人，也真地爱上了这个人！我们两人的思想、经历有很多共同之处。威利出生在贫困家庭，父亲是鞋匠。他告诉我自己曾想去苏联，后来应邀到英国工作。虽然我出生于中产阶级家庭，开始比较富裕，但父亲破产后，我的生活也是贫困的，因此我们有共同语言。另外我们所受的天主教教育也相似，我们也都不去教堂做礼拜。当时我受到社会主义的影响，读过斯诺的《西行漫记》，我有阶级意识，认为自己是无产者。于是对威利说："我感到西蒙对你不合适，她来自资产阶级家庭。"无奈威利已经承诺和西蒙结婚了，他要遵守诺言。

学校开学后，我就回去了。西蒙开学后好多天才赶来上课，这是我第一次见到她。当时威利在别的中学兼课，其他人不知道。西蒙没找到他，可能经别人指点，就来找我了。不久，威利和西蒙相会了。平常他都是穿工作服的，可是他的未婚妻来了，自然要打扮一番，穿上奥地利山区的民族服装，帽子上还插着羽毛。他的未婚妻家里是在法国开银行的，很有钱。看见他们两个衣装笔挺地并排走过，我怒火中烧，忌妒得要命！因为我已经爱上这个人了！可是我怎么办？他们有钱，我没有钱，他们又已经订了婚！哎！我知道我没有希望了，也就不跟他说什么了！当时我就只有一个想法：我要忘了他。

这段恋情发生在短短的两周中，却影响了我的一生。我一直在努力忘记。年轻的时候，我也曾爱上过别人，一旦分手就忘了。所以当我爱上威利的时候，我想以后也会照样忘了他。然而我没有忘记，我的悲剧也就在于此：我很想忘了他，但却总也忘不了！

因为威利是奥地利人，当时奥地利已同德国合并，属于法西斯帝国。他申请加入英国籍，没有被批准，所以他被送到加拿大去了。到了圣诞节前,尤斯告诉我因为英国已在9月3日向德国宣战,学校只能坚持到12月。他说:"学校要关门,我无法对你的未来负责。既然你来自东方,我写信介绍你去找著名印度舞蹈家Rad Gopal,他的舞团在英国巡回演出,目前他在南汉浦顿。"我知道我必须离开达亭顿,于是我坐大轿车去伦敦,途经南汉浦顿时,我去拜访这位舞蹈家。他告诉我他的舞团初办,只能负担六位演员。因此我继续前往伦敦,从那回到了祖国。临走前,我去信告诉威利:我要走了。后来我又从香港给他去信,希望能保持联系。

我在香港逗留不到一年时,收到他们的来信。这时西蒙全家已从法国逃往美国。西蒙曾想去加拿大找他,没有得到批准。他去加拿大九个月后,拿到了英国国籍,因此被召回英国。威利写信说他不再等西蒙,并抱怨我不该走得那么快!从那个时候我就知道了,他对我还是有感情的,如果我不离开,我的生活可能会是另外一个样子。威利很多地方与我相通,他不是中国人,但他有适应能力。即使我当时不回国,在英国与他结婚,同样还要带他到中国来,我不可能在英国待一辈子的!因为我是中国人,我需要"认祖归宗"。其实,他本质上也是个随遇而安的人,不管在哪里,只要能正常工作就行,生活条件如何,对他来说是无所谓的事。

第二次世界大战结束后,奥地利的生活特别困难,威利的父亲自杀了,后来他本想到苏联去的,可是没有去成。他又没有工作,生活很困难,经常在退潮后到海滩上捡东西吃,甚至要找鸟窝、捡鸟蛋充饥。这个人很善良,他捡食了鸟蛋,心中总有一种恐惧,好像自己是个扼杀生命的罪犯似的。他认为一个生命给破坏了是天大的罪孽!他后来有一件雕塑作品,专门表现了鸟蛋和小鸟的内容:作品是一个蛋壳,里面有一只小鸟,这个雕塑面积很大，放在英国伦敦市中心利津公园的一个动物园里。我有这个雕塑的照片，是他送给我的。

有一次他给我写信，说是生活状况极差，向我求援。我当时已回国，并已结婚，也没有什么有效的办法。可是我还是很想帮助他。我想：如果他这样的艺术家来中国生活，肯定是没有问题的。所以给他写信，说："如果你有路费就来中国吧！我会帮你找个工作，解决生活问题。"可是他没有来，可能是没有路费吧？其实，如果他真的来了，我也有很多困难，因为我已经结婚了。

后来有一次他又给我写信说："我现在很悲痛！"他正在刻一个石碑，题材是个会唱歌的姑娘，她只有一条腿，可能是英国伦敦遭轰炸的时候被炸掉的。他为她的遭遇而心恸，并打算与她结婚。他就是这样一个善良又有同情心的人！

1949年，北京解放了，我想：我的新生活也开始了！以往的岁月应该画一个"句号"了。我应该完全忘掉这个人，让这个人从我的心里走开！因为就在那年，他给我寄来一张照片，他们夫妇和一个一岁多的儿子，我一看，就感觉到他们很幸福！这倒使我释然了，放心了很多。同年，我参加世界青年与学生和平友谊联欢节，就想一定要找个英国代表，给威利一家捎点儿小礼物，但是英国人没有找到，正好遇到一个要回国的奥地利代表，于是托他把东西带给威利的妈妈，我有他妈妈的地址。我想以后他们母子见面时，威利会收到我的东西。后来，他真的收到了。

我与威利的结束

"文革"时，我总在想，威利现在生活得怎样？父亲和姐姐情况又如何（当时母亲已经过世了）？头脑中翻来复去的竟然总是这些内容。我"半解放"的时候，很多人让我去找周恩来总理帮忙解决问题，我总觉得不能麻烦总理，他已经够难的了，我不能因为自己的事去给他"添乱"！我倒是去找过廖承志，因为我回国时，廖梦醒是我第一个朋友，也是最好的朋友。至今，我与廖家的友谊已持续了五代人，我问廖承志："我能不能给在海外的家人写信？"他说："你可以写家信，这没什么错误。"于是，我写信到特立尼达岛和英国。过了好长时间，我了解到二姐已仙逝，大姐不知去向（很久以后才联系上），威利也无音信。一直到 1978 年，有一位苏格兰朋友帕特里夏·威尔逊要回国休假（她当时在华教英文），问我有无亲友需要找寻？我开了名单给他。其中包括安东·道林、埃瓦·盖斯特（他夫人——安·赫钦森是我的老同学、好朋友、舞谱专家，我回国后她一直与我保持联系，对中国"拉班舞谱学会"的建设起了重大作用）、我大姐和威利。很幸运，帕特里夏找到了威利。在他的工作室，她看到了威利为我雕的头像的照片，她对威利说："这个东西非常好，还有没有，我很想买一件。"威利告诉他："东西还有，只是我这里太乱，那个头像在仓库里储存着。"帕特里夏说："哎呀，那么好的艺术品，放在仓库里，不让人欣赏，太可惜了！"于是，她花500 英镑买了一尊我的头像。她很想让更多的人看到这个雕塑作品，所以就和当时的英国皇家舞蹈学院的总监埃瓦·盖斯特商量，埃瓦决定将我的头像安置在学院大厅里，帕特里夏把头像长期借给该学院，并写明自己去世后送给学院。我 65 岁生日时参加了头像隆重的安置仪式，那个头像是混凝土复制品的。第一个是赤土陶的，还有三个复制品是用松香纤维或制型纸或石膏做的。帕特里夏给我带回许多威利的工作照片，后面写着这样的字："爱莲，你的耳朵一定在发烧了,因为我们老在谈论关于你的一切!"1978年,英国独立电视台导演查理·耐恩从老邻居帕特里夏那里听说了中国的事情,也听说我这个人,这引起了他的兴趣,表示一定要拍摄一部关于我的电影。他很快来到中国,到中央芭蕾舞团采访、拍摄,回去制作了一部名为《中国》的纪录片,内容反映的是中国芭蕾发展的历史以及中央芭蕾舞团在停演《天鹅湖》15年之后,把它再次展现在舞台上的过程,其中有很大篇幅在写我。我只允许他拍我的工作,他也不希望我们特意为他准备什么,因为他要看到真实的中国。影片是在这种情况下摄制完成的。1979年夏,我首次返回英国时,他请我住在他家中,并请我到电视台帮助剪辑片子。这纪录片的名字叫《中国》。开始我认为过大,可看过样片后,我感到非常合适,因为它从中央芭蕾舞团的变迁,折射出整个中国的发展轨迹,体现了共性的东西,所以我同意了。这部纪录片曾在美国的国际电影节获奖,很多老师、同学、朋友、同仁,都从电视节目中看了这部片子,反响强烈。中央芭蕾舞团1986年去英国演出时,电视台重播了这部影片,查理曾自豪地对我说:"多少年了,这部片子现在看起来,还是不错的!"

1979年在英国伦敦举办了"拉班百年诞辰纪念"的国际会议。西蒙作为拉班中心的高级教师,最先邀请我去英国参加会议,那时我们刚刚"开放"。会议开幕那天,我们晚到了一点儿,走进会议厅我见到了两位老师西格·雷德和莉莎·乌尔曼和许多老同学,所有的人都非常激动。那天我在会上介绍了我如何在中国运用拉班的理论,与会者对此反应非常强烈。令我尤为高兴的是,我和威利在会场见面了。虽然远隔四十载,一切仿佛昨日一般。几天后,西蒙请两位老师和我们到她家中吃晚饭。当时威利兴奋不已。雷

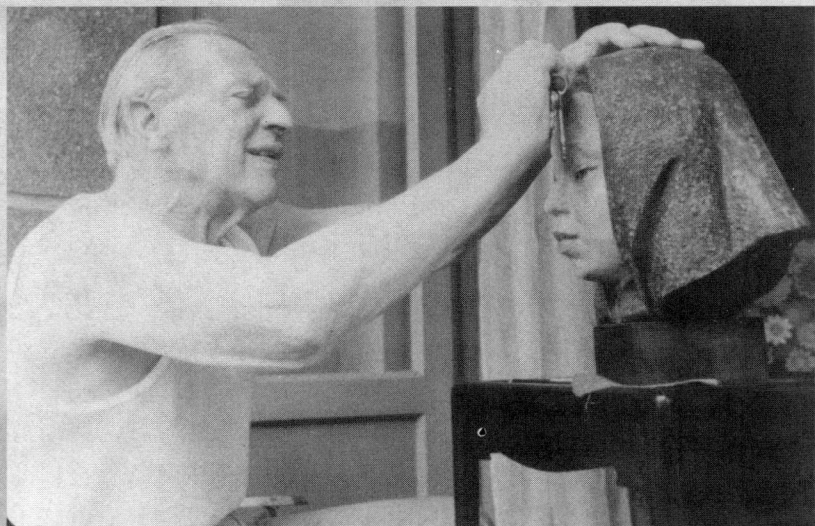

威利和戴爱莲头像

戴爱莲头像

德对威利说:"今天晚上,你太活跃了,说说你为什么会这样。"威利说:"因为我有好朋友来啦!"后来,威利到我的住所来看我,他那天身穿白色西装,非常潇洒。我们坐在房后的花园里长谈了我们分离后的40年。查理在一旁不停地为我们拍照。……我对威利说:"多少年了,我一直无法忘记你!"他说:"我怎么能相信你呢,事实上你已经结过两次婚,你的两个丈夫又都抛弃你了,这是怎么回事?"

威利的话让我想起了自己的两次婚姻,当年我认识叶浅予,首先是我看到了他的速写作品,感觉他很有才华、很了不起。在香港,我们相处了一年的时间,我并不知道他是知名画家(到重庆后,我才明白他的地位),只是凭直觉感到他这个人的画不一般,崇拜他的才华和能力。另外,他这个人形象很好,长得很漂亮,而且又是进步人士,《今日中国》杂志的负责人,与"保卫中国同盟"联系紧密……我觉得,这个人有那么多的优点,我一定会爱上他!若能真正爱上他,我就能忘了以往的一切。这是我的真实想法。

既然有了这样的抉择,我就要付出努力。首先应该让他了解我的过去,这样他才可能更好地帮助我。但每当我提到威利的事情,叶浅予都不要听,他认为那是我个人过去的私事。

在与叶浅予共同生活的十年中,我总感到他不理解我。虽然他非常爱我,但我却没有像最初想像的那样深深爱上他。所以婚后,我一直无法忘却威利,我心里依然爱着威利。

在工作中,叶浅予给了我很大的帮助,为我设计服装和广告画,在演出中处处为我服务。对此我很感激。然而,我们的心不能贴得很紧,直到最后,他也没有真正理解我内心深处的想法。我耐心等了十年,最终还是失望,我决定提出离婚。

提出离婚时我有思想准备,叶浅予一定会很难受的,然而我不愿再这样和他共同生活下去了。但是每当想到他的母亲时,我心中很不好受。老太太很喜欢我,一直对我很好。我们离婚时,家里人没有告诉老太太,把这件事瞒了很久。后来,叶浅予和王人美(中国著名电影演员)结婚。王人美人很好,但身体不太好。每当王人美生病时,老太太就说:"还是爱莲好,还是爱莲好。"

　　叶浅予的女儿叶明明从 10 岁起就和我们生活在一起,她很内向,不太善于表达自己的感情。我很喜欢她,当我和叶浅予的感情不太融洽时,我就把心中的爱倾注在明明身上,但却没有意识到明明对我也有着深厚的感情。过了许多年,明明结婚后到云南办训练班,她从昆明写信来说非常想念我。直到这时,我才真正体会到我们之间的母女之情。中华人民共和国建国前,叶浅予的儿子没有和我们生活在一起,我甚至没有见过他。建国初期,他来北京找我,因为他喜欢绘画,我介绍他到华北大学三部(后来美术队并入美术学院)学习美术。我未曾抚养过他,也不认为离婚会影响到这个儿子。但当他得知我和叶浅予离婚的消息时, 大哭大喊:"我没有妈妈了!我没有妈妈了!"虽然我是后来才了解到孩子们对我的感情的,但这种感情却让我铭记至今。

　　叶浅予的许多老朋友也是我的好朋友,他们一直不明白,我为什么要和叶浅予离婚。我们曾一起经历抗战、逃难的艰苦生活。在我的艺术生涯中,他对我的舞蹈事业给予了很大的帮助。因此,朋友们认为我提出离婚是不近人情的,是他们理解不了的。朋友们和叶浅予的女儿明明多次劝我和叶浅予复婚,但当时我无法向他们解释。我想,现在也许这些老朋友们会明白,我为什么不能和叶浅予复婚,因为我的心、我的感情一直在威利的身上。

我因感到自己的家庭生活不幸福而离婚。此时的威利却拥有自己的幸福家庭,我也希望自己有幸福的家庭生活。这导致了我的第二次婚姻。为了忘却威利,我想找个伴侣。我在排演《和平鸽》时和同事丁宁合作得很融洽,他比我年轻得多。当时我认为嫁个同行,在工作中能相互合作,生活也会幸福。于是1956年,我和丁宁结婚了。然而婚后不久,我就后悔了:我对他的性格和为人缺乏了解。1957年"反右"时,我想借故提出离婚,当时领导没有同意。"文化大革命"时,丁宁提出离婚,这回我不怪他,他是和我"划清界限"。

　　我这一生,结婚两次,又离婚两次。回想起来,叶浅予是值得尊重的,是永远的朋友。但丁宁这个人,我已当他不存在了。

　　从1979年起,我从事各种文化交流活动,几乎每年都去英国或途经英国,有机会拜访威利和西蒙。在英国期间,我曾陪威利看雕塑展览,一起散步。和威利会面,我总是感到幸福和愉快。我们似乎有说不完的话和聊不完的事。

　　20世纪80年代,我请威利夫妇来中国。因为他的夫人西蒙是我在英国尤斯-雷德舞蹈学校学习时的同班同学,后来一直做舞蹈编导教学工作,并且是从拉班系统入手的。当时,我认为北京舞蹈学院的舞蹈编导的模式比较死板。如果能请西蒙来,也许能用其他方法刺激一下我们的舞蹈创作,这对我们是大有裨益的。我希望他们夫妇同来,因为威利应该来中国看看世界上最大的艺术博物馆——敦煌莫高窟,我请美协给他发了个邀请。

　　他们一同到了,住在北京饭店。西蒙的费用由北京舞蹈学院负担,威利的餐费准备由舞蹈学院的曲皓老师解决,所以看来情况会一切顺利。西蒙上课时,我陪威利去中央美术学院交流、参观、拜访知名画家和雕塑家,如刘开渠、吴作人、叶浅予(他本人不在,是女儿叶明明接待的)等。有时中午我自费陪他们吃饭,了解他和西蒙各方面的情况。教学结束后,我请他们去了敦煌。

在兰州,西蒙病了,不能走远,我们就在兰州待了四天,由我带威利参观、散步。一次,在大街上,威利遇到一位年纪很大的中国老太太,两人互相点头笑笑,便开始对话。这一幕非常有趣:一个英国老头和一个中国老太太,一个说英语,一个讲陕西方言,各说各的,又似乎能相互理解,最后还握手互道再见,感觉相当美好、和谐!还有一次散步,我看到一只旧的马蹄铁,这在国外是吉利的象征,表明你运气好。我拣起来,送给威利。他说:"不不,运气是你得到的,应该归你!"我说:"我的运气已经够好的了,这东西你一定要拿上。"他推辞不过,就带上了。这只马蹄铁一直挂在他的工作室中。他去世后,他的家人把它又还给了我。

因为行程较紧,西蒙要赶回去开学,所以就打消了去敦煌的念头,转道去了西安。我们去了西安美术学院,参观了兵马俑的部分修复工作,他提了很多问题。整个过程,他特别兴奋,一回到旅馆,他就把我抬了起来,高兴地要和我跳舞! 只可惜,那一次没有去成敦煌,直到今天为止,我也未能如愿。

1993 年,西蒙去世了,当时我在伦敦。

1994 年,威利独居时轻度中风。其实,他在 80 年代也曾轻度中风。这次,威利问我:"你能留下来陪伴我吗?"我当时心中没有把握,问他:"你的子女会同意吗? 我不愿做出令你的家属不悦之事。"他说:"他们肯定会同意的。"正像威利所说的,他的儿女确实非常希望我能陪伴他们的父亲。他们都知道威利在中国有个好朋友。威利的儿子在英格兰,工作很忙;女儿在美国,也有工作。我能陪伴威利的话,对他们是一种安慰。儿子米歇尔告诉我,他们曾试

戴爱莲与威利的儿子米歇尔和夫人的合影

图为父亲找保姆、管家,威利都不同意,他只希望我能和他做伴。

从这个时候起,我公开地和威利相处,照顾他的生活。到1995 年威利去世时,我一直都在他的身边。"你真像天使一般好!"米歇尔对我说:"你们有个开始,也有个结束。"如今,米歇尔是我的干儿子,他的孩子们都叫我奶奶。

感悟芭蕾舞艺术

我常对人讲,我有两个"爷爷",我是他们的徒孙!

恩利科·切凯蒂是我的"祖父",他给了我古典芭蕾的基本原理。切凯蒂建立了一整套科学的训练体系,被公认为芭蕾历史上最伟大的教员之一。他在欧洲培养了一系列芭蕾艺术家和著名教员。为了继承和传授他的严格的教学方法("切凯蒂"方法),在伦敦成立了切凯蒂学会,该会今天已发展到许多国家,并成立了国际切凯蒂中心。舞蹈者的身体,就像演奏员的乐器。经过切凯蒂的教学方法的调教,使我的身体得到了解放,具有很强的可塑性,能够适应各种舞蹈形式的要求,而不只是芭蕾。

鲁道夫·拉班是我的"外公",他的两个理论即"空间协调学"(Choreotics)和"动力学"(Eukenetics),这一直运用于我的编导、表演和教学中。有的芭蕾舞创编者懂得舞蹈语言中的"单词",但组不成"句子",更作不好"文章",因为芭蕾教育体系本身缺乏这一环节。我搞《荷花舞》、《飞天》过程中,就是一直运用拉班理论:辨别舞者的需求,能摆正技巧、语言与艺术的关系。它们不只适用于现代舞,而且可以运用于其他各种舞蹈形式以及各种表演艺术。著名导演黄佐临在达亭顿学习这种理论后,就一直将它们运用于话剧排练中。

两位"爷爷"给我打下了扎实的基础,使我善于学习世界上各种各样的舞蹈。1954 年,我在印度南部用两个小时学习了一段婆罗多舞。经自己反复练习,我在加尔各答中国领事馆举办的晚会上,表演了婆罗多舞——阿拉瑞普。当时印度最著名的舞蹈家乌黛·香卡①观看后,亲切地拥抱我,说:"你跳得真像一位印度姑娘。"婆罗多舞是印度古典舞中难度最大的舞蹈之一,我能这么快学会并进行表演,当然要感谢我的"爷爷们"。

在英国,我学习和研究了不同流派的芭蕾舞和现代舞。有一次,我看演出后,对一个不太知名的演员指出了她的舞蹈里有吸取了别人作品里的东西的痕迹,那人却不承认。事实上有很多现代舞蹈家否认自己有所继承。但我认为,一个人不可能不受别人的影响,生活在社会中,当然首先会吸收别的东西,然后再加上自己的东西发展出新的。民族舞蹈也是这样,对祖先流传下来的东西,继承、再发展,而后继续流传下去,这是一般的规律。

当然也有不少舞蹈家承认延续了邓肯②或拉班的思想,玛莎·葛雷厄姆③就承认自己受了魏格曼的影响。我看过魏格曼的演出,他有另外一种出发点,我研究舞蹈,对不同的出发点也有兴趣,魏格曼在台上好像发电一样,这是我很惊讶的地方,但我没有想过要当魏格曼派的人,那是魏格曼能做的事情。我看过一个很有名的西班牙人——阿根提纳的演出,一个晚会只有她一个人跳独

---

①乌黛·香卡:印度著名舞蹈家,享有"舞王"之美誉。

②邓肯:现代舞的先驱者,有"现代舞之母"之称。

③玛莎·葛雷厄姆:美国著名现代舞蹈家,一生创作了百余部作品,创造了自己的现代舞动作体系。

安东·道林老师送戴爱莲的一张著名芭蕾舞艺术家斯贝西茨娃的演出照，正是斯贝西茨娃的演出使戴爱莲选定芭蕾舞为终生从事的事业

舞,表现各种不同年龄的西班牙人的形态和心理,她的响板演奏世界闻名,已经被录音保存了。我非常欣赏她,但我不能说自己要成为一个西班牙舞蹈家。

假如你读一本很吸引人的小说,你会被其中的情节深深吸引;如果你听一曲动听的音乐,你会对它的旋律和情感产生共鸣;如果你看到一幅画,你会惊叹它的线条和色彩之美丽与神奇。自从我 1933 年在伦敦看了斯贝西茨娃①在《吉赛尔》中的精彩的演出,我叹服了!我认为它是舞蹈艺术的最高峰。我一生中再没见过那么好的演出,给我的印象太深刻了!早期的芭蕾没有很多技巧,表现力不够丰富。20 世纪初开始注重技巧了,一时涌现了表现力相当好的艺术家,巴甫洛娃②就是这样的人,只可惜我没有亲眼见过她的演出;因而我无法想像有谁能超过斯贝西茨娃!后来,我从芭蕾史书中了解到:切凯蒂在佳吉列夫舞团时最喜欢的学生,就是斯贝西茨娃。用佳吉列夫的话说,切凯蒂的两个学生是"一个苹果的两面,斯贝西茨娃是朝着太阳的一半,巴甫洛娃是背阳的另一半;可两个人都一样的美"。一直到现在,她的演出我还有印象,她把一个抬腿动作 "呆弗洛佩"(学芭蕾舞的人经常要做这个动作),做得像电影中慢镜头开放的花朵一样漂亮!她是特别感动人的艺术家,并不是技巧怎么样,没有什么了不起的技巧。我认为那才是最高雅的艺术,而我也因此抱定了一定要从事舞蹈专业的信念。当然我也很自豪,后来也有人因为看过我的表演而决意投身舞蹈事业的。

我没有想过要成为伟大的艺术家,只是热爱舞蹈。我很高兴

---

①斯贝西茨娃:20 世纪俄国著名芭蕾舞女演员。

②巴甫洛娃:20 世纪早期,俄罗斯最著名的芭蕾舞表演艺术家。

能将舞蹈作为自己的事业。40年后我在英国遇到达尼艾尔——我的尤斯–雷德舞蹈学校的同学。她对我说："你知道吗？我们同学中只有你我在内的三个人没有改行，我们始终如一地在舞蹈的领地里奋斗，为此应该感到欣慰。"我的同学，有的搞了雕塑，有的做了别的，也有人搞了舞蹈理疗。我认为只要是我喜欢的事业，一旦钻研进去，我就会感到很有意义。舞蹈是人类创造的最早的艺术，后来发展成不同民族的舞蹈，有不同的跳法和不同的美。像世界上有那么多不同的绘画风格一样，从舞蹈里也可以看出不同民族的精神面貌和审美情趣，这是舞蹈使我终生迷恋的又一个原因。

在英国时的创作

在英国，我不断演出的同时，每个星期我还要创作一个新的舞蹈。其实在很小的时候，我就开始自编自演了。

我创作的多数是独舞，只有一个例外，那是1935年，一个英国歌剧团请我专为歌剧《皇后的花边手绢》编一段芭蕾舞，并由我演主角。这是我在英国创作的惟一的芭蕾集体舞蹈。

《波斯集市的卖花姑娘》(1931年)和《叫花子》(1934年)是表现贫苦人民的生活的。

1935年我到英国最早的现代舞训练班之一，莱斯莉·巴若斯–古森斯现代舞工作室学习。我知道他们认为我是跳芭蕾舞的，习惯于重心往上提，违背了现代舞的地心引力原理，认为我搞不出什么现代舞。我这个人从小时候就特别倔，下狠心就要让他们看看，我比他们还现代！我让坎家姐妹俩帮我找最强烈的音乐，她们说俄国作曲家普罗柯菲耶夫的《三个橙子的爱情》之第三曲《进

戴爱莲在伦敦表演独舞《杨贵妃》的造型

行曲》,钢琴弹起来非常强烈,而且中间有弱的乐句,由弱渐强、直到最强。我特别喜欢这段音乐,所以就编了一个同名的舞蹈。每一次演出观众的反应都非常热烈,要求再来一次。《进行曲》逐渐成了我的保留节目。

《进行曲》表现的是中国游击队员,开始我选的服装是中式对襟男装。到香港后,宋庆龄提出她要看我的作品,可她的客厅太小, 于是就带我去了她姐姐——宋蔼龄的家,在宋蔼龄的客厅里,我把舞蹈跳给她们看。演出结束后,宋蔼龄请我们吃午饭,拿威士忌招待我们。客人第一次到她家都要用这样的酒,这是从她父亲那儿继承下来的传统。宋庆龄建议我:"你这个舞蹈很有气势,你为什么不做一个带国旗的服装,来表现中国人民抗战到底的决心?"我同意试试。回去后,我设计了一件"国旗服装"——"青天白日满地红",上衣是青天白日,裤子是红的,在右边手腕处的方形挨着裤子的线条,可以看得出是一面国旗。这使人一看就知道它是描写中国人的。这个舞蹈激励了许多观众,然而没有想到的是文化大革命时,不懂历史的人看到剧照后说我穿国民党党旗跳舞。国旗怎么成了党旗?我百口莫辩,在很长一段时间内,这是我的一大罪行。

抗战期间,我曾两度丢失包括乐谱在内的所有东西,因此当时演出《进行曲》无法用钢琴伴奏,只好请人在舞台幕布后面按《进行曲》的节奏风格打鼓伴舞。

《垂柳》是1936年创作的。这个舞蹈非常抒情,塑造了垂柳的形象。我给舞蹈取这个名字是因为在英文中"垂柳"——"Weeping Willow"的意思是"流泪的柳树"。当时我想祖国目前灾难深重,我要编个独舞来表现中国人民在日本军国主义反动政权野蛮出兵侵略下的痛苦悲哀。

同年,我被唐朝历史深深吸引。在这个朝代,中国的文化艺术发展到新的高峰。杨贵妃的故事打动了我。我根据想像中的中国舞蹈动作编了独舞《杨贵妃》,英文名字是"The Concubine Beauty Dances Before the Emperor"(美丽的贵妃为皇帝舞蹈)。我得以编此舞还要感谢一位马来西亚华侨 Rosaline 王。她非常热爱中国戏曲,在离开英国时,把自己的一套中国戏曲服装送给了我。于是我从唱片中找到一段中国古典音乐,从中找到了创作的灵感。

在英国的最后一年,我是在尤斯-雷德舞蹈学校的创作课上选择"Alarm"(警醒)为主题进行创作。我要表现一位年轻的游击队员初次站岗时的心情。当年我在第一个现代舞工作室曾学会用手打鼓,于是我找了个鼓系在左腰旁。当时我从未见过中国腰鼓,这样系是便于做舞蹈动作。30年代,我曾见印尼学生在伦敦演出,印尼爪哇舞的风格吸引了我,尤其是其中独特的走步动作。因而我吸收了其中的某些动作和风格,融合到《警醒》中,以体现这位初次站岗的游击队员的紧张心情:开始,他非常警惕,到处搜索,对于周围每个动静都有所反应。逐渐,他心中有点把握了,增强了信心。一般说来,我的独舞都比较短,而且这个舞蹈和《进行曲》早期的服装完全一样,只是腰间多了一只鼓。因此我经常连着演这两个舞蹈,以此压轴。我先演《警醒》,再演最受欢迎的《进行曲》。后来在香港改换服装后,两个作品就不在一起表演了。

3

奔赴祖国参加救亡

心系危亡的祖国

30 年代在英国,我只要碰到中国留学生,就很羡慕他们,感觉他们比我高,因为他们拥有中国文化的底蕴。我虽是中国人,但对中国所知很少,甚至连中国话都不会说,令我感到非常别扭、尴尬。我急切地希望了解我的祖国。

当时国民党政府的驻英使馆的一个工作人员是我两个姐姐的朋友,我向他表明我的苦恼,他介绍我到大英博物馆的图书馆看有关于中国、中国历史的书。我拿了他开的介绍信,来到了当年马克思读书的地方读了英文版的《中国历史》。中国的悠久的历史深深吸引着我,其中盛唐的文化更令我着迷,我最感兴趣的历史人物是杨贵妃,因为她也是个舞蹈家。1936年我按照对她的想像编了一个独舞,名字就叫《杨贵妃》。

当我还在英国寻觅我的"舞蹈之梦"时,1931年9月18日,日军侵占了东北。战争的消息波及到了英国,记得一次,我正坐在公共汽车里习惯性地独自思索问题,身后一个青年突然问我:"你知不知道日本人已经占领中国沈阳了?"我没有正面回答他,但心中十分明白时局的变化。

面对日本侵略中国的行径,英国的立场是发生过明显变异的。开始它站在日本人的立场上,认为日本和英国一样,都是"岛国",土地、资源不足,需要扩张来获得生存空间。随着战争的发展,特别是淞沪抗战后,它才逐步过渡到转向支持中国。当时,英国人出面组织了"援华运动委员会",宣传反法西斯主张,支持中国的抗战。剑桥大学教授、《中国科技史》的作者李约瑟也是该组织的成员。他们做了很多工作:抵制日货;组织码头工人拒绝搬运日货,迫使其返航;组织义演,著名黑人歌唱家保罗·罗伯逊也参加了演出。这些行动都非常有效。我常参加这个组织的"募捐义演",即兴创作了很多舞蹈。在1989年出版的《支持中国1937—1949——回忆一次被遗忘了的英国人民援华运动》(Aid China 1937—1949——A Memoir of Forgoten Campaign)一书中,英国朋友阿瑟·克莱格(Arthur Clegg)回忆了这些演出活动,并在书中附上了我在伦敦为援华会义演的剧照。一天,该组织一名叫道勒菲·伍德曼的成员对我说:"在伦敦东边,住着很多中国老海员,圣诞节时能否去慰问一下?"当时只要不是反动派邀请,我一般是不拒绝的,何况是这样正当的演出活动,于是我便欣然前往。演出是在一个大饭厅进行的。海员和他们的家属都来赴"圣诞大宴"，屋内却惟独没有舞台。我在哪里表演？这时我看到他们吃饭用的都是中国的硬木大方桌，便灵机一动，请大家腾出一张，我在上面"原地起舞"，跳了吉普赛舞等各种风格的舞蹈。

我有一个名叫约翰·辛征的英国朋友，他出身于一个英国的"名门望族"，好像他祖父曾做过英国的海军司令，在今天英国仍有很多地方以他的家族名字命名，如"辛征马路"、"辛征"这、"辛征"那的，非常多。他是家里的独生子，我认识他时，他还正在大学里学习经济。他推荐我看埃德加·斯诺写的《西行漫记》这本书。他告诉我一些他家里的情况，并请我去他家做客，说是他的父母想看看我。我当时还没有意识到他对我有好感了，其实在我心目中他不过是个普通朋友罢了。以往外国人描写的中国人的面貌都是愚昧、落后的，似乎辉煌只属于历史，自从我看了约翰推荐的《西行漫记》后，我感到中国有希望了，中国人民了不起。我也萌生了参加共产党的愿望。但他劝我说："你现在太小，不合适入党，以后再考虑吧。"当时很多共产党人经常上街散发传单，宣传自己的思想，遗憾的是我没有做过这些事情。

我开始向往早日回到中国去，我回祖国有两个原因：一是国家危亡，而中国人民正在觉醒，我要投身到抗击侵略者、争取民族解放的斗争中去；二是我爱中国传统文化，我要寻找我梦寐以求的中国舞蹈。很多人搞舞蹈是为了"出风头"，而我不是。我在英国出够了"风头"，当时那里的东方人很少，我只要一出门，就在"风头"中，永远都有人"关注"我，我早就觉得别扭了。我最大的奢望，就是过没有目光打扰的生活，而这一点，只有回到中国才能实现。到桂林后，生活在和我一样的人中间，我感到很舒服。

回到中国的愿望始终缠绕着我,我开始了一次又一次的"回国试验"。第一次,我在报上看到一则广告,意思是:一个英国妇女要到香港去,需要为自己的孩子找一个同行的"保姆"。我认为这是个机会,就上门应聘了。她见了我后说我不像一个"阿妈"(保姆),倒更像一个学生。我诳她说:"你不要看我年轻(当时我二十来岁),家里所有的弟妹都是我管的!"实际上,我是家中最小的一个。看得出来,她的确不相信我的话,所以我的"阴谋"终于没有"得逞"。这次尝试没有成功,我就想到船上找工作,以便寻找机会回国,但还是没有结果。回国的尝试一次次地失败,然而我心里明白,终有一天,我会回到祖国的!

归 国 途 中

英国向德国宣战后,学校关门,再加上其他个人原因,我感到回国的时候到了。英国有个"中国协会"(China Institute),它的负责人名叫张树理。我经常在那里参加活动,也帮他们做点儿力所能及的事情。中国的清朝政府在镇压"义和团"运动时,英国人曾许诺赠予清政府一笔资金,但这笔钱要在英国本土使用。中国政局演变后,这笔资金大多用于中国留学生事宜。第二次世界大战爆发后,所有的中国留学生都要回国,当时中国驻英使馆有部分钱送留学生回国,为此专门成立了一个委员会,张树理是委员之一。他告诉我:"你生在国外,没有中国护照,所以你不属于此列。但我知道你一直想回中国,等我们把留学生送走后,肯定会有剩余的款项,那时我会帮你买一张去中国的船票。"他又问我在中国有没有亲戚,我说我有位姨妈和一些远亲在香港。他说中国正在和日本打仗，你马上回中国会不适应的。你习惯西方生活方式，而香港综合了东西方的习惯，还是先到香港为好，等熟悉中国的生活后，再回中国大陆。后来张树理真的给了我一张去香港的船票。

我坐的船，是从英国的一个大港口利物浦出发的。因为世界大战已经开始，我们必须等待与其他船只结伴而行。为此，我们的船在港口停泊了两周时间。那时，天气异常寒冷，船上所有的机器设备停止运行，由于怕爆炸，门窗不能全关，里外温度一样，滴水成冰。忍受了两个礼拜，终于凑成了三十多艘船只，大家开始迂回起航，像"龙摆尾"一样，躲避着水雷，开始了回故乡的航程。绕过地中海，进入苏伊士运河后，船才开始直行，这时才能关上门窗。

这是一艘半货半客的船，只有一等舱提供给旅客。船上有游泳池等体育和娱乐设施，很舒适。出发前的恶劣气候，使不少人患上了重感冒。船上的厨师就是因为感冒而丢了性命的，船员们为他实行了"海葬"。到了新加坡和马来西亚水域，陆陆续续有担架将病人抬下了船。我喜欢游泳，天天在船上的游泳池里泡。我的头发很长，湿了不易晾干，为了防止感冒，我一狠心剪掉了两条油黑的大辫子。船上的理发员因为只会给男人剪头发，不懂怎样修理长发，所以把我的头发剪得很短。

一路上我们曾停靠好几个港口，包括埃及的赛亚德，斯里兰卡的科隆布，马来亚的槟榔屿和吉隆坡。每到一地人们可以下船，在埃及我对当地的风土人情感到非常新鲜。在科隆布时间有富裕，我们几位船友决定坐出租车到山顶吃饭，这个岛中间的大山很美。我们在海上生活了一段时间，一路上风浪很大，船不断颠簸，我们在甲板上走路经常随着海浪左右摆动，走"龙摆尾"路线。到了科隆坡山顶饭馆，在平地上走路，我却无法控制自己的行动，

1936 年中英文化协会"留英中国学生夏令营"合影（局部），站立者第一排左起第四人为戴爱莲

不会按直线行走,还是老要迂回行进。就这样一路上不停地碰撞两边的桌子走到自己的餐桌跟前,十分好笑。直到饭后我才找到平衡,学会直线行进。

到了槟榔屿,大姐来接我,看到我的头发大吃一惊!"你的头发怎么搞的?"她是个很时髦的人,立即拉我到理发店烫了头发,然后再带我到她的家里去。大姐希望我能改变计划。她说:"你干脆留在马来西亚,嫁给我的小叔子好吗?"她的丈夫和小叔子都曾在英国剑桥大学留学,和我们认识。我说我的目的是要回中国,不能留下来。她说:"我们多年没见面,这趟船下一站是吉隆坡,四天后才离开那里,你在我这里待四天,然后我给你买张机票,直接飞到吉隆坡,正好赶上你乘的大轮船。"于是我在美丽的槟榔屿休息了四天,天天游泳,过得很好。四天后,我搭乘一架小飞机赴吉隆坡。那架小飞机只能装下三四个乘客,而且颠簸摇晃得很厉害。后来大姐告诉我,几天后那架小飞机出了飞行事故,掉下来了。想来,我这个人的确是很有运气的,又躲过了生命中的一劫!

首次抵香港　幸会宋庆龄

1940 年的春天,我乘坐的客轮经过漫长的海上跋涉,终于到了香港。在香港,我没有多少亲戚,只有我的五姨和她的孩子在那里生活,她丈夫她是在美国时认识的,是一位医生。到香港后,我就住在五姨家里了。我大姐负责我的生活费,她给我的钱足够我在那里过上很好的日子。从父亲破产到现在,我一直在穷困中度日,精神总是高度紧张;直到此时,我的心情才有了一丝放松。母亲的大家庭非常和睦、团结。在所有母亲家族的人中,我长得最像五姨。我到香港时,五姨已经守寡了,她无法靠自己养活三个孩子,不久便回了特立尼达。她的长子出生在美国,是美国公民。因此全家又到美国,与儿子一起生活了。

到香港后,我得了一场病,咳嗽、老发烧,医生说我得了肺病。我说:"不可能,我从来没有得过这种病!"再仔细检查,才发现是气管炎,是在船上落下的。医生要求我静养,不许外出。逐渐好了之后,才让我到屋顶上去晒太阳。我们的房子在香港跑马地——著名的赛马场附近。我的表弟老在屋顶上放风筝,长大后,他当了飞行员。我猜想,也许跟他童年的风筝有关吧!

一天,报上登了一条消息:"中国舞蹈家从英国学习归来,到了香港。"消息传开没过多久,宋庆龄便派她的秘书廖梦醒给我带来了口信,说是想约见我。我听了特别高兴!我在伦敦募捐演出时,只知道是为抗日筹款的,并不明确那是为"保卫中国同盟"做事情。说不定是我经常参加"援华委员会"的演出,宋庆龄和她的同事们早就知道我的名字了。

终于我与宋庆龄见面了,一见到我,她异常热情地拉住我的手,对我说:"我们有一个'保卫中国同盟'的组织,它的主要工作是为抗日募捐、为前线采购药品。不知你能不能参加我们的活动?"我说:"当然,没问题!为抗日出力,是每一个中国人分内的事情。我责无旁贷!"于是,在香港,我参加了"保卫中国同盟"的义演,著名男低音歌唱家施奕贵与我同台合演一台晚会,他唱歌时我换服装,他唱完了我跳舞。我演出的节目都是自己在英国时编的独舞,像《进行曲》《警醒》《杨贵妃》《垂柳》以及芭蕾名作《仙女们》中的《前奏曲》和独舞《华尔兹》。节目单上印着叶浅予画的我穿练习服练功的速写。当时演出满座,我多次谢幕。男低音施奕贵的演出也非常成功。

　　我在香港没有练功、排练的地方。多亏宋庆龄帮忙,替我找到了一家夜总会。那里晚上营业,我就利用白天空闲的时候在夜总会的大厅里练功、排练。不少在港的艺术家知道后都来看我,提出要画我跳舞的样子。我到香港后只认识自己的亲戚和宋庆龄等人,这是第一次接触到艺术界人士,但凭经验觉得他们和我的英国艺术家朋友一样,都是穷的。后来我才知道这些人中有不少赫赫有名的画家、艺术家,如:叶浅予、郁风、冯亦代、马国良、丁聪等,他们都与宋庆龄的"保卫中国同盟"有密切的联系。当年我在英国为了糊口,曾当过画家、雕塑家、摄影师、灯光师等各种艺术家的模特儿,也吃过当模特儿的苦,因此我对他们说:"我在这里要工作,不可能为你们摆静止的舞姿。我自己练习,你们在不打扰我工作的条件下可以画。"他们同意了。在我练功时,他们就乖乖地在一旁观看或绘画,一言不发,连咳嗽声也没有,极端安静。

　　我工作起来效率很高,休息时,我在他们身后绕了一圈,逐一欣赏他们画的作品。我发现有一幅速写画极为出色,具有国际水平,令我非常惊讶。我绕圈看画时,注意力全在画上,但这幅优秀的速写使我抬头端详起画这幅作品的人来。眼前这位画家相当英俊:高耸的鼻梁、浓黑的眉毛、深邃的眼光、分明的面庞。由于我不会说中文,听不懂他叫什么,只是明白自己结识了一位"天才"画家,接触几次后才搞明白他的名字是叶浅予。当我成为"圈子"里的人之后,才知道他有过一次父母包办的婚姻,生有一子一女,然而夫妻双方感情不好,长期分居,目前已离婚六个月了,与他同居的女朋友不知何故也离他而去。他正主办一本《今日中国》杂志,上面登载国共抗战的最新消息。在我眼中叶浅予潇洒漂亮,又是

1947 年戴爱莲与叶浅予在上海

进步人士,具备了我择偶的基本条件,于是我便主动去爱了。两个礼拜以后,我和叶浅予订婚了。在常人看来,这快得让人有点不可思议,但在我们却是十分正常的行为,因为我们当时是真正的情投意合!

我原本只是路过香港,去延安一直是我最迫切的愿望。只是由于为宋庆龄的组织做的募捐演出很成功,筹集了许多款项,宋庆龄希望我不要马上离港,再组织一次演出。我马上答应了,能为抗日、为宋庆龄做点事,我义不容辞。

在香港的时候,宋庆龄非常关心我。我和她非常亲近,就像一家人一样,所以我称她为“大姐”。当时她身体有些发胖,便把自己的许多质地很好的漂亮旗袍送给了我。她还把许多国际友人送她的小礼物转送给我。她对我说:“你要知道,中国在世界上有很多朋友,我送给你这些,表明你是我们最真挚的朋友。”这些小礼物中,有两只手镯我至今还记得,一个是棕红色的、硬质地(它发亮,好像是牛角的);另一只是墨西哥银手镯,上面镶着孔雀石,是属于玛雅印第安文化的东西。多年后我接触藏族文化时,发现这个手镯很像我们藏族同胞佩带的饰品,藏族同胞也喜欢这种颜色。现在我对人类学感兴趣,我相信美洲的印第安人来自中国大陆这个说法,因为他们在文化生活及风俗习惯上和藏族、彝族文化有许多相似之处。当年在香港游泳时,我曾不小心将那个棕红的手镯掉在水中。这是宋庆龄送的纪念品,绝对不可以丢的!我急忙向服务人员求援,指给他们手镯落水的位置,很多人帮我找,终于找到了。遗憾的是,这些手镯在日后重庆“大轰炸”和香港逃难的过程中还是都丢了。

《拾穗女》的创作

我在准备第二次为"保卫中国同盟"组织的募捐义演活动时，就着手创作新的独舞作品。我首先考虑选用的题材。我知道圣经里的许多故事，小时候我们全家信奉基督教，后来母亲带我们三姐妹改信天主教。虽然我不是教徒，但是圣经中露丝(Ruth)的事迹给我留下了深刻的印象。女主人公原来与丈夫、婆婆一起生活，丈夫去世后，她完全可以回娘家，但是看到婆婆孤单一人，她决定留下侍奉老人家。每次收割后，她就去拾麦穗，直至天黑带回一包麦穗来供养婆婆。我认为这个题材十分动人，于是决定编个独舞，只表现露丝在黎明时刻来到田野，一直拾穗到天黑，袋子装满时才回家的情景，名为《拾穗女》。第二步找合适的音乐，人们告诉我戈登·金(Gordon King)教授有许多钢琴谱。我在他那里找到一个德彪西的作品，感觉适合于这个舞蹈，便向他借了乐谱，回家自己抄。对于抄谱我已经习以为常了，在英国我无钱买谱，只好靠抄借来的谱子继续自己的音乐训练。我创作的《拾穗女》在第二次募捐活动义演时首演，非常成功，叶浅予曾为它画了许多画。

我是西方文化的教育背景，我的舞蹈创作大体有两种情况：一是我学习了中国的东西后，会以此为题材编中国作品；二是我可以从西方选择题材充实我的"作品库"。《拾穗女》就是例子，另一个"西方"作品叫《梦》，大意是：一个小伙子，午睡时做了一个梦，美丽的爱神丘比特，从他家墙上的画框中走出，向他发射爱神之箭。他一激动，从梦中醒来，一切都成了泡影。这个舞于1943年在重庆演出。

《拾穗女》的化妆照（摄于香港）

辗转来到祖国抗战的大后方

第二次募捐演出结束后，我和叶浅予举行了婚礼。宋庆龄做我们的主婚人，她知道我在香港没有多少亲戚，只有五姨、我母亲的表哥陈友仁夫妇，于是计划在她家举行婚礼，但那天叶家的亲戚朋友来得较多，宋庆龄便临时决定将婚礼移到她的办公室里进行了。婚礼结束后，我本意是想先到延安去，但叶浅予说要去重庆，因为他的《今日中国》杂志有了点麻烦，需要他去处理。他的杂志挂在郭沫若负责的"三厅"下面。到了重庆后，他才告诉我《今日中国》杂志被别人"抢"走了；还开玩笑说："这样很好，我还有夫人可以养我，我在家里画画。"

宋庆龄很支持我，专门为我写了一封介绍信，让我先去重庆找周恩来先生予以帮助。她还对我说："你不会讲中文，去中国内地你会感到孤独。你途经贵州，那里有个红十字会，有许多医生会讲英文。我再给你写一封信，你可以拿信去找他们。"

就这样我和叶浅予便踏上了回内地的旅途。我们最先到达香港附近的澳门，再设法进入中国大陆。途中我们使用了多种交通工具，几次坐船，有时还坐公共汽车、卡车；甚至坐自行车后的后座；当然还有时要靠两条腿。走到一个名叫玉林的地方，有了火车，我们便转火车到了广西重镇——桂林。

当时桂林聚及了许多音乐、美术、电影、戏剧方面的艺术家如田汉、洪深、欧阳予倩、郑振铎、欧阳山尊等，马思聪当时也在那里。我看了洪深编导的桂剧传统剧目《哑子背疯》，是由桂剧的著名艺人小飞燕表演的，戏中由他一人扮演哑巴丈夫背着半身瘫痪的妻子出外游玩,精湛的技艺令人赞叹。我向他学了这出戏。1944年在陶行知的育才学校,我把这出戏改编成了一个舞蹈,伴唱用的词和曲是我的学生彭松[1]写的。桂林当地的话剧团要学点舞蹈,我就去为他们做辅导。我还进行了舞蹈演出。我就是这样,不管什么人,只要他想学舞蹈,我都会主动去教他们;另外,每到一地,不论条件如何,都要举办舞蹈演出。

阴历八月十五那天,我们在桂林的文化艺术界人士组织了一次共度中秋的活动。我们一行人,搭乘几条小渔舟,顺江而上,直往阳朔进发,彻夜未眠。我们在船上边吃边谈,不时抬眼望望挂在半空中硕大的满月,欣赏着月光中那美丽迷人的桂林山水,胸中充满惬意。到了一个相对平坦的地方,大家下船来狂歌豪饮一番!我不会喝酒,便兴奋得表演了好几段舞蹈⋯⋯天光微明时,我们到了阳朔,然后再坐一刻钟汽车,返回桂林。我记得很清楚,叶浅予的三弟叶冈是个体育爱好者,他也随我们一同"漂流"了。兴奋之中,他跳到水里游泳,一不小心遇到了暗流,他被暗流越冲离船越远,我们只得向回划船把他"捞"回来,险些出了人命!他喜欢打桥牌,到重庆后我们经常一起打牌。相比之下,叶浅予应属于中国传统的知识分子,他的弟弟则属于新派人物,比较现代。

我是坐一辆老掉牙的大客车去重庆的。到重庆后,我正好在国立歌剧学校赶上舞蹈家吴晓邦和盛婕的婚礼,他们俩人大概正在那里教课。但他们结婚后有意离开那里,于是校长提出聘请我在此授课。我答应了。这就是我回国后的第一个正式工作。

在重庆期间,我与吴晓邦、盛婕举行了一次"舞蹈发表会"。吴晓邦提议:"你出一个节目,我们俩人表演;我出一个节目,我们三

---

①彭松:北京舞蹈学院教授,舞蹈史学家。

人共同演出。"我同意了。我把独舞《进行曲》改成双人舞蹈。他编了一个三人舞,名字叫《合力》,我在其中饰演了一个"资产阶级",盛婕演了一个老百姓,所用的音乐是贝多芬的作品,主题是宣传各阶层人民团结抗日。

我们正为舞蹈发表会排练时,遇上了历史上有名的"大轰炸"。日本鬼子的疲劳轰炸进行了约一周的时间。重庆市的防空标志是三个不同颜色的气球,黄色球表示敌机要来轰炸,红色球表示轰炸马上降临,绿色球才是警报解除的意思。轰炸过后,街上就会横尸一片,房屋顷刻间毁灭,渣土掉到山谷中去。人们家没有了,只能在临时性的草屋过夜。其中有一次造成的伤亡最为惨重,重庆最大的防空洞的两个出口都被炸毁,人们堵在里面无法出来,多数窒息而死。这次大轰炸后,重庆举行了为期两周的全市性哀悼活动以祭悼亡灵,我和吴晓邦原定的演出必须延期举行。我们商量在等待演出期间如何练功,我问吴晓邦:"我不知道你是什么习惯,愿意个人练习还是我们一起练?"他说:"我跟你一起练。"我又说:"我习惯先做芭蕾舞的扶把练习。"他说:"没关系,我随你。"就这样,我们在一起的练功和排练一直坚持到演出结束。

抗战期间我在四川居住了五年,经历了多次日本鬼子的大轰炸。因此我创作了有一定情节的舞蹈作品《空袭》。舞中有四个人物:母亲、两个儿子以及在一次空袭中牺牲的女儿的幽灵。警报声响后,两个儿子带母亲进入路边的防空洞。母亲边走边想念女儿,她仿佛看到女儿的幽灵出现了,身穿白色衣裤,身上画了一个淌着鲜血的红心。她一再追随,企图抓住女儿,拥抱她。儿子们见不到幽灵,他们多次拉母亲进防空洞,但母亲不断挣脱,去追幽灵。最后她终于明白无法追上,只得默默随儿子进入防空洞。

重返香港治病

在重庆住了五个月后，我第二次返港。原因是我在重庆得了重病。那是我和吴晓邦、盛婕首次举行三人舞蹈发表会之后发生的事情。

演出一结束，我就病了，开始不知道是什么病，查不出来，大夫怀疑是妇科病，他说那不是开玩笑的病，一定要开刀的！可重庆没有好的外科医生。他介绍香港有位著名的妇科专家戈登·金教授是位英国大夫，能治我的病。我说："金教授不是医生，他是位音乐家。我在创作《拾穗女》时，曾向他借过钢琴谱。"大夫说："不，他是著名妇科专家，在香港的圣玛丽医院工作。"听了此事我很惊讶，但转念一想，金教授会弹钢琴，他的手指很灵敏，他一定也是一位优秀的外科大夫。于是我写信给金教授，他回信说：你到香港后马上来圣玛丽医院，我给你联系好床位。叶浅予原打算陪我到香港治病，但当时他只买到一张票，只好让我先去香港，等他买到票后再赴港。

在香港，金教授马上给我检查，说我得了卵巢囊肿，需要开刀。他问我，你是舞蹈演员，你穿的服装有没有袒露肚子的。我说我的服装不露肚子，但我的时髦游泳衣分上、下两部分，胃露在外面。他告诫我，手术后要在医院恢复，至少20天。有位病人和我患同样的病，手术后40天还未出院，因此我有充分的思想准备。手术时，他给我半身麻醉，所以动手术时没有疼痛感，只觉得身体某些部位被人拉来拉去。手术后回到病房，我有点咳嗽，大夫怕刀口崩开，让我咳嗽时用手压住肚子。两天后，我发现自己的病历挂在床脚,于是请护士把病历拿给我看,上面金教授写道:由于她是舞蹈演员,伤口尽量开得小,手术时克服了困难,手术比较顺利。开始他诊断一个卵巢有囊肿,没想到两个卵巢都有囊肿。后来他查房时,我感谢他手术做得很成功,并告诉他我看了病历。他相信我会很快恢复,因为我是舞蹈演员,腹肌很好。他又对我解释说:"当时你在手术台上,已经上了麻药,你的丈夫还没能赶到,原来是准备给你留部分卵巢,但是当时没家属可以商量,所以我决定把双侧卵巢都切除了,以后你不会生孩子了。"我听了以后伤心极了,我不能当母亲了。我的观点是:一个妇女只有当了母亲后,才是成熟的妇女,才算完成了使命,我年轻时崇拜的妇女都当过母亲。

叶浅予终于赶到了香港。见面时我已经恢复得很好,大夫称我为"模范病人"。手术后正好二十天,金大夫同意出院,但只许我在平地上行走,不能上台阶,不能爬山。出院后,我住在著名画家张光宇家中,一个月后金大夫登门为我检查。他说我可以开始轻微运动,并开车带我到海边去游泳。他边陪我游泳边对我讲:"慢慢游,不要累着,如果不舒服,马上告诉我,我甚至可以把你拖回去。"他对我恢复的情况很满意,叮嘱我可以慢慢上楼、爬山、散步,但不要太累,三个月后再来给我检查。叶浅予决定在郊区找个住处,有利于恢复。于是我们搬到沙田区一家小铺的二楼蛰居。那里很美,背靠大山,脚下临着一条小溪,再向前是浩瀚的大海。

香港沦陷后的历险

我们在山中的第一个周末,正好是圣诞节的前一天,很多朋友来我们这里过圣诞夜,聚会搞得很晚。第二天是圣诞节,一大早起来，我踱出户外，呼吸一下新鲜空气。忽然，我听到一种熟悉的声音，"嗡嗡"的，很低沉！和我在重庆遇到"大轰炸"时听到的飞机声音一样。我马上告诉叶浅予："这声音不对！像是轰炸机。"他说："不会吧，也许是哪里在演习吧？"我说："肯定不是！"话音未落，整个香港就震动起来了，那是日军的轰炸开始了。

炸弹声响过不一会儿，我看到经过沙田到九龙的火车上挤满了人，还有人爬在火车顶上。大路上也挤满了人，慢慢走向九龙。我们意识到人们开始逃难。

沙田离九龙不远，我们并没有准备马上撤离，因为我们曾经历过重庆的大轰炸，炸完后日本鬼子并没有马上来到，因此我们没有把到事态想得很严重。我和叶浅予是单独住在那里，店主晚上回到山上的家中。轰炸是在星期一清晨发生的，逃难的人过去后，下午很安静，店主没有回来，因此我们像往常那样过日子。晚上10点钟，我们已躺下准备睡觉，有人急促地敲我们的门，并大声问着："屋里有人吗？""有！"我们回答。"你们赶快走吧，这里马上就要变成战场啦！再不走就来不及了！"这时，我们才感到了事态的严重性，立即手忙脚乱起来！因情况紧急，根本来不及收拾东西了！叶浅予抄起一条毯子，我一抬眼，只看到桌上有一个盛着食用黄油的碟子，便顺手抓起来，慌忙出门了。深更半夜，我们只带了这两样东西去"逃难"，没头没脑地跑上了山。连我的两本护照（一本英国的、一本中国的）和留居香港的证明书都没有拿。命都快保不住了，谁还顾得上它们呢！

那山有一大片树林，我们在树林里不断往山上爬，幸亏我的身体已康复。在深夜中，我们不知跑了多远，我脚上的凉鞋经不起如此地折腾，很快便体无完肤了；我只得甩掉鞋，光着脚走。在林中，遇到一间农民种田休息用的草房，我们环顾一下，四野无声，就打算在此过夜了。刚躺下去，突然，就听到"啾啾，啾啾"的声音在我们的上方响起，是子弹穿过草房发出的声响！我本能地感到：这里不是久留之地，我们必须马上离开！可是因为子弹打得很低，逼得我们不得不贴着地面爬行。先爬出门，再往山上爬；子弹仍在我们身边乱飞着，打在树上发出"嘟嘟"的响声，根本搞不清它们是从什么方向打来的！爬着，爬着，我的右脚杵进了粪堆里，那个臭味，让我难以容忍！幸好附近有点水源，我赶紧爬过去清洗干净。爬了一阵子，枪声停了，我们认为比较安全了，于是就站起来走。又走了一段路，碰到一条溪水，我们便顺着溪水向山上走。在一片参差交错的巨石旁，我们遇见了不少"难民"。虽然大家都在逃难，但毕竟人多后心里踏实些；加上连夜地奔波劳顿，疲劳感激增。当时天开始亮了，我便糊里糊涂地在巨石上睡了一觉。天亮时，有人来了！带来了饭，还有熟狗肉。送食物的人里可能有游击队，也还有其他的人。我虽是广东人，但在西方长大，没有吃狗肉的习惯，对此颇有反感！所以我算不上"地道的"广东人！其实，那时吃点狗肉是很合适的，它正好补充点儿热量，但我并没有吃。

　　不久，房主找到了我们，并接我俩到他山中的家里暂住。当时，我的确搞不清是谁打的枪？后来才听别人说，是英军开枪示警！他们以为日军已经打进来了，就把我们居住的地区当做抵抗日军的战场。

　　我们住在山上，那里相对地安静，没有了日本人的声息。不久有消息来，说日军占领了泰坡。如果要买东西可以去泰坡，不会有生命危险。当时我没有鞋穿，叶浅予就到泰坡买回来一双球鞋。因为我们跑出来时一无所有。两个人只有各自身上的一套衣服，没有其他的换洗衣服。衣服脏得实在没法办时，只能是一人洗衣、一人躲在床上。叶浅予给我洗衣服，我就只好围在被子里不出来；到我给他洗衣服时，他又躲在床上。几天后我们发现，对面南山上挂着一面日本旗。这表明我们现在待的地方，已是日军的"后方"了！听说日本人是从新界进来的，已向九龙推进了。

几天后的一个早上，有几名日本兵上山到我们村里来，村中放哨的人赶紧通知妇女们到山里躲藏。我们一直待到晚上才敢回到村里，这时才听说日本鬼子是来找吃的。他们抢走了村里的牛、猪、鸡等。从此我们的伙食水平大大提高，因为我们自己不吃，就会被日本人抢走。日本人每天都要进山掠夺，到处找吃的，随便抢东西，还要找女人！所以不管什么天气状况，女人们天天都要躲进密林深处。日本兵每天早晨都来，天黑前离去，因此全村的妇女天亮前吃一顿饭，然后躲到深山密林中去，直到天快黑时才回村。这时才能吃到第二顿，也是最后一顿饭。整天在外躲藏非常疲劳，吃完晚饭我赶紧睡觉。但是我们睡觉都不敢脱衣服，随时警惕着，一有情况马上就走。当时，有个小保姆，才14岁，不懂事！他的主人打算让自己的儿子娶她做媳妇的。有一次日本人来了，她没有躲，后来听说她被四个日本人轮奸了！为了不让她再遭厄运，人们把她送回到香港埠地去了。

日本鬼子很狡猾。有一次，我在外面躲了很久，天快黑了，我打算回村。我正慢慢往回走，突然看见山坡下面有几个日本兵。这么多天来，这是我第一次近距离看日本兵，我吓得要命，赶紧转身跑，跑来跑去迷失了方向，搞不清自己在哪里了。过了很长时间，天早就黑了，我听见有人在喊叫。我想可能是其他妇女全回村了，只差我一人，于是人们上山来找我。我也开始喊叫。我们顺着声音的方向就汇合了,他们把我带回家去。

还有一次,天还没亮,日本人就来了。我们一群十几个妇女赶紧跑,但来不及跑远,只跑到村子附近的树林中,我们回头观察日本鬼子的行动。他们往左走,我们就往右逃。他们往东去,我们就背道而驰、往西去,尽量远离他们。后来他们往我们藏的方向打了几枪就不打了。我始终没闹明白,他们是发现有动静才开枪,还是打鸟或干别的什么事情。我们一直观察鬼子在村中干什么,我亲眼看到他们抓鸡、牵牛、赶猪,抢劫各种食品。等他们走后,我们才回村吃饭。饭后又到山上躲藏,因为他们太狡猾了,有时一天来搔扰好几次。

我们妇女每天白天坚持到山上密林中度日。有一天我们找到一个好地方。山上小溪边有长得很高很密的茅草,人坐在里面,茅草从上面盖住,根本看见,完全可以在草里睡觉。我练成了坐在里面蜷腿睡觉的"功夫"。这也是被日本人逼出来的! 这天我遇到另一位妇女也在寻找躲藏的地方。看上去她不像农民,可能是小城市的居民。我们平时不敢躲在一起,所以两个人在茅草丛中相隔一段距离。当时我想这是最好的藏身之处,我可以放心地坐在草里。于是我双腿蜷曲,头枕在膝盖上,安心地睡着了。不知睡了多久,忽然我听到声音,是个农妇背着孩子,边走边自言自语。我听不懂她说什么, 于是我从茅草中站起来, 招呼附近那位妇女说:"她正在往回走,那么我们也能回去了,走吧!"那妇女露出头来,紧张地用手势和语言暗示我赶快躲起来,我就马上藏起来。到天快黑时,她才找我一起回家。当时她很激动,边走边说了许多话。我一点也没听懂。后来叶浅予告诉我,刚才那位背孩子的农妇躲在离我们不远的地方,突然孩子哭了。日本鬼子顺着小溪搜索时听到哭声,找到那位农妇,把她强奸了。所以这位农妇想:反正已经如此了,我干脆回家去。那天我睡得很死,根本没有听到孩子的哭声,也不知鬼子的暴行,想想真后怕。以后我可不能睡得这么死,万一打呼噜或出现小动作,我也可能被日本兵发现。幸亏那天有那位小城妇女躲在附近,拉住了我,否则我肯定会追随那名受辱的农妇回村,也可能遭遇日本鬼子。

每天的"逃亡"生活非常艰苦。我们清晨去野外度日,很晚才能回来。不论刮风下雨,毒日当头,都是如此。我还有种迷信观念,感到不能在同一地方躲藏两次,有时躲着仍不安心,就另找一处躲藏,甚至连找两三处。就这样我身体的消耗很大,加上阴天下雨,所以我很快患了感冒。这天早晨,我感冒发高烧,天还在下雨。我告诉叶浅予,如果我到雨中躲藏,肯定会死在户外,只能躲在家中。经商议,我们认为最安全的地方是厨房的阁楼。这里放了很多杂物,底下是我家的厨房。我爬梯子上楼后,叶浅予把上楼的梯子撤了。我也做好了最坏的心理准备,一旦日本人想上楼找物,我可以乘他上楼的功夫,跳下去拼命逃跑。我家阁楼的木板上有很多缝隙,我可以从上面清晰地看到下面发生的一切。日本兵果真来了,就在我的鼻子底下。我屏住气,不敢有任何动作和声响。叶浅予站在厨房门口,那日本兵翻箱倒柜到处找可取之物,于是问叶浅予:"楼上有什么东西",叶浅予说:"mou(没有)。"日本人居然相信了他,转身走了。我深深地吸了一口气,这次真的太危险了!日本人肯定没想到今天有妇女躲在这里。

我当时待的那个地方是一个典型的山区。我感觉这里的地形很适合打游击战。因为日本人总是小股出没,游击队可以随时消灭他们。但村里的人说不行,因为我们的力量尚不足与日军对抗,如果日本人发现自己人失踪或死亡，就会杀掉全村的男女老少。他们天天都进行这样的宣传。

逃出日寇的魔掌

眼看春节就到了，我们依然躲在山上。日本兵还是每天上山，但其他方面相对比较平静。叶浅予对我说："我要想办法与外界取得联系，估计春节前能回来。如果到了除夕我还没回来接你，你就自己想办法跑出去！"从他的话里我意识到，如果他在外面遇到意外情况，那么我只好靠自己了。幸好春节那天，他回来了。

叶浅予在九龙找到了我的一个表姨，她姓林。叶浅予把他的手表放在表姨家中，又从她那里带回一套"阿妈"（佣人）穿的衣服，我们必须化装成农民的样子以便于转移到表姨那里。我选了"道具"——一根扁担和两篮新鲜的蔬菜，挑上它们，我们就上路去了。和房东告别时，我看见叶浅予付钱给房东。

一路上我们经常看到被残害的老百姓的尸体。当时日本人在到处抓中国人给他们当劳工，叶浅予也被抓住了，可他很机灵，不知用什么办法挣脱了绳索跑掉了！我们会合后，便一起逃向九龙。

进九龙后，一直下雨，路上许多人想向我买菜，问我"卖勿卖？"我说："勿卖！"新鲜蔬菜成为我们的保护伞，说明我们是农民。快到表姨家时，我准备过马路，叶浅予马上阻止我说："不过马路，一直走。"我不想引人注意，就头也不回，直向前走。同时我用眼角扫了一下马路对面，发现有日本兵在表姨家门口站着。我意识到日本鬼子占领了表姨家。我们无家可归，只好在雨中沿街流浪。我的脑子不停地思索着："我表姨情况如何？她们一家人是否还在这个世界？……"越想越担心。许多年后，大概是 1947 年，我回特立尼达探亲时见到了她们一家，所幸她们很安全。回忆起香港的情况，表姨告诉我：日本人当时是挨家挨户地抢东西，什么都要。由于他们住在一楼，鬼子没有仔细找，径直上楼抢劫。表妹躲在洗澡间，反锁着门，也没被发现。如果我们知道日本鬼子抢劫后就走了，一定会再投奔表姨她们，可惜当时我们不知道这个情况。

天已黑了，雨，在淅淅沥沥地下着，我和叶浅予正在街道上漫无目的地走着。忽然间，眼前出现了一个叶浅予熟悉的面孔，这位朋友了解我们的遭遇后，邀我们到他家暂避一时。后来我才知道，主人是何香凝、廖承志的亲戚，姓邓，是与那里的共产党和游击队组织有关系的人。我曾经编过一个舞蹈叫《东江》，是专门为宋庆龄创作的（1941 年）。因为我知道宋庆龄组织了许多文化人士到内地去了，但我不知晓香港还有游击队在活动，实际上这些文化人的"北上"是他们的功劳。

那家并不富裕，我们的房间有个木头床，床下有一筐筐大米，日本鬼子占领后，人们都在储藏粮食。我们在那家住了两周，每天大家只能喝两碗"稀饭"，此外再无其他食物。说是稀饭，实际就是米汤，碗里只有屈指可数的几粒米。我饿得终日心里发慌。

叶浅予又出去联系熟人，一天他回来让我马上准备离开香港。我们没有任何行李，行动方便。在上渡船时，我们见到海里飘着许多日本鬼子杀害的老百姓的尸体。在香港，叶浅予的联系人告诉我们到某电影院集合，在那里我们遇到一些熟人。每人发了一个通行证，证明我们是回老家的大陆老百姓。当时香港人满为"患"，日本人恐怕无法实施有效的"统治"，便下令外乡人离港，迅速回老家。每一个"逗留"此地的人，都发一个证件，大家多数用的是假名字，"谎"称自己是某地、某村人，借机离开这块"是非之地"。

在我们离港前，叶浅予告诉我有位来自澳大利亚的华侨住在香港山上的富人区。她了解我们这些艺术家的境遇后，请我们到她家中吃午饭。我在离开沙田山区后，从未吃过一顿饱饭，这天的午餐有澳大利亚火腿等，我们饱餐了一顿。我发现自己不能动了，胃非常疼。我一人在餐厅里，坐了快两个小时，才能起来走动，后来我才知道，这样很危险。当时我不懂挨饿的人一下子大吃大喝会撑死的。

我们20多位艺术家和知识分子一起坐了日本人提供的船只，离开了香港。其中有《大地》杂志主编马国良夫妇和一对双胞胎，叶浅予的《今日中国》杂志的一位姓沈的同事，国民党政府外交官钱振新等。船是日本人的，他们会盘查每一位旅客，所以大家统一口径，对于诸如"你从哪儿来？"、"你要到哪儿去？"这样的提问，事先有了应付的对策，大家的起点都是"香港"！钱振新是浙江人，皮肤很白，一看就是个知识分子，不像广东农民。日本人用广东话问他："你到那里去？"他因为精神紧张，慌乱中把他的起点说成终点了，把问话的人惹得"哈哈哈"大笑。好在他们没有为难他，让他过去了。但我们都很紧张，为他捏了一把汗。

在澳门进关时，我们都穿农民的衣服，事先学习如何双手拿证件，边鞠躬，边给日本兵看。但著名记者马国良却身穿西服，也没有鞠躬，结果他和全家人没有和我们一起走成。我们一行人，排着长长的队伍等待过关，日本兵却骑着自行车，手里挥舞着鞭子，耀武扬威地一路打过来、又打过去，人们压抑着胸中的怒火，敢怒不敢言：努力躲避着狂舞的鞭子，以免挨打。抵达澳门后，我们一行人住在江门，我当时并不知道那里离我的老家很近。澳门也缺少食品，我的一位诗人朋友的小孩子在马路上边走路边吃香蕉，被人把东西抢走吃了。我曾亲眼看见，一个小孩子在露天大便，他身旁居然有人在等着，拣拾他粪便中未消化的东西。情景实在是凄惨！

我们这个逃难的"大集体"，所有人要分工合作，才能保证大家的正常生活。我每天担当的任务是"洗碗"，每天除了洗净所有碗筷之外，我还要把厨房打扫得干干净净。那段生活，给我印象最深的事情是谈"吃"的时候太多，足见当时的饥饿程度！饥饿，让我时时都在讲吃，和人谈话时讲吃，独自思考时想吃，满脑子都是各种各样的食物，就连睡梦里梦到的也是吃。我在英国做学生时也饿过肚子，但也没有这时这样"恋食"，真把我饿得要命！记得船到一处码头，人们建议停下来，上岸"觅食"！协议达成，照此办理。我则留下来看船。他们回来时，各个脸色红扑扑的，却没有一个人想起来给我带回点吃的，忘记了船上还有一个眼睛发蓝的"饿鬼"。这下把我气得够呛！我耐着性子到了玉林。在哪儿，我们一行人换乘火车，转道安全抵达桂林。

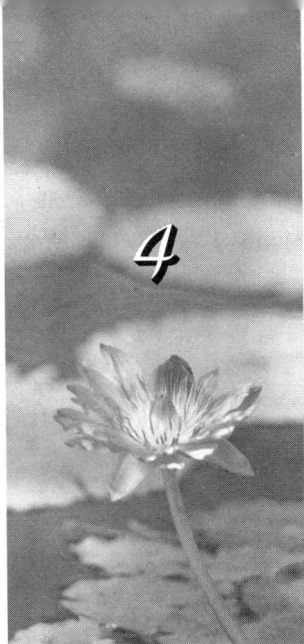

烽火中的艺术人生

回　到　桂　林

我逃出了日寇占领的香港，又重走了一遍第一次回国的那条路，历尽千辛万苦，最后辗转到了桂林。

到了桂林，也是我第二次踏上祖国的土地，虽然空气中已有了硝烟的气息，但回到梦中的故土，我的心情依然十分激动。

我们一群文化界人士集结在桂林，我和叶浅予住到了一位姓石的朋友家里，他是个钢琴家，他夫人是搞电影的。我们住在二楼，透过中间的小院，可以直接看到对面的另一家人。那家有个女孩子，但是老挨大人的打。我感到很奇怪，就问："为什么那家的女孩老被打呢?"石先生说:"那个女孩不是他们自己亲生的,是买来的,基本上是他们家的丫头!"这件事情给我不小的震动,旧社会,中国人民如此贫困,有人不得不卖掉亲骨肉。于是我决定编个舞蹈,叫做《卖》。全舞只有五个人物,父母二人带着两个女儿,另一位是来买丫头的财主。我找到一些音乐,但为了情节的需要,我没有完全按作曲家规定的速度演奏。其实平时我对音乐的处理是非常严格的,完全按要求演奏。但由于此舞的特殊内涵,我决定有些地方把音乐放慢。这个舞蹈分两场:第一场是卖儿,第二场表现这个女孩如何受人虐待。她甚至想自杀,然而连自杀的自由都没有。被人救活后,她继续遭受打骂。这是旧社会的悲剧。

我手术后,按医生规定应该三个月复查一次。我的那个医生——金教授,在日军占领香港时做了俘虏,被关进了监狱。他后来逃了出来,也到了桂林。我见到他时,距离手术结束的时间正好三个月。当时我要演出,他给我检查身体,说我恢复得很好,等过三个月再检查一次。同时,他还主动要求参加我的演出活动,我跳芭蕾舞《仙女们》片段,金教授为我钢琴伴奏《前奏曲》和《华尔兹》。后来我到重庆,他也在歌乐山医院里,便又为我检查了一次身体,一切正常。他说:"你已经恢复正常,不用再吃药了。"我很高兴!这时正好是前次检查后的三个月。

回桂林后不久,我住的那家来了两位贵客,一位是爱泼斯坦,知名人士;一位是他后来的夫人,乔莫里,也是爱培(我们对爱泼斯坦的雅称)的第一个夫人,那时他们尚未结婚。乔莫里是英国人,我在英国时就认识她,后来她到中国来,与荷兰人路易·爱黎一起创办了一个合作社。战争爆发后,爱培和乔莫里也是从监狱里逃出,乘海船远渡重洋,冒着生命危险,辗转抵达中国。

《思乡曲》、《游击队的故事》及其他

回到重庆,我们大家都没有想到,国内的环境会如此险恶。前线,日本鬼子穷凶极恶,张开血盆大口,随时准备吞并中国;后方,日本人残酷封锁、疯狂迫害广大民众,搅得华夏大地暗无天日、民不聊生。香港和重庆的"大轰炸",使得生灵涂炭,尸横遍地,我心灵受到极大的刺激!

1941年我在重庆遇到著名作曲家马思聪。听了他的一系列音乐作品,其中一首是《思乡曲》,由小提琴独奏、钢琴伴奏,这首曲子是他的北方民族地区套曲的一部。它源于绥远民歌,歌词中有"马在长城上走",唱的是一个妇女的家乡被日本鬼子占领后,不得不离乡背井,坐在马车上逃难。我感到音乐这么美,一定要编个舞蹈,也叫《思乡曲》。当时我正钻研昆曲中的舞蹈动作,于是我决定舞蹈采用中国新古典风格。我从这些歌词的细节出发设计我的舞蹈情境:用黑幕斜着构成"山"的意象,中间是一条路,表明环境,很抽象;一架无马的大车停在舞台的一侧,车辕靠在地上,使人感到马在近处休息;一个女子用舞蹈在倾诉背井离乡的愁苦与愤懑……布景是一位非常聪明的年轻人设计的,台上两侧各挂一块黑幕布,下方相连,上面分开形成一个 V 字形空间,打上灯光,使人感受到这是一个山口,上面是蓝天。舞蹈开始,女主人很悲哀,她泪如泉涌,只好拧干手绢再擦。全舞表现她如何想念故土,回忆过去美好的日子,又想到今天的苦难。最后她背对观众,向后迈步,继续思念家乡。我的舞美设计师非常聪明,在电影厂工作,个子高高的,我至今还记得他年轻干练的样子。他的设计很简洁,连灯光、幕布都很好表示了环境，非常适合我的思路。我喜欢相对抽象一点的东西！

第一次在北碚演出《思乡曲》，是马思聪指挥乐队为我伴奏的。后来在成都等待进西藏"采风"期间我又做了一次演出，马思聪亲自为我拉小提琴，我当时的舞台感觉舒服极了！这是非常不容易的事，因为人们都知道，马思聪对艺术的要求是极严格、极自尊的，对演出的状态也是极挑剔的！不合他心意的场合，他是决不会迁就的。记得建国后，我们一同去福建前线慰问，人们对他的到来甚感兴奋，但对他能否演出却是没有把握。可见人们是了解他的，非常尊重像他那样严肃的艺术家。可他并没有让大家"失望"，不仅他参加了演出，而且表演得相当精彩。

在香港时，"保卫中国同盟"曾报导了这样一条简讯（News liter）说：游击队在港与日寇周旋，声东击西，打得鬼子闻风丧胆。他们经常化装成妇女，穿上女性服装，引诱日本鬼子上钩；当敌人的贪欲达到极点、毫无防备地追赶他们时，游击队员们会突然举枪消灭这些恶魔。这条报道，令我深感敬佩，心底里便萌发了用舞蹈表现它的创作冲动，只是当时环境艰险，无法从事艺术创作活动。回到桂林后，经过几日的冥想，我编出了一个舞蹈作品，取名就叫《游击队的故事》。这是1943年的事。

这个舞蹈的情节是这样的：两个女孩正在河边洗衣服，有一段欢快的舞蹈；忽然，游击队员出现，警告她们日本鬼子就要来了，要她们赶快躲藏起来。游击队员则化妆成女人，引诱敌人上钩，以歼灭他们。游击队员们刚穿上女子们晾晒好的衣服，日本鬼子就到了。于是游击队员举起手中枪，女人们手持着匕首和木棍也纷纷围拢上来，人们团结一致，治服了敌人。过去我的舞蹈服装都是由叶浅予设计的,但当时他去印度访问正在那里休整的中国抗日远征军,于是我请上海知名的"卡通片"设计师沈特伟先生为我的这个舞蹈设计了服装。因为当时环境险恶,我们演出抗日的节目,经常有敌伪特务趁机破坏、捣乱。每每看到特务出现,我们都会相互提醒,暗示的方法就是用沈特伟的名字做暗号:"唉,你看,'大伟的弟弟'来了!"以此来和特务周旋。

宋庆龄也曾告诉我,她们把募捐所得的钱购买药品和医疗器材送到解放区和红十字会去。这些救援物品是由广东的游击队员通过东江运输的。国民党得知此事后,多次派飞机轰炸游击队的船只。对此我特别气愤,国民党非但不打日本鬼子,反而袭击抗日的游击队员。我决心编个舞蹈描写一位女渔民游击队员如何在江上划船,遭到飞机轰炸的情景。

生活中的划船动作我了解。因为1939年在尤斯-雷德舞蹈学校我曾学过拉班舞谱,除了分析和记录各种舞蹈,我经常观察人们生活中的动作,捉摸如何记录。我也观察人们如何划船。在香港时,我在港湾发现当地渔民划船,有自己的特点,因此我编舞时很快就决定用什么动作来表现。随后我又通过舞蹈表现国民党飞机的轰炸。虽然船未被打中,但江中激起的巨浪,使船剧烈摇晃,经过艰苦奋斗终于坚持到飞机离去。这个舞蹈全部表现女游击队员在东江水面运输救援物品时的遭遇,所以取名《东江》。此舞1942年在重庆首演,是特意献给宋庆龄的,那时她已来到重庆。

我的艺术家朋友很多,他们总是无私地帮助我。当时,因为我很穷,请不起音乐家,丁聪就为我吹笛子伴奏,会唱歌的朋友为我伴唱,叶浅予做舞台监督。在上海演出时,黄佐临也曾做我的舞台监督。很久以后,大约是50年代,我才知道原来他和我也是有亲

《拾穗女》（叶浅予画）

《哑子背疯》（叶浅予画）

《思乡曲》（叶浅予画）

戚关系的，他的妹妹和我的远房表哥结婚了。冯亦代经常做我的演出经理，负责剧场等一系列的事情。当然，我身边也一直有年青朋友，他们给我的帮助同样是巨大的。这些朋友，在我一生的艺术实践中，给了我真诚和无私的帮助！虽然他们很多人已作古，但我们的友谊，早已化做我心中永远的纪念。

最 初 的 教 学

再到重庆后，叶浅予对我说："你应该教学生，但不要像有的舞蹈家那样，在这儿教一个星期、在那儿教三个月的。那只能是做普及工作，不会有专业效果，构成不了成立舞蹈团体的基础。你要做，就应该有一个相对长的时间。"所以，1942 年我回国后的"第一个动作"，就是参加了重庆的国立歌剧学校舞蹈教研组的工作。我开始有了国内的学生，我自己也可以演出。另外，有一个搞武术的人很愿意学习舞蹈，名字叫王萍。我答应了他，于是他改行学了舞蹈，解放后他一直在中国歌剧舞剧院工作。

当时，歌剧学校里有两个学生，我认为是很适合搞舞蹈的。一个是高地安，一个男生，湖南人，后来回了湖南；另一个是女孩子，本名叫王道傅，后来的名字比本名响亮得多，叫"杨凡"。我没有想到，她没有学过芭蕾，可是她的腿很直，肌肉力量和芭蕾演员一样，身体的比例也很好，我很惊讶！我对这两个学生是抱了很大的希望的。可是高地安心态很不稳定，因为那里是歌剧学校，还有一个团体是演京剧的，他很喜欢歌剧。中国第一出西方歌剧的演出就是在这里推出的，是黄源洛主持的，剧目名称是《秋子》。这里的艺术氛围还是比较开放的。高地安总是在歌剧和舞蹈之间摇摆不定地抉择着，最终，他选择了舞蹈；但我实在是"掌握"不了他！杨凡，开始时生活习惯不太好（因为她母亲抽大烟，家庭状况可能比较富裕，这多少对她有影响）。记得她曾被家里逼婚"抓"回去，但后来又跑回来了。我原本认为她与高地安情投意合，没料到有人逼她跟另外的人成婚。她跑回来时，躲在我这儿，浑身上下青一块、紫一块，伤痕累累。

这是我第一次教正规的学生，过去只是在短期训练班教业余学生。从此我可以和学生在一起演出，结束了我只能一个人独舞的生涯。一开始我用了整整五个月教基础课，有芭蕾舞和现代舞基本训练。五个月后我开始为学生编舞。在歌剧学校，我培养了一部分舞蹈学生，初见成果。像《卖》、《游击队的故事》等，都是在这里排演的。

然而国立歌剧学校经常不按时发放教师的薪金，听说是校长王普生拿学校的钱去做生意，赚了钱才发薪金，赚不到钱就拖着。在这里年底拿八月份的钱才是"家常便饭"。对此，我当然觉得不公平！因此我只在那儿呆了将近一年时间就离开了。

当时，在重庆北温泉有个国立社会教育学院，它的音乐系在北碚，我选择了去那里。我的学生们都要跟我一起走。他们当中有些人如黄子龙、隆征丘等已经达到中级班毕业的水平，可以进大学了，那个学院能接受他们；但另外的三个孩子（吴艺、周风风、王道傅）还小，文化水平不够，未来的学院暂时不能负担他们的一切，这怎么办？后来我们决定，由我、叶浅予和他的一个朋友，负责"养活"他们，我用自己的薪金管一个孩子；冯亦代和一个名叫唐棣的当地人做他们的"干爹"，照顾他们的生活。不光是朋友，我的学生也时常来帮忙料理一些生活琐事。

到那里后,我们组织了一个舞蹈研究协会,演出时以协会的名义出现,不用国立社会教育学院的名字。我想像着搞一个"大篷车"式的舞蹈演出团体,用卡车改装出一个"流动舞台",四处巡游边采风边表演。但没有经济来源,我的想法只能是场"梦"! 实际上,这种流动舞台和演出,对舞蹈研究是有很大帮助的。今天的年轻人,如果想深入研究各地、各民族的舞蹈状况,不妨尝试这种方式。因为它不仅便利和经济,而且便于交流和沟通,是一种"活"的研究方式,便于你更加深层次地触及研究对象的本质。当然,这种方式的实现过程是相当辛苦的, 但与获得研究成果的快乐相比,这点辛劳简直就是无足挂齿的了。如果你对民族民间舞蹈文化真正有兴趣,我想你决不会把这点劳顿当做"辛苦"来对待的;相反,你肯定会从中找寻到无穷的乐趣!

不论是 1943 年去育才学校办舞蹈组,还是 1944 年夏天在青木关办暑期舞蹈训练班,我都带着几个老学生,有隆征丘、黄子龙、杨凡、吴艺以及后来又增加的一个新学生彭松。他原是国立剧专的,转学到了青木关国立音乐分院。我上午给训练班上课,下午给我的私人学生上课。

结 识 周 恩 来

1941 我和叶浅予去重庆,途经贵阳时,遇到了宋庆龄,她正在那里主持"红十字会"的抗战募捐活动。她让我到重庆后,直接到八路军办事处去找周恩来先生,说他会帮助我的。此前在英国时,我的一个远房表兄陈伊范——陈友仁的小儿子,早就知道我要到中国去。他是一个漫画家,也是个作家,曾经去过延安。到伦敦来时,他曾办了一个出自中国大陆解放区的画展,是版画、木刻之类的作品。他对我说:"你到中国后,一定要到重庆去找郭沫若。"所以我知道了他的名字。后来,我阅读斯诺的《西行漫记》,又记住了毛泽东、朱德、周恩来。宋庆龄亲笔为我写了一封信,把我介绍给周恩来。

刚到重庆时,我和叶浅予面临的第一个"任务"是找间房子住。很幸运,经过朋友们的积极协助,我们在中国电影制片厂的经理郑用之家住下了。这就是我在"抗战"中的第一个"家"。

那天晚上,郑经理在家中宴请几位很亲近的朋友,我和叶浅予出席了。屋子中央摆了满满一张圆桌的美味佳肴,五六个人围坐在一起。在座的除了郑先生夫妇、叶浅予和我,还有郭沫若和一位周先生,我和他们俩人是初次见面。郭沫若与我相向而坐,他举止儒雅,谈吐不俗。一来我久仰他的大名,二来我早就有意去寻他,没曾想今日得以相识共聚,真应了中国的那句俗语"踏破铁鞋无觅处,得来全不费功夫"。这令我心里非常高兴!郭沫若问我:"你带了介绍信没有?"我说:"没有。"我刚回国不久,还不大习惯用介绍信之类的东西。而我右手边的周先生,是个英俊的男子,不断地在与郭先生交谈。我因为不懂中文,无法听明白他们在谈些什么。郭先生给我介绍,说:"这位是周师长。"在我的头脑里,"师长"相当于英文中 General(将军),我以为面前这位先生是军方人士。当时我身处"国统区",自然认为他隶属于国民党方面。我对国民党没好感,所以不想答理那个人,整个晚上一直和郭沫若聊天。

谈话中我发现,周师长这个人是个"谦谦君子",非常文明。他风度翩翩,说话得体,很讲究礼仪。看得出,他是个文化水平很高的人!我暗自思忖:"太可惜了,这样的人也加入国民党军队!否则，我一定会和他成为好朋友的。"重庆的夏天异常炎热，席间我偶尔瞥了一眼周师长，看见他虽然出了很多汗，但面颊上浓密的胡髭，纹路非常漂亮，于是我便愈发地"可惜"起来了！整个晚上，我始终没有和他讲一句话，而且对他也没有什么友好或热情的表示，似乎还有点不够礼貌。

饭后回到房间。叶浅予第一句话就问我："你知道你对面的人是谁吗？"我说："不就是国民党的一个师长吗?!""什么？你简直糊涂！那是'周恩来'。"我大吃一惊，半天没有说出一句话。因为我以前从未见过他，连照片也未见过，所以即使面对面坐着，若无人引见，我的确无法"认识"他！真相大白后，我真为自己在餐桌上的无礼而懊悔不已。叶浅予提醒我："我们应该尽快去登门谢罪。"我说："那是一定的！"……几天后，邓颖超大姐邀我们到她家里做客，我忙不迭地向她讲述了自己严重失礼的笑话，邓大姐听后也大笑不已。我将宋庆龄的信交给周先生，他非常高兴，对我们说："你们有事情随时可以来八路军办事处找我。"

叶浅予回到内地，原本的目的是想去延安的，但他的《今日中国》杂志需要在重庆办些具体事情，所以我们必须先到那里。我只要回国，目的就达到了，因此每到一个地方，我都会立即投入工作，举行演出、展开教学等。因为当时我不懂中文，每次去周恩来先生那儿，大多是叶浅予和周恩来讨论事情，而叶浅予这个人颇有些"大男子主义"习气，很少告诉我他们谈话的内容。在他看来，很多事情他知道就行了，我可以不必知道！因此很多关于我们之间或他与别人、我与别人交往的细节，都是旁人转述给我或是我从他的"自传"里看来的，他自己从未告诉过我。在他的一本名为《叶浅予自叙》的书里，这样写道：

1940年夏初(我与戴爱莲)同去重庆,同去见了周恩来,表达我们想去延安的心愿。周说,我们在大后方的用武之地比延安大得多,劝我们留在重庆。受此指点,我们打消了去延安的计划。

(引自《叶浅予自叙》,山风编,团结出版社1997年6月版。)

但当时,叶浅予并未亲口对我说过这些事。所以我一边工作,一边等他的消息。就这样,前前后后大约花费了一年的时间。其间我就在国立歌剧学校工作了一段日子。周恩来先生当时的秘书龚普生,也是我的好友。在重庆,我去看望周先生时,她经常在场。在我所接触的中国女性中,除了宋庆龄,她就是第二个让我佩服的人,她是个相当特殊的女性。有一次她问我:"爱莲,我听说你是打算到延安去的,为什么那么久还未成行?"我告诉她一直在等叶浅予。她可能有些疑惑:"为什么?你再等,北京就解放了!那时再去,意义就不一样了。"

廖梦醒是宋庆龄当时的秘书,我与她在香港相识,后来成了一生的好友。1942年春,她从香港回到重庆八路军办事处工作,我也就成了那里的常客。办事处一到星期六晚上开舞会,我几乎都在那里。那时,我已和恩来同志和邓大姐熟悉了,恩来同志还亲自教我扭秧歌。他一边迈步,一边摆臂,嘴里还一边念着节奏:"一二三,三二一,一二三四五六七。"我真的惊讶,周先生的舞跳得如此出色!1953年我去延安才了解到,交谊舞在战争时期就在那里广泛流行了,因为陕北的百姓向我打听的第一件事,就是"在北京,毛主席他们星期六还开不开舞会?"当然秧歌的流行范围和声势更大。

当时，重庆是国统区，周先生和八路军办事处工作人员的生存环境相当险恶。红岩村四周都有国民党特务的机关枪日夜"守候"，办事处的人每次都必须持特别通行证进出，否则就要遭到逮捕或扣留。每次我和廖梦醒去办事处，走路时总是拉开一段的距离，还要趁特务不备时，突然拐进门去。一来二去，我成了那里的常客，而且交了很多朋友，如张晓梅和他的丈夫徐先生、龚澎等，当然，和邓颖超大姐的亲密关系也是在此时加深的。邓大姐送给我延安"大生产运动"中生产的火柴，那种火柴是边区民众手工制作的，可能是磷含量较高的缘故，非常容易燃烧，而且火苗很大，弄不好就会烧到人，特别危险！她还送我边区生产的毛料，一种浅蓝色、中间带点儿灰色的料子，我用它做了一件夹克、一条裙子和一个有红拉链的手提包，自我感觉色彩搭配"良好"。为此，我还穿上这套衣服照过一张照片，是去国立音乐学院演出地照的。

只可惜，那张照片在"文革"时被红卫兵"抄"出来，我工作的中央芭蕾舞团的专案组头头说我穿这套衣服是"洋奴"思想作怪！他哪里知道，那实际上是真正的"国产货"，纯粹革命圣地的产物。

有一天，邓颖超大姐派车接我去她家做客，当时她与恩来同志的家就设在八路军办事处楼上。我在里屋与邓大姐谈话，周先生在楼下工作。忽然，外面一片嘈杂，人喊声、玻璃的破碎声混在一起，我听到周先生异常气愤地大声斥责着……我真的呆住了！在我的印象里，周恩来先生是仁慈、和善的化身，是东方礼仪的完美体现。在他身上，简直不可能存在"发脾气"或与人为"敌"的基因！我急切地问邓大姐发生了什么事？邓大姐这才告诉我：办事处的一个小厨师外出采购，因没带通行证被特务机关扣留，恩来同志不得不放下手中的公务，斡旋了三天，才把他营救出来。不想没过两天,他又粗心大意,"故技重演",再次陷入虎口。恩来同志闻讯,怎能不怒火中烧! 一方面,是国民党反动派的伎俩令人发指!另一方面, 自己的同志缺乏对敌斗争的策略与责任心让人气愤!这是我惟一的一次,见到周恩来先生发火。但我想不管是谁,遇上这种事情,都无法按捺胸中的愤怒!……"没事,没事!"在我还没有缓过神来的时侯,邓大姐安慰着我说。我也如梦初醒般回到了现实中来。

因为我是在国外长大的,有很多生活习惯是西方式的。在英国,一般说某某先生的夫人漂亮,说明那位先生非常有眼光,这是一种善意的恭维。当然在国外,也可以冲着夫人夸她的"丈夫很漂亮",一般情况下是不会产生歧义的。但在中国,女士们是不习惯甚至反感别的女人夸自己的男人漂亮的。可当时我并不懂得这一点,反而非常天真地对邓大姐说:"周先生真漂亮!"我对宋庆龄也说过同样的话,她回答说:"是的,他的漂亮是知识分子的美;而毛泽东是农民的美。"

我认为我的感受是真实、正确的,没有什么不敢说的。实际上我一辈子都不能理解, 为什么有些实话在中国的环境里不能实说!但邓颖超的回答却让我难以预料,她说:"叶浅予也很漂亮!我们俩换一换好不好?!"她的话逗得我不亦乐乎!

在重庆"抗建堂"等地的演出,周先生和邓大姐经常来看,对我是个极大的鼓励。我的演出场次很多,也很受欢迎。后来,我所在的育才学校搬到了化龙桥,与办事处做了邻居。一次,办事处的同志传过话来,说:"叶挺、王若飞和廖承志等同志被营救出监狱了,你们可以来慰问一下!"我马上带了一个老师去了。慰问、交流中,我了解到,为了使所有被国民党监狱羁押的共产党人和爱国

20 世纪 80 年代与邓颖超在政协会议上

进步人士获得自由,周恩来先生做了大量艰苦的工作。当时在场的人,除了几位获救的同志外,还有叶挺将军的夫人和他的女儿小梅。廖承志也是广东人,但他皮肤较黑,也许是因为坐牢的缘故,他的面色很差,没有正常人的光彩。他告诉我:"我已经两年没见太阳了!而且,我得了肺病。你可千万不能对我的夫人说啊!"几天后,叶将军等一行人要飞赴延安休整,廖承志恰巧有事耽搁了,未能与他们同机前往。然而不曾想那架飞机竟然撞山失事!成了震惊中外的一件大事。几位中华民族的英才,就这样溘然长逝了,实在太可惜了!据我所知,飞机上除了叶挺、王若飞以外,还有叶夫人、叶小梅和王若飞的一个侄子——我们育才学校一个拉大提琴的学生。

每到星期六,我和廖家人等很多朋友一起聚会,一起玩乐。廖家是个革命家庭,从何香凝算起,我认识她家五代人,他们全家人都是我的朋友。这个家庭在中国现代革命史上的贡献是有目共睹的,但多年来,经常被媒体提到的是廖仲恺、何香凝、廖承志的名字,而廖梦醒的名字则极少出现。其实作为宋庆龄的秘书,她做了大量有益的工作,对革命的贡献也是相当大的。我和廖承志是在那次迎接他出狱的慰问演出时认识的,当时他告诉我:他也参加了在香港的"保卫中国同盟"募捐义演,可是一坐下就发现有特务跟着他,他只好马上就跑掉了!所以没有看到我的演出。后来在一次见面时他还告诉我:在南京中共办事处工作的时候门口总有机关枪架着,危险每时每刻都在身边存在。办事处周围特务密布,一次,他有意折腾那些特务,出门后先走,走一会儿就开始跑,特务就在后面追他。他当时年轻体力好,就一直跑,把特务拖垮了,他就回来了。这真是件趣闻!廖承志的乐观精神感染了我。

我原本并不认识廖梦醒的丈夫李少石，记得有一次，我到廖梦醒家去，一位男士给我开的门，他的打扮像个服务员。我当时并不知，他就是这个家庭的男主人——李少石。后来，廖梦醒对我讲："因为他地下工作的特殊性需要他隐蔽身份，我也没有给你特别介绍他。"毛泽东赴重庆进行和平谈判期间，一天我到廖梦醒家去，一进门，就看到她家里所有的人都很悲痛。我赶忙打听原委，才知道是廖梦醒的丈夫李少石先生遇害了！大概情形是：诗人柳亚子去看周恩来先生，见面结束后，周先生请李少石送柳亚子回府。路上一伙国民党散兵向他们的汽车开枪射击，李少石不幸中弹牺牲！廖梦醒的父亲，国民党的元老廖仲恺先生就死在"自己人"的枪口之下，廖家的女婿也没有逃过这样的劫难。

为了人民的解放，我的许多朋友苦中作乐、忍辱负重、舍生忘死，甚至付出了鲜血和生命才换来了最后的胜利。我听说郁风的父亲也是个烈士，同样惨死在国民党的手下。

"出淤泥而不染"

有一次，我所属单位上级机构的主任——孔祥熙要举办一个晚会，请我的房东郑用之负责安排，叶浅予劝我参加演出，我答应了。但我"上当"了！因为那里没有化妆室，我只好请一个朋友为我拉一个布帘，我在里面换服装。我一生的演出都有一个习惯，化妆完毕、穿好服装后，要去一下卫生间，然后准备上场。可那天因为观众多是国民政府要员，在后台的演员也被"画地为牢"、不能随意走动。当我要上厕所时，一个保安人员就上前来拦住我，不让我走动，怎么说都不行。我异常愤怒，当即提出："我不演了！"僵持了半天,对方答应给我拿来一个便盆,我还是只能在"化妆室"里方便。为此我非常恼火!当晚我只演了一个节目。这是我回国后第一次上当!我感觉自己的人格受到了极大的侮辱,从此我开始对这个政府、对这个党派感到失望。在我刚回国的时候,一听说我是搞舞蹈的,那些国民党官员就认为我是"舞女"。在他们的头脑中,艺术家都是下等人,他们根本不知道什么是舞蹈艺术!

第二次上当,还是在重庆。因为国民党经常"抓差"要我演出,为躲避他们,我不得不时常跑到电影院里去看电影,等捱过那个时段再回寓所。可是有一回,宋庆龄要出席一次"抗建堂"的演出活动,当然我会答应去参加表演了!

那天,到场的演出单位不少,艺术种类也很多样,有舞蹈、话剧等。宋庆龄的确是坐在台下靠右边走道的位置上。演出快结束时,舞台监督找到我,要求我去请宋庆龄上台接见演员。我在最后一个节目的时候下台去请她,她当时没有很快答复我,也没有说话。我在她身后一直等待着她做出反应。演出结束了,一批国民党大员上去了,她仍然没有动。直到大幕关上了,她才起身,拉着我的手,说:"走,我们上去看演员吧!"我当时真的一头雾水。后来听说,这个晚会是专门为国民党当权派歌功颂德而做的,宋庆龄本意是不想出席的。

第二天,我收到了宋庆龄给我的一封信。这封信没有别的内容,只是给我讲了一个"故事":

有一位老者,很穷,住在一间破草房里。有一天,他做了一个梦,梦见自己的屋中出现了许多好吃的,他的房子也变得异常奢华……但当他醒来,一切如常,没有任何变化。

看了来信,我陷入了沉思:她为什么给我写这样一封信?一定是她想告诫我:不要梦想无益的东西,不要因为想过上更加舒适的生活,就与现在的当权者"同流合污"!我想她指的大概就是那次演出。我非常后悔,自己过于轻信,又上了别有用心之人的当!

记得那是在我去育才学校之前发生的事,1943年在重庆,我住在位于北温泉的山上松林的国立社会教育学院。我当时在音乐系教书,叶浅予那年应邀去印度访问去了。那里有很多树,空气清新;山顶上有个很大的湖,名曰"太湖",山间有个游泳池,我每天都在那里游泳。山上还有座庙,听说蒋介石常来此进香拜佛。有一次,张治中要在北温泉开个晚会,派人来请我。我知道他是国民党的要员,但我记住了以往的"教训",所以不愿意再和国民党官僚的事情搞在一起。可是来人说育才学校也要参加演出,我就动心了。我对育才学校非常有好感,因为好几次,在重庆我参加宋庆龄组织的抗日募捐活动演出时,育才学校也派学生来表演。因此,他们若答应参加的事,我想应该没问题。于是我就去了那个晚会。可没想到,蒋纬国也参加了晚会,他是开着自己的汽艇、携女友一同来的。我根本没有准备跳舞,因为天热,我穿了旗袍,也不便于跳舞。但众人呼声甚高,我没有办法,加之育才学校的学生主动给我音乐伴奏,我就即兴跳了一小段。

第二天早晨,我独自一人到游泳池游泳。因为北温泉的晚会是个特别活动,这些日子这里一直处于戒严状态,普通游客已经不接待了。当时游泳池只有三个人,一个是在池中游泳的我,另外两个人坐在池边看风景,他们就是蒋纬国和他的女朋友。我不理他们!过了一会儿,来了一个人与我说话。他说:"我叫赵梅伯,是蒋委员长的同乡,浙江人,我是音乐学院的院长。我想请您到西安来教舞蹈！"我感到很奇怪，音乐学院怎么突然想起要上舞蹈课了？于是我问他："你们那里有舞蹈课吗？"他说："我们没有专门的舞蹈课，但是有体育课，我们可以在其中安排舞蹈的内容。"我愈发感到蹊跷，就问："你们为什么要如此行事？"他说："您如果答应来，我会给您提供一栋小洋房，还可以给您一辆汽车。"我开始怀疑他的动机了。我很不客气地问："谁叫你来找我的？"他支支吾吾，后来看掩饰不住了，才说明是蒋纬国。我怒火中烧！可我身处险境，不便发泄满腔的愤懑，只得压下心头火，对来人挑明："你告诉请你来的人，我有自己的工作，也有丈夫和家庭，无法再做其他事情。他的邀请，恕我不能答应！"

两天以后，有两个身穿国民党空军军装的人来找我，说："蒋纬国先生要我们来，请你参加他主办的晚会。"我断然拒绝！其中一人，竟上来抓我的衣袖，我就准备和他们拼了！见此情景，另一个人就对他的同伴说："算了吧，算了吧！"于是他住了手，二人转身离开了。在那个时代，艺术界人士经常会遭到噩运，尤其是女性。我曾听说过一个电影演员因此而丧命。

我离开重庆后，听说有人到化龙桥驻地来抓我！因为我的名字已经上了国民党的"黑名单"。可是我已脱离"虎口"，到育才学校去了！那个年代，只要不在共产党领导的解放区生活，随时都有被特务杀害的可能。

在 育 才 学 校

1944 年夏天，教育家陶行知先生派人来聘请我到育才学校开办舞蹈组。我已记不得怎样认识陶行知的，我对陶先生的教育思想——手脑并用,培养天才儿童,创办育才学校——是非常钦佩的。"育才"的经费主要靠募捐。音乐组在主任黎国荃的领导下经常为学校搞募捐演出。宋庆龄在重庆时也为"育才"募捐,我知道"育才"生活比较清苦,不能和国立学校教书相比,但我非常愿意帮助陶行知先生和他的学校,于是同意了到"育才"去办舞蹈组。我在英国学舞蹈是靠助学金、靠打工生活。我愿意教贫苦儿童学舞蹈,要培养专业舞蹈演员,必须从小孩子开始训练。

陶行知先生同意我带几个学生到"育才",这样可以帮助我演出,有隆征丘、黄子龙、周令芬、彭松。彭松兼任戏剧组的声乐课。还有年纪较小的吴艺,一同到了育才古圣寺。不久国立音乐学院钢琴系的叶宁(叶百令)来到舞蹈组担任我的钢琴伴奏。

这年11月,舞蹈组和音乐组第一次联合演出,为育才学校募捐,地点在重庆抗建堂,其中有我编排的九个舞蹈,演出非常成功。

1943年至1944年,我一直生病,不知为什么总是高烧不退,后来住了医院。就在那个时候我把提琴卖掉了。病愈之后,我想继续教课,但没有地方。当时我们住的地方附近是个风景区,景区山上有个小亭子,晚上没有人来。我就利用这个时间,一个学生、一个学生地教,因为地方太小。每次我们去那个亭子,都要绕个坡,为什么呢?因为那片山上经常有蛇袭击路人,偶尔还有豹子出没。

育才学校就在重庆八路军办事处的隔壁,乔冠华常请我和育才学校的人来参加周末晚会。他们称其为"踢场子"。1945年1月,新华日报社举行创立七周年纪念会,延安来了秧歌队,演出《兄妹开荒》、《夫妻识字》等秧歌剧,我带了学生们去看,荣高棠主演《兄妹开荒》,他的小儿子在大秧歌中扮演个小丑,非常可爱。那是我第一次看见大秧歌!看后十分兴奋!我还接触到一些新的民间音乐,是位很有才华的音乐家乔谷作曲的,当时他才 14 岁。后来我的《荷花舞》的头两段音乐,也是他写的。回"育才"后,我根据乔谷的新民歌按照陕北秧歌风格编了秧歌剧《朱大嫂送鸡蛋》,由吴艺扮演朱大嫂,另两名育才学校学生彭松、隆征丘演八路军。我们在春节时举行了广场演出,并到草街乡表演,受到老乡们的热烈欢迎。最近听说有些地方组织纪念育才学校的活动时,还演出了此戏。我心中特别高兴。

当时,国立音乐学院有个"山歌社",搜集民间音乐。严良堃是那儿的学生,学习作曲和指挥。他的同学还有张文纲。严良堃他们对民间音乐兴趣很大,希望我能把"采风"得来的曲子提供一份给他,他们要把它改编成管弦乐。为此,他们请我和我的学生到学院进行演出。我们到的时候,他们还准备了花篮欢迎我们,搞得很热闹。已往每次我和彭松、隆征丘及另一个女生,一共四个人演一个晚会,可是那天其中一个演员发高烧不退,所有四个人的舞蹈,都变成三个人跳或是两个人跳。那天演出是由音乐学院的学生用管弦乐伴奏,乐队指挥是严良堃。布景、灯光也都是由音乐学院的学生搞的。看演出的观众非常多,当时在沙坪坝有个国民党高干子弟学校,他们的学生也要看演出,连灯光架子上都坐着观众,结果把墙都挤倒了。当我演完第一个节目后,学生们让我先在化妆室等着,什么时候演第二个节目再来通知。我后来才知道原来他们都冲出去"打仗"去了。重庆当时各种势力的人都云集在此,特务遍地都是,学校也不是一块"净土"。每次演出,都会有敌对者或不明身份的人捣乱。那天又发生了这种事情。我当时看见,隆征丘搞了一个木头棒子,上面还有钉子,准备去打仗;乐队的谱台,早已被捣乱的人打坏了。后来学生们想了个办法:在马路上搞了一根

1946 年戴爱莲（前排左三）在上海参加陶行知先生的追悼会

绳子,准备好了,吹号前进,我在后台都听见了。他们抓了很多"俘虏",就是那些捣乱的高干子弟学校里的学生。他们打完以后,才开始继续演出。后来天亮了,我们在回去的路上,看到满街的书本、鞋子,真像打完仗的战场一样。

育才学校也有个乐队,其中有杜鸣心、杨秉荪,还有黎国荃,他是音乐组长(这些人,后来都成了我国著名的音乐家)。乐队不住在学校驻地——草街子,而是住在另外一个地方,每次演出,他们都要过河。我听说,有很多观众为看我们的演出,是游泳过来的,这真让人感动,所以每次演出我们都很卖力!当然演出也是很成功的。那时到重庆城里演出,晚上回不来,要住在城里。但无钱租房怎么办呢?舞蹈演员们就住在舞台上,我也和他们一起。当时演出的收入,一是要租剧场,一是给乐队,舞蹈演员是不要钱的。

在"育才",每年的正月十五,我们把学生拉到村里集上扭秧歌,我和学生们一起教老百姓唱抗日救国的歌曲,还教他们认字、学文化。那个时候,老百姓最好的东西就是鸡蛋,他们是卖掉鸡蛋用来换别的东西的,自己从来不吃。可是我们一去,他们总是煮鸡蛋给我们吃。

我对陶行知的教育思想很钦佩,他从各个方面教育孩子们怎样做人、怎样抗日、怎样爱国。我记得董必武、郭沫若都到学校来过。学校的物质条件很差,但陶行知总是想方设法维持它的正常运行。有时,学校厨房买回来的米是发霉的;煮的稀饭放在桶里,但霉米弄得那个桶刷都刷不干净;我们吃的菜都是黄豆、豆腐渣,没有别的东西。那个时候,大家都穿草鞋,生活很艰苦。那里没有教室,有个露天舞台就是我们的舞蹈教室。学校有架钢琴,但当时是冬天,又在露天,手指都冻麻木了,根本没法弹。当地老百姓是用一个小篮子里面装着炭火取暖的,我也有一套这种"取暖器"。另外,我还做了一副手套,带着手套练钢琴,感觉会舒服些。当时我依然坚持练功,每天都练,没有断过。学芭蕾舞的人就像每天跑步的人一样,间断了就会不舒服。我记得后来周恩来总理问我:"你还演出吗?"我说:"我不演出,但我还练功!"总理觉得很奇怪,不理解:"不演出干吗还要练功?"

抗日战争以后到我们出国之前,叶浅予与前妻生的女儿叶明明就随父亲离开老家浙江桐庐,与我们一起生活了。我们俩出国后,她就呆在了上海。当时她只有 10 岁,但由于独自长大,营养不良,发育很慢,人长得又瘦又小,像个 6 岁的孩子。我带她到医院去检查,并没有气质性的疾病,就是在老家生活时食物结构不合理,乱吃零食、不正经吃饭造成的。于是我开始给她调整,每天让她吃鱼肝油、巧克力等等。一段时间后,她的身体完全恢复了健康,而且在后来的岁月里,基本没有生过病。她到北京上小学时,我搞了个自行车,接送她上下学,管她的生活。我们之间的感情很深!即使我后来和她父亲离婚,她都像对亲生母亲那样待我,几十年了!

寻访中华舞蹈之"根"

我在英国的时候,看过印度舞蹈、日本舞蹈、印度尼西亚的舞蹈(当然也看了很多西方的舞蹈),但遗憾的是惟独没有看到中国的民族舞蹈。虽然我学的是芭蕾舞,但我一直希望回来要找中国的舞蹈。那是抗战时期,经济条件困难,我们只能看到粤剧和川剧(我特别喜欢川剧,因为它舞蹈动作很多),但很难看到专门的舞

1948 年戴爱莲与叶浅予、叶明明在一起的合影

蹈表演。为什么会如此呢？我打听来打听去，听到两种说法：一是"中国没有舞蹈"！我感到很奇怪，哪个国家会没有舞蹈呢？二是有舞蹈，但汉族没有，在少数民族那里，其中尤以新疆最丰富，要看舞蹈最好到新疆去。后来经过广西瑶山，看见老百姓的演出，我就在脑子里记住了，随后编了一个独舞——《瑶人之鼓》。后来又有人劝我说："你最好到城市里去，现在是抗日战争时期，民族纠纷很厉害，如果汉族人离开城市，被其他民族人看见了，是要被砍头的！"只有陶行知先生支持我到少数民族地区去找民族舞蹈，他鼓励我到西康去，因为西康是藏族地区，那边的舞蹈资源十分丰富。

1945 年我计划到边疆去搜集少数民族舞蹈。我需要记音乐的人，我选择了学音乐的彭松；叶浅予也陪我同去，可以搞服装设计。6 月份，我们出发先到了成都。去西藏要花三个月时间，因为人生地不熟，交通又很不方便，我们要等一个叫庄学本的摄影家给我们做向导，他是专门做印度跟中国之间的贸易的。我听说从康定到拉萨要走半年才能到，而经印度进藏还快些，他是从印度回来的，可进去时还是走西康。我们等他到 7 月，这段时间基本上住在朋友张大千家里，欣赏了很多他的画。我认为中国画中最美的当属张大千的画。他的作品的比例、节奏、线条、色彩都是那么雍容大气，美不胜收。

三个月过去了，庄先生没有踪影，我们的钱却快要用完了！叶浅予问我："怎么办，是不是让彭松先回去？"我说："太可惜了，他那么远来，又等了那么久，不去会终生遗憾的！"当然，在那里的时间并没白费，彭松在华西大学研究了少数民族文化，学习了民族学、人类学的知识。正好他们华西大学有人要到少数民族地区去做调查，彭松知道了，决定不回重庆，跟他们同路去川西北的羌族和嘉戎藏族地区采集舞蹈。他走了，我们还在等！后来实在等不到庄先生，我和叶浅予就去了康定(打箭炉)藏族地区采集舞蹈。

彭松这次收获很大，从羌族、嘉戎地区，带回来一个《端公驱鬼》的舞蹈，是羌族的，还有一个《嘉戎酒会》。很长一段时间，这两个舞蹈都是我们的"保留节目"！其实，《端公驱鬼》是两个男的跳，可那时没有那么多男演员，就只有我一个人跳，舞蹈的核心意思就是打鬼。各种民族都有这类仪式，非洲也打鬼，是夜里跳的，这种东西很古老了。我是冒着生命危险看过"打鬼"的，舞者手里都拿着刀，非常吓人。

我去康定，那里有很多巴塘来的流动生意人，他们都会跳"巴安弦子"舞，可他们是康巴的藏族，不是拉萨的藏族。很多人以为藏族就是藏族、汉族就是汉族，其实，藏族在西藏、青海、四川都有不同的分支。我向他们学习舞蹈，开始他们对我不友好，认为"汉族都是来欺负我们的！"我看得出他们的态度。过去汉族欺负少数民族也的确是太多了，到海南岛时我曾听说，在那里一根针能换一只鸡，我都不敢相信！但藏族兄弟看到了我的真诚，了解我是真心向他们学习的，才跟我做朋友。所以我收获很大！抗战时期，我带了这个节目到重庆演出，碰到一对日本夫妇：男士在郭沫若那里工作，他的夫人，是第一个介绍芭蕾舞到日本去的人。他说："你知道吗，在日本有个地方，有种舞和你们跳得一样，连音乐都像！"这引起我很大的兴趣。历史上，什么时候日本人与藏族有来往的可能？只有唐朝的时候。那时"巴安弦子"非常普及，敦煌壁画就有很多"巴安弦子"的舞姿，连许多古墓里出土的泥人都是"巴安弦子"的姿态。很多日本留学生来到长安学习，同时还有佛教的传播，佛教从印度传到中国，再从中国传到日本，"巴安弦子"也就随着到了日本。后来，我碰到费孝通，他是我国人类学的"第一"权威，我问他："根据我的所见所闻，'巴安弦子'能不能说是整个唐朝的典型的民间舞蹈？"他说："可以这么认为，我也是这么认为的。"我特别高兴，因为我们是同一个观点！我又问他："我经常做报告，能不能公开说你同意我的观点？"他说"可以！"有时给外国人讲中国舞蹈，他们什么都相信；可要给中国人讲，他们倒是老要怀疑你的想法。很多人不相信我，可是费孝通说的他们相信！所以不管我在哪儿宣传我这个观点，只要看见房里有中国人，我都要说中国第一号人类学家费孝通同意我的观点。

　　我一生下乡的经历中遇到过好几次危险。1945、1946 年进入藏族地区（当时的西康，如今的四川）时，人在山间的碎石道上或乘马、或步行，道路狭窄又泥水纵横，湿滑得不得了！不时石头滑落、坍塌；马儿走着、走着，一不留神，轻者蹄子崴到路旁，重者失足落崖，跌个粉身碎骨。山崖下边，是幽深的山涧和湍急的河水，无论人、畜，掉下去就无生还的可能。虽然一步一景，但处处险象环生。人们告诉我一个常识，在山区跋涉，最好的牲畜是牦牛，马是不管用的。有一次，走着、走着，面前出现一条裂缝，从山谷向上看就是所谓的"一线天"，而从上向下看则是万丈深渊。我傻在那里，动都不敢动，好像一切都凝固了似的。我也不知道是怎么过去的，只记得后面的人推了我一把，我本能地一跳，就到了另一座山。还有一次，我和七个朋友，其中包括马思聪的妹妹，一起到四川灌县山中的一座庙里参观，中间过一条铁索桥时，把我的"魂儿"都要吓出来了！其实我这个人，年轻时还是很"怕死"的！当然后来不一样了，尤其到了今天这个年龄，已经没有什么可怕的了！可不管什么时候，只要这件事是你想干的，就不会在乎危险！

另外一次，是中华人民共和国成立以后的事情，大约是20世纪50年代初。我从广州坐飞机回北京参加活动，途中要在云南停留。那是架小飞机，货运用的，机上除我之外还有一名乘客。一上飞机，天气状况突然发生变化，风雨交加，飞机也开始抖动。照顾我们的工作人员紧张得手都抖了！我当时的第一感觉是"完了，这下命保不住了！"但我并没有紧张和恐惧，只是觉得还有很多遗憾，因为很多事情都没有做完，就这么死了，实在是不甘心！我很坦然地做好了死的准备。飞机到了杭州上空，云层很厚，覆盖全市上空，飞机绕了很多圈，不能降落。突然间，我看到了陆地，心中一阵狂喜！不一会儿，飞机平稳着陆了。一场虚惊，我没有死！也许是老天爷真的"有眼"，他知道我还有许多事情没有做完，就这样平白无故地"让"我"享受"死亡，真的是太便宜我了！所以"他"不让我死，还要让我尝尽人间的辛苦！

　　飞机当时也的确是出了故障，必须停下来过夜，我们不得不在旅馆小住一晚。大家此时已来不及有什么怨言，更多的是在暗自庆幸，庆幸自己的"运气"不错！我也在想，一个人在生活中会遇到无数的麻烦和烦恼，谁也无法预知它会何时出现；无论何事，只要你做好充分的思想准备，就对得起自己了。剩下的事情，你就"听天由命"吧！但你决不能因此而畏缩不前。

　　1993年我去云南采风时已经77岁了，深入山寨里搜集民间舞蹈素材，经常是坐着拖拉机往返。在无路可走的时候，车子经常冒险前进，陪同的人很担心我的安全，总是大叫司机"停车！"但我总是要到连拖拉机都无法通过的地方，才叫司机停止，我们继续步行进去。乡民们掌握拖拉机的技术能力真是了不起，多么不可思议的路，他们都能闯过去，我真心佩服他们！

"边疆舞"首次公演

回到"育才"已经是冬天了。不久,我牵头开始筹备"边疆音乐舞蹈大会"的演出,节目全部是中国舞蹈。这是我与藏族、维吾尔族同胞,与新疆办事处的朋友一起研究、合作搞成的。不像以前搞的创作,内容是中国的,但用的是外来形式。藏族原生地有个关于弥勒佛的舞蹈,我们以它为依据,编了一个"大头娃娃舞"。我们的演出广告里,有这个舞蹈的画面。这个晚会,全部都是真正的各民族的歌舞,我认为这是民族自尊的具体表现。

我编了藏族舞蹈《巴安弦子》、《春游》、《甘孜古舞》、《弥勒佛》,还编了彝族舞蹈《倮倮情歌》,维吾尔族舞蹈《坎巴尔罕》,重排了《瑶人之鼓》、《哑子背疯》等。

彭松编了《嘉戎酒会》、《端公驱鬼》。

其中的几个独舞是我表演,《坎巴尔罕》是彭松为我伴舞,《端公驱鬼》是隆征丘、彭松的双人舞,其他都是多人合舞。

参加的还有藏族同胞,表演《拉萨踢踏舞》、藏戏《吉祥天女》,和维吾尔族同胞的即兴舞蹈等。

音乐伴奏由育才学校音乐组的杜鸣心、杨秉荪等学生们担任。育才舞蹈组这时已有了新学生,如鲍如莲、姜敏、韩宗隆、肖化成、陈如九等也参加了表演。

在育才学校的支持下,"边疆音乐舞蹈大会"从1946年3月6日起在重庆青年馆公演,演了五天共8场,又在民众教育馆剧场演了11场,报纸纷纷刊出了评论,轰动了整个山城。很多大、中学生都来学这些民族歌舞节目。

《嘉戎酒会》演出照（右一为戴爱莲，右三为彭松）

《嘉戎酒会》化妆照

演出完满结束后，1946年8月我离开了育才学校去美国访问、讲学，经陶行知先生同意，我让彭松负责舞蹈组的教学工作。

当时的舞蹈组有彭松和叶宁两个老师，十多个学生。他们已从重庆合川草街子的古圣寺搬到了重庆化龙桥红岩村的刘家花园内，和八路军办事处毗邻而居。那以后，育才学校有了宽敞的教学大楼，舞蹈组有了练功教室和排演场地，开始了比较正规的教学。文化课请社会组的教师担任，彭松担任舞蹈基本训练及排练课，音乐课由叶宁担任，还让同学们任选一种民族乐器学习，加强他们对音乐的欣赏能力。

我在育才学校的时间不算很长，经过了去边疆采舞，和边疆舞蹈的演出，初步实现了我回国寻找中国舞蹈之根的愿望。我在学生时代编的《杨贵妃》等节目只是想像中的中国舞；我渴望从中国民间找到真正属于我们自己的民族舞蹈。陶行知先生很支持我们的舞蹈事业，我非常敬佩他、感激他，育才学校可以说是中国舞蹈的摇篮。

边 疆 舞 的 创 作

1942年我和叶浅予赴重庆时途经贵州。我在贵阳参加义演后，应邀到花溪风景区游览。在那里我们看到苗族少女的服饰非常吸引人，叶浅予决定去苗族地区采风。我非常想随他一起去，但遗憾的是我已同意到重庆的国立歌剧学校任教。于是我和叶浅予的弟弟叶冈一起赴重庆。叶浅予回来时带给我一条苗族百褶裙，这条裙子做工精细，而且要在潮湿时用小竹条定型，据说整整制作了两年。我想，既然有了苗族裙子，我应该编个苗族舞蹈。我阅读有关苗族生活的书籍，为两位学生隆征丘和吴艺编了《苗家月》。当时我没有机会看苗族舞蹈，只是用舞蹈动作表现苗族青年的生活习俗，男青年如何求爱，送给姑娘一件礼物，少女又把亲手缝制的坎肩送给男青年。这个作品在1943年演出。

　　1943年著名电影演员赵丹的前妻叶露茜从新疆来到重庆，教了我一个维吾尔族舞蹈《青春之舞》。这是我第一次见到维吾尔族舞蹈，十分感兴趣。这个舞是根据维吾尔族民歌编的。舞蹈很短，只用一遍音乐。于是我让音乐重复三四次，为我的学生改编成了一段双人舞蹈。这个节目受到广泛的欢迎。我在国内最后一次演出《青春之舞》是1946年在上海逸园的独舞晚会上，当时改为独舞，同年赴美后，我也曾表演过此舞。现在看来，《青春之舞》的音乐是传统的维吾尔族民歌，但舞蹈并不是地道的维吾尔族舞蹈。

　　1944年我编了舞蹈《瑶人之鼓》。我是40年代初，经过瑶山的时候，深入瑶山采风。瑶族人民的舞蹈给我留下深刻的印象。后来我有了一条叶浅予送给我的苗族裙子，看到它和瑶族裙相似，我就酝酿着要编个《瑶人之鼓》。开始我跳的是独舞，后来曾改编成三人舞。我在中间边打鼓边舞，另两位男青年由彭松和隆征丘扮演，他们边舞边打锣和钹。这个舞蹈曾多次表演，受到大家的欢迎。1946年我赴美国表演时，司徒慧敏曾把我的两个独舞《瑶人之鼓》和《哑子背疯》拍成电影，这个片子至今还保存着。

　　我还编了一个维吾尔族双人舞，名叫《坎巴尔罕》，音乐是《马车夫之歌》。当时我不知道歌名，只知道人们常提"坎巴尔罕"，这是歌中所描绘的寡妇的名字。由彭松扮演马车夫。为给舞蹈营造我所希望的维吾尔族风情，在设计场景时下了一番功夫：大幕打开，一个维吾尔族女主人公坐在窗边绣帽子。马车夫从窗外经过，向坎巴尔罕献殷勤。后来她出门为马车夫舞蹈。最后我"偷"了自己曾看到的，另一个维吾尔族舞蹈的动作，作为全舞的结束。我曾看到著名维吾尔族舞蹈家萨斯勃拉姆在一个舞蹈的最后，双手拉女演员的辫子的末端，用手抖动辫子，非常幽默。于是我在《坎巴尔罕》的结尾，让马车夫在后面拉起女主人公的两条辫子，像赶马车那样随她下场。我编所有的舞蹈时都要创造一定的气氛，自己心中有具体的地点和时间。不论编什么舞蹈，这三个因素都非常明确。

1945 年秋天我到康定，住在一位来自巴安（巴塘）的朋友格桑悦希家中。他们开一个贸易公司，有自己的马队，开辟了从印度经由西藏连接内地的驿运。他那里的工作人员都来自巴安。在那里我不但向主人学习，向他的同事们学习，甚至向仆人学习藏族舞蹈。当时康定也有巴塘学生，我也曾向他们学舞。我用拉班舞谱记录了八个舞蹈，其中七个是巴安的，一个是甘孜的藏族舞蹈，那是向一位来自甘孜地区的商人学习的。我问他：你们那儿怎么跳舞的？他马上跳给我看，非常好看，所以我就向他学习。

我学习、研究中国民族民间舞蹈，重要的目的是要把它们搬上舞台演出。我在藏族地区曾为西藏东部的康巴藏族人演出。实际上，我所表演的藏族舞蹈，并没有改变所学的舞蹈动作，只是他们的舞蹈都比较短，不够一个节目，因此我选三四个不同的藏族民间舞，连在一起表演，成为一个节目。另外，我所学的这些舞蹈大部分都是圆圈舞蹈，我所做的惟一改变，是在原有舞步的基础上变换队形和行进路线，以适合舞蹈空间的需要，也使演员之间有机会相互交流。例如有时让演员站一横排，有时让他们站两行，相对而舞。我选的三个舞蹈中，有一个名为《快乐的公鸡》，因此，

《嘉戎酒会》（叶浅予画）　　　　《瑶人之鼓》（叶浅予画）

我把整个舞蹈称做《快乐的公鸡》，在1946年首次公演。

1946年我还编了一个藏族民间舞蹈，名为《春游》。因为藏族朋友告诉我，每年春天梅花盛开时节，他们都到郊外度假约两周之久，欣赏周围的风景和梅花。在《春游》中，我用了四个舞蹈：第一个是行进的舞蹈，作为演员的出场，他们一个接一个来到郊外，发现一片适合休息的地方。舞中原来有一处舞者把一手放在头上，我将它改成把手放在额前，似乎在向远处眺望美丽的景色。此时脚下的舞步没有变，仍然在行进之中。我选的第二个舞蹈原来就是舞者站成两排，面对面在原地舞蹈。我没有改变任何动作，只是把它处理成人们在原地欢快地玩乐。其中有个原地动作是身体向两面转动，我就把身体的变化夸大了一些。第三个是用古老的阿若拉舞，它是双人舞蹈，女在右，男在左。男的右手扶女的右腰，女的左手搭在男的左肩上。此舞也可以跳成独舞。第四个舞蹈我处理成尾声。藏族舞蹈有个习惯，多次重复这一个短舞，经常头几遍慢慢跳，然后速度加快。他们一直重复原来的舞步，速度越来越快后有不同的做法：加入各种小的变化，速度极快时基本上在原地，臂部动作有大有小。达到最高速度时，大家齐呼"拉索"，互相鞠躬，结束舞蹈。这个舞蹈很受欢迎，后来在第三届世界青年与学生和平友谊联欢节上荣获三等奖。

1946年我们在成都认识了一些华西大学学习人类学的学生。他们研究少数民族，曾去过许多少数民族地区，搜集了当地的民间音乐和民歌，遗憾的是他们没有学会那里的舞蹈。我只好问他们那里的舞蹈怎么跳的？学生们叙述了舞蹈的大概样子，如拍手、跺脚等。我根据他们收集的音乐和叙述的舞蹈情景，试着编舞。其中有一段音乐吸引了我。它的节奏很有意思，先是两小节 $\frac{3}{4}$

拍的，然后是两小节 $\frac{4}{4}$ 拍的，随后是两小节 $\frac{3}{4}$ 节拍的，最后是一小节 $\frac{3}{4}$ 拍的，然后再重复。

我根据音乐编了舞蹈《倮倮情歌》。多年后我去彝族的倮倮人生活的地区，深感当年自己根据想像所编的节目，一点也没有倮倮人舞蹈的样子。当年如果我真的看过他们的舞蹈，绝不会把它编成这种样子。

以上三个舞蹈是为 1946 年组织的"边疆音乐舞蹈大会"而创作的。在准备这个音乐舞蹈大会时，在重庆的藏族同胞和新疆同乡会的人士也参加了我们的演出。少数民族真是善歌善舞。

在我们演出之前藏族兄弟还告诉我喇嘛庙的宗教仪式中有许多舞蹈。其中有个舞蹈，中间由一位大喇嘛扮演大菩萨，周围有四名小喇嘛扮演小菩萨。我感到这是一个可以吸收的主题。我还了解到他们运用的是打击乐伴奏。他们的钹很有特点，它不是扁的，中间凸起有点像帽状，所以除了一般的打法，还可以横打、竖打，用一个钹的边缘打另一个钹的中央部位。不同的打法出现不同的声音，很有意思。我决定以此为基础编一个舞蹈，用四名育才学校的学生扮演四个小菩萨，由一位男演员扮演大菩萨。我感到这样的作品不像正规舞蹈，因此称其为 Dance Sketch （舞蹈素描），取名《弥陀佛》。这个舞蹈很有人情味，表现孩童的天真烂漫和成年人对他们的爱。

5

访问美国演出参观

"边疆舞"在上海

1946 年,我离开育才学校准备出访美国。途中,在上海逗留了一些日子。

上海方面听说我来了,纷纷要求我演出。于是,我就在上海豫园"跑狗场"临时搭建的舞台上,连续演出了四场"边疆舞"。原定是两场演出,因观众欢迎,又加演了两场。演出同样在"十里洋场"的上海,引起巨大轰动。正在开展学生运动的同学们,也纷纷跳起了我表演的那些民族舞蹈。

初 次 访 美

著名汉学家费正清的夫人费正梅是个画家,抗战后,她担任美国新闻处的负责人。她请了很多科学家到美国去一年,被邀请的人里面有华罗庚、老舍、曹禺、叶浅予和我。叶浅予去开画展,我去演出,我们还一起参观博物馆,访问艺术家。有个名叫"赛珍珠"的美国人,她生活在中国的时间很长,写了本很有名的关于中国的书《大地》。她在美国多次出面组织我的演出和叶浅予的画展。

我们是 1946 年夏天,到达美国旧金山的。人们都说美国是伟大的、自由的、民主的国家,可刚到的时候,不让我们下船,而是把我们困在一条绳子里头。有一个美国人,像公鸡一样昂着头,自由地走来走去, 大声叫嚷着:"你们现在, 到了我们伟大的自由国家!"但我却看到有的小孩在母亲怀里像霜打了似的,因为口干没有水喝。我们的护照还没有签好,都像动物一样等在那里!我非常气愤,大声地对他说:"谁有自由?你一个人走来走去倒是自由了,为什么不给予我们自由?"这就是美国给我的第一印象!可见他们对中国人的歧视态度。

在美国,我的演出基本上都是在旧金山和纽约进行的。只有一天,我举行过一次广场演出,是赛珍珠组织的。起初都是我自己,有的节目无法自己跳,我就请了一个意大利男演员与我同台。很多节目是我的独舞,当然也有他的独舞和我俩的双人舞。我跳中国民间舞蹈《巴安弦子》、《端公驱鬼》之类;他跳了些爪哇舞蹈。我后来去特立尼达时带他一起演出了,我也教了他一些中国民间舞蹈,"藏族舞"就是我们两个一起跳的。伴奏音乐是用唱片,朋友

1946 年赛珍珠（右二）组织戴爱莲在美国的演出及叶浅予的画展

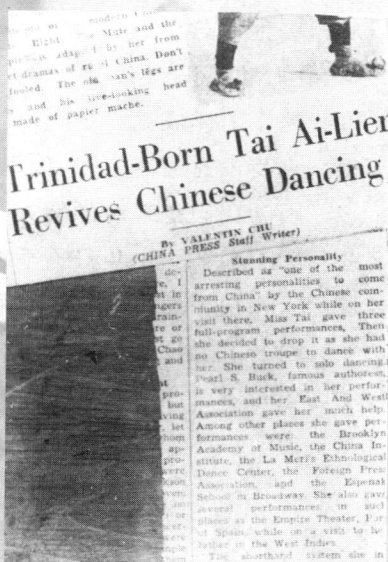

Trinidad-Born Tai Ai-Lien Revives Chinese Dancing

By VALENTIN CHU
(CHINA PRESS Staff Writer)

Stunning Personality

Described as "one of the most arresting personalities to come from China" by the Chinese community in New York while on her visit there, Miss Tai gave three full-program performances. Then she decided to drop it as she had no Chinese troupe to dance with her. She turned to solo dancing. Pearl S. Buck, famous authoress, is very interested in her performances, and her East And West Association gave her much help. Among other places she gave performances were the Brooklyn Academy of Music, the China Institute, the La Meri's Ethnological Dance Center, the Foreign Press Association, and the Espenak School in Broadway. She also gave several performances in such places as the Empire Theater, Part of Spain, while on a visit to her father in the West Indies.

1946 年戴爱莲访问美国时当地报刊上发表的评论文章

帮忙放,唱歌时也是找朋友来唱的,全是无条件的。

改革开放后,中央芭蕾舞团去美国纽约布鲁克林演出。我对美国朋友讲:"1946年在这个剧场,我做了不少演出。"他们也替我寻找当年留下的资料,但没有找到我的名字。后来,我在整理资料的时候发现了一些广告和宣传单,上面确实有我的名字,只是姓氏一栏写的是TAI,不是DAI。我复印以后寄给他们,告诉他们这是我1946年在他们那里演出的资料。我还在拉玛丽剧院、在旧金山演出过。那里的华侨很多,我们去的时候,华侨有组织地接待我们。1993或1994年,我再次访美,旧金山有一个中国舞蹈协会,请我看他们演出。演员都是些不同年龄的孩子,跳的都是中国舞蹈,都是我们50年代的节目。然后,他们又请我到圣何塞去,因为他们的团体在那里,孩子们小的时候学中国舞蹈,长大了就留在团里当演员,他们是一个演出单位。一次,他们请中国领事馆工作人员去看演出,领事馆官员看后很感动,他说:"你们演的都是我们中国的东西,可是,这些东西我们现在在中国却看不到了!"后来,他们告诉我:"就是因为当年你在旧金山演出中国民族舞蹈,我们才意识到身为中国人,就应该跳中国的舞蹈。"他们还告诉我这个团体成立已30多年了。为此,他们还送给我纪念品。我很高兴我没有白活,能为传承我们的文化做点事情!

因为我们是政府的客人,可以到处参观访问。我们访问了玛莎·葛雷厄姆舞团,我没有看过玛莎·葛雷厄姆的演出,但是我到她的工作室去看过演员的排练。那时,她的演员多是做地面的动作,他们的脸色发青,眼睛下面有黑圈,不是很健康的样子,给我的印象很不好。他们的有些动作,由于太过分而导致内脏受伤。后来如何发展不知道。后来我曾看过一个玛莎的舞蹈录像,其中有一个作品表现了美国的创建过程,给我留下了深刻印象。她开始的时候是反对芭蕾的(本来最初现代舞就是反对芭蕾舞、芭蕾舞也是反对现代舞的),后来,她不反对了。80年代,在巴黎的一个剧院,法国人邀请参加国际芭蕾舞比赛的年轻演员表演节目,我带了汪齐风和王才军去。我们的演出后面安排的是玛莎舞团的演出,我们的演出未完,他们的演员已来准备了。她的团体里有黑人,有一个东方人。两个团体一起出现在招待会上。当时,玛莎团里的那个东方人对我说:"我听说你出生在特立尼达,我也出生在那儿,我姓侯。"我想:我们也许有亲戚关系。后来那个黑人也找到我,说他也是特立尼达生的。他们都很友好。虽然特立尼达很小,但是出来很多人才!

当时,玛莎的演员全是女的,没有男演员。另外,我看过一个有名的黑人——多丽丝·韩芙莉[1]的弟子——凯瑟琳·邓娜的演出,那时她表演了美洲黑人和加勒比黑人的舞蹈,可以看出是有不同风格的。另外,我还看了芭蕾舞。那时,阿莉西亚·阿隆索[2]才17岁,还有海托华,他们那时都是美国最好的演员。我也碰到我的老师安东·道林以及库特·尤斯、西格·雷德舞团和"尤斯芭蕾",他们也在那里演出。

---

[1]多丽丝·韩芙莉:美国现代舞大师,"韩芙莉技术"的创始人。
[2]阿莉西亚·阿隆索:世界著名芭蕾舞艺术家,古巴国家芭蕾舞团艺术总监。

6

在上海和北京教舞

在上海乐舞学院的日子

　　1947年，在我从美国回国前，我的几位老学生——彭松、隆征丘和几位音乐学院"山歌社"的音乐工作者郭乃安、何凌（肖晴）以及画家朱今楼经过共同努力，在上海成立了中国乐舞学院。在我还未抵达上海前，他们已经开始招生办学，并确定我担任该院院长。上海一些大学，如上海音专、复旦大学，还有银钱业公会、海员工会等都组织了团体班，到乐舞学院来学"边疆舞"。有时，也请乐舞学院的老师外出教舞。还有一些酷爱舞蹈的大学生在每天下课后，晚上到乐舞学院专修班来上课。学校办得颇有生气。

1947 年 9 月底、10 月初我从美国回到上海后,就入住中国乐舞学院。院址设在大众殡仪馆的一个大厅的楼上。单就这间教室来看,还是不错的,宽敞、明亮、有木地板,还搭起了把杆。但周围环境太差,我很不习惯,常常会听到楼下死者家属悲痛的哭声。

我每天很早起来, 为我的老学生们上课, 班上有隆征丘、彭松、叶宁、还有后来闻讯赶来的老学生王道傅(杨凡)。隆征丘对我说:"戴先生,我从演剧队(地下党领导的进步文艺团体)带来了两个学生。您走后,我在演剧四、六队教演员们舞蹈,这两个学生很用功,也有条件学舞,一个叫于传瑾(袁春)、一个叫王克芬。我把她们带来了,您看看,是不是可以在我们班上上课,您亲自教教她们。"我说:"让我先看看。"接着,我看了隆征丘给她们上课的情况后,同意了这两个学生到我班上上课。后来游惠海也要求到我班上学舞,我同意了。这些新、老学生都很用功,因为她们都热爱舞蹈,有些人因为想学舞蹈,离开了家。他们的生活,都有不同程度的困难,我是义务教他们的。虽然当时我也困难,没有固定的经济收入。交学费学舞的人并不多,我的学生们,都为团体班上课教舞蹈。专修班的课也是他们教。我只教这几个新、老学生。

为了多少解决一些我学生们的困难, 我向宋庆龄大姐开口了,我对她说:"我的学生很努力,但他们很穷,吃得很不好,身上穿的衣服也很差。"不久,宋庆龄领导的救济总署,给我们拉来一大车衣服、奶粉和猪油。大家高高兴兴地分了,连与乐舞学院关系好的进步音乐舞蹈工作者都也分了一份。

我在上海中国乐舞学院工作期间,参加并组织了两次演出活动:一次是以康巴尔罕为首的新疆青年歌舞团到达上海,上海文艺界举行了一次规模很大的联合文艺晚会,中国乐舞学院和许多文艺单位都参加了这次演出。记得演出节目有周信芳演的京剧，上海音专钢琴、声乐教授们表演了钢琴独奏和独唱。我带着学生排演了我在重庆"大轰炸"后创作的小舞剧《空袭》。这个节目有四个演员，女儿由我扮演，两个儿子由隆征丘、彭松表演，母亲一角由王克芬扮演。演出效果不错，听说在场观看的戏剧家田汉等人，对这个节目比较赞赏。也许因为这个节目有情节、有人物，特别是经过重庆"大轰炸"的人，会引起他们感情上的共鸣。

还有一次，是英国领事馆约请我去表演"边疆舞"。1946年我赴美国前，在上海逸园演出的"边疆舞"轰动了上海。后来，有那么多学生到中国乐舞学院学习"边疆舞"，应该与我的演出有关。我只跳了独舞《哑子背疯》、《瑶人之鼓》。集体舞《春游》、《嘉戎酒会》等，由隆征丘、彭松、于传瑾、王克芬表演。乐舞学院所有的音乐老师和张文纲都参加了伴唱、伴奏。后来张文纲与王克芬共同建立了幸福的家庭。乐舞学院的学生也被允许到领事馆去观看，大家都很兴奋，热热闹闹地完成了这场演出。

1948年2月，我离开上海中国乐舞学院北上执教前，学生们依依不舍。我想，我不能丢下他们不管，于是先后带他们去白俄人苏柯尔斯基办的芭蕾舞班学习，这个班的学费很贵。胡蓉蓉等人就在这个班上学习。我坦率地告诉苏柯尔斯基夫妇："我的学生都很穷，他们交不起学费，但他们会尽力。"苏柯尔斯基夫妇同意了，我走后，彭松、叶百令、于传瑾、王克芬坚持到苏柯尔斯基的芭蕾舞班学习。安排好他们的学习后，我才比较安心地离开上海。

新中国成立后我才知道："边疆舞"在上海大学生中传播，对当时反饥饿、反内战、要民主、要和平的高涨的学生运动，起到了团结同学、鼓舞同学的作用。对此，我备感欣慰。

北 上 办 学

1948 年，我到北京，在国立师范学院（今北京师范大学前身）体育系教民族舞蹈，还教德国拉班系统的现代舞，不是美国的现代舞。另外，我还在国立艺术学院音乐系授过课，开办过暑期舞蹈训练班。北京大学、清华大学的学生也请我去教他们跳我们的民族舞蹈。那个时候，人们都很喜欢民间舞蹈。

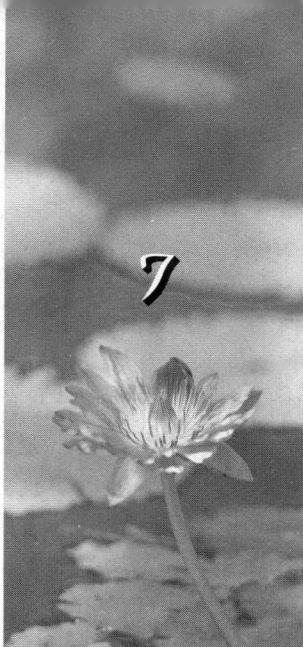

喜迎新中国的诞生

参加"世界和平大会"

北平和平解放后不久,1949 年 3 月, 组织上通知我去巴黎参加世界和平大会。当时中华人民共和国还没建立,世界和平大会需要有来自各方面的代表,记得参加会议的中国代表有发现"北京猿人"头盖骨的那位科学家裴文中,有鲁迅的夫人许广平、冯玉祥的夫人李德全,有著名作家丁玲、郑振铎,有著名画家徐悲鸿,有工会代表刘宁一,还有龚普生,共 30 多人,带队的是郭沫若。诗人柳亚子在我出发前曾赠诗一首 (见《柳亚子文集·磨剑室诗词集》第 1548 页),他写道:

南溟嘉礼曾参我,北地风光又遇君。

仪态万芳回纡舞,和平一旅女儿军。

门墙桃李春风暖,歌唱人民国运新。

好向巴黎寻战垒,一樽先酹自由神。

　　原计划是去巴黎,后因印尼、马来西亚等国的共产党组织也派了代表,可能都是经过中国这个渠道,所以我们都在莫斯科会合。可是法国只给一个代表团的名额和签证,那么多人,怎么可能呢? 我们就提出:如不给我们那么多签证,我们就不去了! 法国坚持原意,我们只好在捷克的布拉格开了这次会议,当然巴黎也开了同样的会,因而那次会议叫做"巴黎-布拉格世界和平大会"。那时叶剑英已被任命为北京市长了,我们的护照就是由他签字的(这个护照我至今还保留着)。当时苏联和国民党还有外交关系。因为去开会可能有演出,所以我也带了服装,经过沈阳时我演出了一次。我们是坐火车去的,时间很长,火车开得慢吞吞的,但每到一站总有群众来欢迎,来回都如此。去时还好,可回来时就累坏了,因为经常需要半夜里起来和欢迎的群众打招呼。去时,我做了套呢子面料的"列宁服",穿的是条长裤。我和龚普生住在一个车厢,她的英文很好,我和她接触比较多。在苏联发生了一件趣闻:我们一起去厕所,因为我穿长裤,又把两条辫子放在帽子里面,一个苏联妇女以为我是男的,便把我往外推,不让我进女厕所,要我上男厕所去! 我还不知道是什么原因的时候,龚普生一下把我的帽子摘掉,两条辫子露出来了,那个妇女才恍然大悟,知道是误会了! 后来,我问来接我们的苏联同志这是怎么回事? 她告诉我们:苏联妇女一般不习惯穿裤子,她们生活中只有两种情况会穿裤子,一是睡觉时穿睡裤,二是去海边休息时穿裤子。这似乎意味着,我在此地穿长裤好像不大礼貌,因为这是苏联人的习惯。当然我也是带了旗袍去的!

有一个苏联人要和我换手表(我戴了块瑞士表),她戴了一块苏联表,工艺不怎么好。她实在要换,我只能给她拿走了!她给我的表回国后我就送小孩儿玩了。苏联解放那么多年,可人民的生活还是很苦的!我去过很多东欧国家,罗马尼亚、匈牙利,还有波兰,也都很穷。捷克,因为我们去开会,所以当时看不出来。开"和平大会"时,我们有代表发言,所以我的主要任务是听别人发言。我们代表团很受欢迎,住的旅馆离工厂不远,待遇相当于国宾馆的级别。吃饭的时候,有个国民党的代表也在那里,老在那儿斜视我们,我们都不理他!他也没找我们的麻烦。会前,我们到各处参观。捷克一家很著名的皮鞋厂,在哥特瓦尔德城,他们派飞机来接我们去,工厂还送我们每人一双鞋,对我们特别友好!许广平因身体不好不能去,就画了个鞋样给我,我将详情告之工厂的代表,他们立刻替她准备了一双鞋。当时,因为生产过剩,工厂只半天工作。我们乘火车到布拉格时,来接我们的捷克同志很多。见我们是从中国来的,就一个一个地热烈拥抱,他们说对中国的解放战争特别关心,每家都有张中国地图,哪里解放了,他们就往地图上的那个城市插一面红旗!他们对中国革命的感情特别深!我们坐火车、飞机,每到一个地方,看到的都是极美丽的风景,捷克简直就是个大花园!第二次世界大战时,很多东欧国家都被炸了,就是布拉格得以幸免;50 年代我们去波兰,那里还没有恢复过来。

那次会议快结束的时候,4 月份,消息来了,南京解放了!会场反映异常热烈,人人都替我们高兴,国民党代表当时就跑了。我是永远不会忘记那一天的！回国途中，坐火车经过天津，"上海解放"的消息又传来了，这是 5 月份的事。

苏联人爱喝酒，参加宴会如果你不喝酒，他认为你不礼貌、不友好。我原本是不喝酒的，但盛情难却，我在苏联喝过一次，结果喝醉了！从那时起，我就下定决心不喝酒了！当时为了工作，我想还是需要锻炼锻炼，少喝点。另外，我吃不惯苏联的饭。他们也知道这些，所以也想方设法适应我们的口味，在火车上给我们做榨菜汤。我小时候在家时，也是喜欢吃中国菜的，因为它味道好！苏联菜不好吃，德国菜也不好吃，什么菜都放大蒜，我受不了那个味儿！

我们那次出访时间很长，是新中国诞生之前第一个出去的代表团。回来时暂停在莫斯科，我和许广平出去买点生活用品。我要买擦脸油，可我们不会俄语，用手跟服务员比画……他好像懂了，结果他拿来是男人刮胡子用的面膏，真是好笑！

在莫斯科，苏联作家协会开会，不知道为什么其他妇女没去，就我一个人进去了。会后，大家一起在离红场不远的贝肯鲍尔旅馆吃冷餐，进餐伊始就大喝伏特加酒，不能喝一点点，一喝就是干杯，"为斯大林干"、"为毛泽东干"、"为中苏友好干"，一直到"为所有的家属干"！这时候，我已经不行了，只想回住所去；但友人说"不能回去，那样不礼貌！"我说："那我就要滑到桌子底下去了！"不得已，有人帮我找了一个地方躺下去了（大概是在走廊的一个沙发上）。哎呀，真是狼狈！那次，苏联作协主席西蒙诺夫、《静静的顿河》的作者法捷耶夫都去了，最后出来，他们走路都是歪歪倒倒的。回到旅馆后，我大哭了一场！从那以后，不管礼貌不礼貌，我都不喝酒了！后来，我到少数民族地区采风，老乡一再要我喝酒，我只能一再申明，我是不会喝酒的，不是其他什么原因，就是因为我受不了那个"罪"! 记得我第一次喝酒是在广西,那还是解放前。当时喝的是一种红色饮料,很甜,是地方上自己做的。我喜欢吃甜的,有热量,就喝了很多,后来醉了! 到苏联,又醉了一次。我一生中就醉过这两次,很难受,不是我不喜欢喝酒,是酒不喜欢我!

回国后,我被分配到华北大学三部工作,三部是专门搞艺术教育的。我一到那里就做了干部,负责200个学习舞蹈的学生,年纪最大的40多岁,最小的14岁——他就是刘德康(赵青的第一个丈夫)。当时是供给制,什么都发。我个头小、人又瘦,发的衣服虽有小号,但还是肥裤腿,我两条腿可以放在一条裤腿里! 那时候条件虽然简陋,可人和人的关系特别亲。我们几个干部睡觉总是先找不好的地方,好的地方让给别人睡;大家是把稻草铺在地上睡觉的,早上起来,大家都抢着打扫院子。很多次,我起来时洗脸盆里水都有人给打好了;我想去扫院子,可院子已经扫完了! 北京的大风很厉害,一刮起来就飞沙走石的,出去都带面纱。我们吃饭没有餐厅,打了饭以后就在露天吃,有风的时候就和着沙子一起吃。教室也没有,我们就用一张大方桌,上面放一个鼓,我就这样上课了! 当然上的不是芭蕾舞课,而是德国式的现代舞。新教学楼盖好了,里面还设有剧场,可是上级通知我们新华社要搬到这里。我们很不高兴地服从了上级的安排,胡乔木许诺日后一定请我们在这个剧场演出。后来,《和平鸽》还真的是在那个剧场演出的!

不久我们搬到了棉花胡同。当时我想既然从事教学工作,不再做演员了,留了很多年的两条大辫子用处也不大了,于是我一狠心就把它们剪了! 后来,周扬批评我不该把辫子剪掉,这是给我上的第一堂课! 他说:"您应该请示领导再办!"从那时起我知道了,任何事情都要请示领导。

北 京 解 放

1949年10月1日,中华人民共和国成立,北平也更名为北京,开始了新的历史。因为我是无党派人士,组织上通知我到北京饭店参加开国大典。

在我这一生中,永远不会忘记北京解放的那一天,那天我真是太高兴了,在马路上就跳起舞来了!我从西直门跟着解放军走,北京大学、还有其他学校的学生欢迎队伍看见了我,纷纷要求:"你来一个节目嘛!"我就跳了一段周恩来教给我的秧歌!

我尽情地跳了一天中国的民族舞,我深知随着新中国的成立,无论是我的专业芭蕾舞,还是我热爱的民族舞都会迈开蓬勃发展的脚步,我一定要在舞蹈事业中有所作为。"文革"结束后的一天,一位省委书记对我说:"你知道吗?我在北京解放那天看过你跳舞,你是'边疆舞蹈家'!"

《和平鸽》创作与轶事

1949年春天,在巴黎和布拉格举行了世界和平大会,我非常荣幸地代表中国舞蹈界参加大会。世界和平大会决定开展世界人民渴望世界和平的签名运动。

当时北京刚解放不久,在中华人民共和国成立后,华北大学三部舞蹈队改组成舞蹈团,附属于中央戏剧学院。这是解放后成立的第一个舞蹈团。我是舞蹈团团长;陈锦清[1]是副团长。当年在

---

① 陈锦清:舞蹈教育家,原北京舞蹈学院院长。

华北大学我负责舞蹈队,有 200 名学生,改组后我留下足够组成舞蹈团的人员,其他学员则奔赴全国各地。团里有两名编导,彭松和高地安。当时戏剧学院的院长欧阳予倩写了一个舞剧台本《和平鸽》,其中没有具体的时间和地点,有些部分像活报剧;而且,过去我们从未创作过舞剧,因此我们感到难度比较大。后来欧阳院长来做动员报告,看到上完基训课的演员满身大汗、也不披外衣时,他非常关心大家。听说要排大舞剧,演员们群情激昂、热情洋溢,这也鼓舞了我。

当时决定由我扮演女主角和平鸽,由丁宁扮演男主角工人。分工时决定由我负责古典芭蕾部分。过去我训练的学生是跳中国舞蹈的,而且当时我只有一双足尖鞋,所以只有我一人穿足尖鞋,其余的和平鸽群舞都穿芭蕾软鞋。我的这双足尖鞋来之不易,那是我去参加世界和平大会途经莫斯科、参观舞蹈学校时,该校送给我的一双足尖鞋。早年在英国学习时,我们这些学生用线织补足尖鞋的鞋头,使鞋结实一些,坚持多用一段时间。而今我也用线多次织补这双珍贵的足尖鞋,鞋面穿破了还更换鞋帮。幸亏当年我受过严格的古典芭蕾训练,脚的能力很强,这双足尖鞋穿软了无法站立时,我硬是靠脚的力量立上了足尖。就这样,就靠一双足尖鞋坚持整个排练过程和 30 场演出。这个舞剧描写一只和平鸽翅膀受伤了,无法起飞。在工人的照顾下她逐渐康复,又能展翅飞翔。这段"工人精心照顾受伤的和平鸽",可以用芭蕾双人舞表现,但没有用多少托举,主要是地面双人舞。后来丁宁病了,由游惠海扮演工人。这个舞剧的有些场景很有意思,如高地安编的那段描写搬运工人艰苦劳动、搬运极重物品的场面。第六场有美帝国主义山姆大叔的形象,是由彭松扮演的。他还帮助我编舞。这不是古典芭蕾,有些段落不像舞蹈,更像讽刺性作品。剧中有个片断是舞会正在举行,来自不同国家的人向山姆大叔进贡,跳的有西方流行舞蹈如摇摆舞。蒋介石双腿僵直,来回走动,很可笑。舞剧的尾声是许多人来签名,希望能够有持久的世界和平。令我惊讶的是演出非常成功,连演了 30 场。后来《文艺报》载文批评我们说:"大腿满台飞,工农兵受不了。"我知道中国人不习惯观看腿部袒露的舞蹈,因此一开始就尽量把裙子做得长些,正好在膝盖上面,然而还是受到批评。当时我们只好停止演出,我们的领导光未然同志还得不断做检讨。

"世界青年与学生和平友谊联欢节"

1953 年,我参加了在罗马尼亚布加勒斯特举行的"世界青年与学生和平友谊联欢节",我编导的作品《荷花舞》得了"集体舞二等奖"。记得比赛期间我们吃不惯当地的伙食,每天早上我就用面包夹点果酱对付一下。有一次跳《荷花舞》时,一位演员的脚绊在裙子的铁丝上摔了一跤,她吓得直哭!我劝慰她说"不要紧",这可怜的人还是紧张得几乎昏倒。这不奇怪,因为那时代表团有个规定(当然不是我定的):演出时出了事故,例如在跳《红绸舞》时把绸子缠上了是要受处分的!

联欢节是各国民族民间艺术的荟萃,中国代表团除了民族舞蹈还带去了《秋江》、《大闹天宫》等京剧节目,令观众大开眼界。此外,代表团里还有位叫林俊卿的业余歌唱家,他的本职工作是医生,但他的意大利歌剧选段唱得相当好!他用原文演唱意大利以及罗马尼亚歌曲,很受欢迎,当地人说他唱的意大利歌曲比意大利人唱得还要好！林大夫是福建人,他告诉我福建话的咬字特别丰富。譬如北京咬字是四个音,广东人是九个音,福建人掌握的音更多,语言能力也更强一点。因而福建人容易学别的语言。

参加完联欢节,代表团转道波兰演出,我也去了。可途中接到电报,催我回国参加"文联"大会,我被推选为"中国舞蹈家协会主席"。我一个人从波兰到莫斯科,转飞机回国,在那儿一等就是四天!

1957 年,我又一次去莫斯科参加联欢节。这次乌兰诺娃①邀请我去做民间舞的评委,同时我编导的作品《飞天》也参加民间舞比赛。朝鲜著名舞蹈家崔承喜②也去了,她儿子、女儿都在苏联学习,她参加了民间舞、古典舞两类比赛。另一个朝鲜著名舞蹈家安圣姬也参加了比赛。当时,民间舞蹈有的国家准备好些,有的国家因为条件不允许准备得差些,比赛竞争非常激烈。后来苏联的评委会主任,可能是乌兰诺娃,说:"金奖不多,不要一个国家拿两个!"这样做大概是要照顾更多的国家。安圣姬抗日战争时在北京,她演了一个《长绸舞》,说是朝鲜舞;表演了一个《剑舞》,说是中国舞蹈。既然是中国舞,我就按中国舞的标准打了个低分。我不知道我这样做对不对? 作为民间舞比赛的评委,我不了解别的国家文化背景,我看问题的方法未必准确,我只能从个人的角度来看,别人也只能从个人的角度来看。那么,民间舞的评比标准是什么呢?我看最好的标准,就是得到当地老百姓的承认。然而这就引起麻烦了!崔承喜说我这是对朝鲜人民不友好!我当时就哭了。抗

①乌兰诺娃:俄罗斯著名芭蕾舞表演艺术家。
②崔承喜:朝鲜著名舞蹈家、教育家。

1957 年戴爱莲（左二）在莫斯科担任世界青年与学生和平友谊联欢节舞蹈节目评委

美援朝时我动员我们全团都要求去前线,我同样积极要去,我那时候没有钱,只想能出一些力;可只批准了两个人。前线没去成,于是我就把父母给我的戒指之类的东西全部拿出来捐献了。她说我对朝鲜不友好,给我扣个"大帽子",我深感冤枉!我们的团长周巍峙安慰我,又找崔承喜谈话,这事情才过去了。去年我去希腊,碰到一位韩国人,他问:"你们中国怎样评崔承喜,她是'特务'吗?"我说:"她干的事我们不了解,但我们认为她是一个很好的舞蹈艺术家!"那位韩国艺术家说:"我们也这样认为,她的政治和艺术我们也是分开看的。因为日本人占领朝鲜时,她还给傀儡皇帝演出,朝鲜人当然是反对她这样做的。"我想:崔承喜可能是有问题的。联欢节比赛时,我们都很安静地坐着打分,她突然站起来就走开了,去找另一个日本舞蹈的评委,因为她女儿在参加那里的比赛时,日本评委都不给她机会说话。她还要评中国舞蹈,好像她知道的中国舞蹈比我这样的中国人还要多!她对学生的态度也不好,"霸气"较大!

8

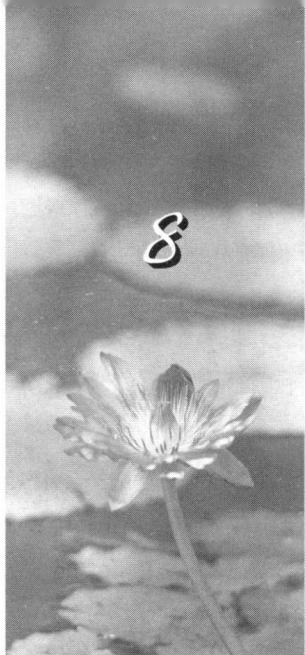

我与中国芭蕾艺术

芭蕾舞在中国的萌芽

我 1940 年回国时才 23 岁,当时的中国妇女刚摆脱了缠足的陋习,旧的礼教影响还很深,舞蹈作为独立的艺术形式尚显稚嫩,更不要说站立足尖的芭蕾了。因而让芭蕾舞植根中国,并形成风格流派,一直是我热衷的研究课题。

芭蕾舞艺术是 20 世纪 20 年代传入中国的,世界上有一个很有名的俄罗斯芭蕾舞演员,叫安娜·巴甫洛娃,十月革命之前曾到处演出,她有一个专门的节目《天鹅之死》,世界闻名。她的芭蕾规格不是很严密,技巧也没有多惊人,可她的艺术表现力是惊人的。

英国著名芭蕾舞泰斗玛戈·芳婷①有一次对我说："我不能跳《天鹅之死》这个舞蹈，因为我赶不上她的艺术水准。"安娜·巴甫洛娃曾来中国演出，可能由于当时中国人不习惯芭蕾舞艺术，她在中国的影响不是很大。事实上，彼得堡的芭蕾水平都比莫斯科的高，莫斯科芭蕾虽然也有它的特点，但真正的彼得堡古典芭蕾还是更有代表性的。

沙皇时期，芭蕾是沙皇的私人财产，十月革命以后，许多芭蕾舞演员都流亡国外，其中不少人来到了中国。当时在哈尔滨和上海都有白俄开设的芭蕾舞学校，水平很高。

刚解放的时候，我经过沈阳，看过一个中俄混血儿演出的芭蕾舞节目，她在芭蕾舞中结合了东北秧歌的动作。现在我们要求芭蕾民族化，可她早就这样做了，给我留下了很深的印象，她现在好像在铁路文工团，年纪也大了。

上海最早的舞蹈学校校长胡蓉蓉②曾是有名的电影童星，她在白俄开的舞蹈学校受到了很好的训练，并且演过许多古典芭蕾作品。解放初，她本来自己有学校，后来上海舞蹈学校成立，她当了校长。60年代，芭蕾舞剧《白毛女》里的主要演员是她培养的。

还有比较有意思的是，世界著名的英国芭蕾舞演员玛戈·芳婷，她父亲曾在中国做生意，她是陪同父亲来上海的。她最早的芭蕾舞是在中国启蒙的，那时她14岁。

可以这样说，是白俄为芭蕾舞在中国的普及与传播做出了开创性的贡献。

抗战期间我学成回国，满怀热情要向祖国人民展示芭蕾舞艺

---

①玛戈·芳婷：英国皇家芭蕾舞团首席艺术家，世界著名芭蕾大师。
②胡蓉蓉：在中国培养的第一位芭蕾舞女演员。

戴爱莲（右）与胡蓉蓉（中）、李慕林（左）亲切交谈

术，没想到我在贵阳演芭蕾舞剧《仙女们》片段时，一做"阿拉贝斯"——后抬腿这个动作，观众就笑，他们不习惯，中国舞蹈没有抬腿的动作。我当时就感到：芭蕾舞不符合中国国情，观众觉得别扭。于是，我一方面创作了很多反映现实生活、反映抗战的舞蹈节目，另一方面我积极在少数民族地区采风，改编了不少少数民族舞蹈。刚开始中国舞节目不够时，我还是要演一些外国芭蕾舞作品；后来，中国的节目够了，我就不跳芭蕾舞了。但在训练和培养演员的时候，我一直都运用芭蕾舞的训练方法，因为芭蕾的舞蹈训练，是按照人体解剖学原理产生出来的，具有舞蹈共性的东西。印度舞也有自己的训练方法，但只针对印度舞；巴厘舞也有一定的方法，但也只对他们的舞蹈。可是，芭蕾舞一开始就解放身体，如果有人说：你不要学芭蕾舞，太僵。这话不对！那是教员的问题，他把你教坏了，实际上芭蕾是解放身体的舞蹈。舞蹈训练要遵循它的科学性。我教过的学生都没有职业病！

解放后芭蕾艺术的发展

中华人民共和国成立后，苏联和东欧的芭蕾舞团经常来中国访问，第一个访华的是匈牙利芭蕾舞团；而后，有一个保加利亚的芭蕾舞演员来了；再以后，苏联的斯坦尼斯拉夫斯基-丹钦科剧院的芭蕾舞团来了——他们演了两个节目。一个是《巴黎圣母院》，演得很感动人，看了三次，我哭了三次。另一个是《天鹅湖》，在观摩当中，周恩来总理就对我说："我们是需要芭蕾舞的。"周总理还问我："我们什么时候可以演出《天鹅湖》？"我原认为中国不需要芭蕾舞，可是现在国家指定要有，那我终于有机会回到本行了。于

戴爱莲在中央芭蕾舞剧院指导演员训练（前排左一为吴静姝，1965 年）

是我说:"如果教员的水平高,我们至少需要五年时间。"

1954年,北京舞蹈学校成立。那时我们与西方国家没有来往,又加上苏联芭蕾舞世界闻名,于是全面引进学习苏联芭蕾。当时北京舞校有很多苏联专家,给我们排《天鹅湖》《海侠》,为我们培养编导。周恩来总理很关心舞蹈事业,关心艺术家。芭蕾舞演员的训练条件有一定要求,排练厅必须用木地板,当然最好是松木的,软硬适度,而木料是需要经过国家有关部门批准的;另外,排练厅要安装暖气。这些在"芭团"建立之前北京舞蹈学校时期,都是周恩来总理亲自过问解决的。

虽然一切从零开始,但是没想到,我们"芭团"四年之后就演出了《天鹅湖》。这是一个奇迹!尽管当时我们的演出水平有限,王子甚至都跳不了变奏;而且这个版本是根据我们的情况改动过的。但,这在当时是个了不起的事情!第一任王子的扮演者就是刘庆棠,他后来也演了《海侠》,但是其中的变奏部分是由别人跳的。当时"芭团"的男演员中只有他能托举起白淑湘①。

当时我也参加了苏联专家在舞蹈学校开设的舞蹈教员的训练班,我需要了解教师是如何教学的。可惜学员才学了五个月,我认为太快了。发展过快有一个不好的因素:芭蕾舞是应该逐渐深入的,你学得太快,到了一定程度就失去发展的后劲,因为基础还不够,这使得我们的演员刚到30岁就显老了。可是,芭蕾舞演员如果身体健康,有些人可以跳得很长,世界著名的古巴演员阿隆索,来过中国演出,她70多岁还在跳芭蕾。玛戈·芳婷60多岁还

①白淑湘:芭蕾舞表演艺术家,中国舞协主席,在芭蕾舞剧《天鹅湖》中扮演"白天鹅"的第一位中国芭蕾女演员。

在演出。女演员一般可以跳到 40 岁，虽然技巧不能提高了，但可以保持稳定的水平，艺术方面可以进步。我国的白淑湘就是这样，40 岁之后，她在艺术上的进步是看得见的。人们一看芭蕾舞，总是想到技巧，没有想到芭蕾舞是一门艺术，是可以表达思想感情的，不光是技术组合。有些艺术感受只有当演员到了一定年龄才能领悟到。技巧高超的演员有的是，但是具有艺术感染力的并不多见。

中苏关系破裂后，苏联专家全部回国。没有他们帮助，我们就自己做了，这样也就加快了芭蕾民族化进程。

芭蕾艺术的新生

"改革开放"以后，我们的芭蕾舞水平迅速提高，因为眼界宽了，看的东西多了，学的机会也多了。我认为要提高芭蕾舞艺术水平，必须兼容并蓄，不光是只认一个国家。只要有好的地方，对我们有用，就可以去学。不仅向苏联学，美国、英国、德国、法国的水平都相当高，也要向这些国家学习。1979 年前，中国芭蕾舞受苏联学派的影响很深，像我这样在英国学的芭蕾舞、了解西方国家的芭蕾舞水平的人经常被怀疑，没有发挥我的能力。我这样想：如果你们不相信我，我就请世界上最好的专家到中国来！你可以相信他们。所以，我请了不少世界一流的外国专家来华访问、教学。我的同学都是一流的，他们来了以后，中国芭蕾的水平就上去了，连舞蹈学校的教员水平都提高了。但是，有很多人成材后，却到澳大利亚、日本、加拿大去发展了，这让我很痛心！当然，芭蕾是一个国际性的舞蹈艺术，我们无权干涉他人的选择自由。我认为，如果我们"家里"的工作要做好了，别人就不会想走。还是我们许多地方做得不够好。

由于芭蕾是活的东西，对芭蕾水平的认定要有远见，从艾弗·盖斯特①写的《巴黎歌剧院芭蕾舞团》一书中，可以看出该团的水平也是时高时低的，这和谁做艺术总监密切相关。芭蕾有 200 多年的历史了，法国是它的故乡。但有一段时期芭蕾在法国几乎消亡了。直到 20 世纪初，佳吉列夫②带领一个俄罗斯芭蕾舞团去法国和西欧演出，法国人认为很新鲜，特别好！但俄国人说他们的芭蕾确实是从法国人那里学来的，可是法国人自己忘记了！

俄罗斯风格就是舞蹈动作大、速度急，但是不够细腻，莫斯科大剧院芭蕾舞团的节目看上一两次就可以了，称不上是让人百看不厌的经典，这个团的名演员莫克莫多夫去英国皇家芭蕾舞团跳《斯巴达克》、《斯坦米勒》时动作也不细致。现在基洛夫③芭蕾舞团在北京演出，这个芭蕾舞团是用原苏共一位领导人基洛夫的名字命名的。苏联解体以后，各种文艺团体只保留名字，内容有很大变化，水平也不怎么高。过去，人们一听"基洛夫"都去看，现在不行了，他们没有好演员，别人一提抗议，他们就会说，下一次我们会带好演员来。像我们的芭蕾舞团，第一次出国演出，水平很高；第二次去不如第一次。所以说，一个团体水平好坏，不可能一成不变。剧场艺术总是面临这样的考验，你的水平如何提高，是件难事！我认为英国的皇家伯明翰芭蕾舞团，也就是皇家芭蕾舞二团，

①艾弗·盖斯特：英国著名舞蹈史学家。

②佳吉列夫：20 世纪芭蕾史上的传奇人物，"佳吉列夫舞团"创始人，杰出的舞蹈经纪人，舞蹈活动家。

③基洛夫：基洛夫芭蕾舞团的简称，它代表了一种古典芭蕾的流派风格。

他们的演出一次比一次强。艺术总监彼得·莱特①很有远见，我特别希望中国能有这样一个人，所以，我要帮助和提携更年轻的一代人。目前，我很看好曹弛②，因为他脑筋清楚。他现在英国学习、锻炼。在国内，懂得芭蕾舞团应该怎样组织、怎样生产、怎样管理的人不多。芭蕾是一个综合艺术，要好的音乐和舞美，缺一不可，我们缺的东西太多了！

中国观众是有水平的，他们分得出好坏，好的东西他们是会鼓掌的！当然，国际上很多芭蕾比赛是不让鼓掌的，主要是为了避嫌——朋友之间捧场。那是另外一回事。

我对中央芭蕾舞团最满意的是 1986 年第一次去美国演出的时候。那是我们舞团的巅峰时期，我们从那时水平上升，达到国际水平。我们请著名的纽瑞耶夫给我们排《堂·吉诃德》，这个剧目有很多舞蹈。有的舞剧，可以发挥主要演员和独舞演员的作用，但对群舞演员来说，没有多少价值。而这个舞剧对所有演员都有锻炼作用。一个团体好坏，不要看主要演员，要看群舞演员的水平。当时，我们既有好的主要演员，群舞演员的整体水平也得到了提高。

我们的团体现在的活动还不够多。另外，有一种观念，认为芭蕾舞演员年轻最好，年纪一大，一般超过 35 岁就不能做演员了。我认为这个说法不对，因为那个年龄，正是他们懂得艺术的时期，再跳 5 年或者 10 年都是可以的。年轻时，不懂得艺术，他可能技巧很好，而且年轻漂亮；可是芭蕾不仅是年轻漂亮，你要找人物的性格和艺术。对有些现象，我是想不通的。

---

①彼得·莱特：英国皇家伯明翰芭蕾舞团团长。

②曹弛：中国青年芭蕾舞演员，英国皇家伯明翰芭蕾舞团客座男主演，曾在瓦尔那国际芭蕾舞比赛获金质奖章。

9

解放后的舞蹈创作

《荷花舞》和《飞天》的创作

50 年代初,周恩来总理提出来排一个《荷花舞》。那时印度和中国很友好。总理说:"印度人给我们送礼物,老有荷花的形象。最近,有个印度代表团要来,我们是不是搞个荷花舞?"那时,我在中央戏剧学院舞蹈团,我们的领导是杨尚昆的夫人李伯钊。我们团有两个很好的昆曲老师,还有个人叫胡沙,是在延安搞秧歌剧出身的,也会跳民间的秧歌舞。音乐方面,有著名作曲家刘炽、刘行和乔古。这就是搞《荷花舞》的基本"人马"。

1953 年,上级下达了任务,要我们创作节目参加世界青年与学生和平友谊联欢节。开始，我们想搞陕北秧歌，因为这是汉族有代表性的传统民间舞，而且1949年创作的《红绸舞》曾获好评，于是就派四个人专门去陕北学秧歌。春节前到正月十五，两天一个村、两天一个村地巡回，看当地百姓怎么闹秧歌！在那里，我看到"荷花灯"。那是男孩子跳的，不穿特定的服装，只是系个腰带，下面有个环形荷花盘，用四根带子挂在腰上。荷花中间有蜡烛。男孩子只是跟着队伍跑动。第一次总理提出搞《人民胜利万岁》时，胡沙就曾经搞过一个"荷花舞"。那时的"荷花舞"和民间的一样。

去陕北采风，搞作品也是集体创作。我很不习惯，我过去认为集体创作应该是音乐、舞蹈、美术的三个方面集体创作，而不是音乐舞蹈各由几个人创作。可任务又是按解放区的做法安排的，回来后，我们就进行了分工：音乐由我们团的著名音乐家李焕之负责，作曲的人写的都是简谱，必须翻成五线谱我才能看懂。编舞也有分工方案："出场"由我搞，戏剧家马彦祥负责"观花"，第三段是刘炽设计的，他既是作曲家，又是跳秧歌舞的行家。当时的设计是姑娘们一个人拿一个花瓣，到最后，变成一个含苞待放的大荷花。结尾是：荷花开放，花心是个小女孩的脸，那是由胡尔岩扮演的，像电影一样。我请了两个有名画家——郁风和张正宇来设计服装。我的想法是用"唐朝少女"的服装为元素制作。他们设计出来后，我看了，比较满意。后来的演出有人改了服装，改成高领的，可唐服是圆领的。节目出来后，很受欢迎，服装很好，音乐也很好，只是舞蹈的风格不统一。于是没多久就不演了，因为作品不够完整。后来我们决定重新来。我当时想："在一般情况下《荷花舞》再改还来得及，可领导马上要检查节目啦，要重新编排，时间来不及了，怎么办？"我就让演员只做个"出场"。廖承志当时负责分管青年团，他来检查节目。我就跟他说："我只请你看一小部分，如果你觉得可以，我就接着做！"他看了以后说："很好！"我就接着做了，也没再"集体创作"。

原本舞蹈较长，有三段，所以我不是全部音乐都用。除了出场用乔谷的音乐外，第二段我用刘行的音乐，第三段用刘炽的主题歌。结尾又回到开场的曲子，音乐处理是 A–B–C–A 结构。后来周扬来检查，结束后，他说："你的《荷花舞》很好看，可是能不能加一个独舞在里面？"我说："容我想一想。"

在创作《荷花舞》时，我感到一定要表现环境，荷花生活在水中，不是死水。然而荷花容易给人静止的印象，因此我必须让演员像活水的规律那样不断流动。接着我又想，舞蹈得用腿跳，如今双腿在正方形的荷花盘内，限制了腿部动作的运用，不能发挥舞蹈的方位感。我看苏联"小白桦"表演的舞蹈，有飘的动作！所以我决定：《荷花舞》也应该像"水上漂"的。民间的"荷花舞"不飘，它的步伐是颠的，可我认为荷花在水上是飘的，这符合水的规律，水是流动的。石激水有涟漪，风吹水有波纹。另外，还要给观众这样一个印象——天气是晴朗的，不热不冷。实际上，荷花是八月份天气热的时候开放的，可我把舞蹈改成了秋天的感觉。

第一次排《荷花舞》，我也用"龙摆尾"的构图出来。八个女孩，一队"龙摆尾"出场。一个圈，两个圈，四个圈，变化很流畅。一个圈的时候，有人跟人的关系，"进去、出来"的反复，虽然是集体舞，但感觉很统一，"荷花"的心情舒畅，大家和谐一致。我还按"风大风小"的自然规律来处理表演的感觉。

如何在一群粉色的荷花中安排一个独舞呢？我想荷花也有白色的，就加一个"白荷花"。独舞应该突出，然而在一群流动的粉荷花中突出白荷花是有一定难度的,如何解决呢?于是我让白荷花慢慢飘,群舞欢迎他,她慢,群舞快。接着她们随着白荷花流动,舞台调度多变,演员形成两排,又变成八字形,随后围成圆圈,队形很美。其中一段,粉荷花围成圆圈,白荷花在中间,处于低位。我让粉荷花渐渐蹲下,最后坐在地上做"卧鱼"动作。与此同时,白荷花渐渐升起,随后在原地舞蹈,体现白荷花的"出水"。我想风有不同的性质,于是让演员用手臂动作体现风的感觉和水中的旋涡。我还让粉荷花放下手中的纱,随着主题歌表现荷花向太阳……整个舞蹈的人物感情融洽,白荷花爱护粉荷花,粉荷花尊敬白荷花。

创作这个节目是为了参加第四届世界青年与学生和平友谊联欢节的比赛。我自己给自己一个限制,就是:按照内容考虑表演需要的时间长度。独舞多长,集体舞多长。我想《荷花舞》的内容有限,不能重复,所以最多不能超过五分钟;舞蹈要少而精,但队形的变化是无限的!因此在舞蹈结尾,我取消了原来"摆荷花造型"的处理,而是由白荷花领着,像出场那样,一个一个飘下场,自始至终体现水的流动。

但这个舞蹈决不能"静止",因为水是活的。为突出"白荷花",我就让群荷蹲下,"白荷花"一个人在转,突出她的"出水"。审查后,节目通过了,但长度超过了五分钟。去罗马尼亚之前,我们先到了苏联,在高尔基公园露天演出了《荷花舞》。因为是在有舞台、没布景的情况下演出的,所以演员不能停在台上,要流畅。这就要求必须减时间!我边看演出边考虑如何压缩节目,突然,我发现音乐的某个段落可以取消反复,因而也就能够把舞蹈正好压缩到五分钟。可以这样说,《荷花舞》是在高尔基公园演出后定稿的。两三天以后,我们就去罗马尼亚参加比赛并且获得了世界青年与学生

戴爱莲创作的舞蹈《荷花舞》

和平友谊联欢节二等奖。后来它荣膺中华民族20世纪舞蹈经典作品金像奖。

《荷花舞》的意思是很好的——"出污泥而不染"的高洁！一说《荷花舞》，很多人就把它同我联系起来。

《飞天》也是偶然搞成的。1955年，我当时在中央歌舞团。领导有意培养编导，经常派演员到各地搜集民间舞蹈和向戏曲舞蹈学习，我们的《花鼓灯》、《跑驴》都是这么来的。回来以后进行汇报，然后我们开会讨论如何用这些素材编舞，由谁负责创作、改编。当时有些演员到沈阳学习，带回来了京剧《天女散花》中的舞蹈，开会时决定由我组织创作。她们学习了许多长绸的动作，但都是大动作，舞蹈语汇不够丰富，难以马上创作，因此需要由我自己创作一些中、小型的耍绸子的动作、花样和舞蹈语汇。在正式进行之前，我们先准备绸子舞蹈的语汇。我们的想法是：在音乐中音量有大有小，有强、弱之分。于是在舞蹈创作上我们也做了这方面的准备，创作了不少中、小型动作，和演员一起做试验。所创作的舞蹈动作，同时也起到连贯作用。

当时我想这是独舞，应该编得比《天女散花》中的舞蹈更加丰富，要发挥舞蹈的特点。但当时存在一个问题，演员已经双手拿着长绸，如何再一手提篮、一手散花呢？难度很大。我曾想在长绸上加花朵图案，因而我马上联想到敦煌壁画中的飞天。于是我借了一本画册，其中都是敦煌壁画中的画。我选了一些，自己临摹其中的各种姿态，然后把它们挂在房间四周的墙上希望获得灵感。

排练即将开始，但如何表现这个独舞中的人物是在空中的问题还没解决。第一次进排练厅时，我先让独舞演员和她的候补演员一起跑圆场。我突然受到启发，感到这下可有办法解决了。我决定这个舞蹈不能是独舞而必须用两名演员，以双人舞蹈形式才能解决空间的立体感问题。我曾多次乘坐飞机，从机窗往外看，经常看到朵朵白云在不同的高度、在不同的层次上飘舞。因此我在舞蹈中改用两名演员各自舞蹈，可以表现他们在空中不同的高度或同一高度。舞蹈一开始我让他们背对背，显示开阔的空间，又通过舞姿和感觉来体现他们在浩瀚的天空中，处于不同的高度并相距遥远。这是两个不同的飞天。随后她们望见对方，又想要相互接触，经过一番周折终于来到同一高度、共同舞蹈。最后他们又回到自己的空间和高度中去。

《飞天》的音乐是由作曲家刘行创作的，音乐美极了，好像来自天国的声音。第一次创作排练，我随着音乐把整个舞蹈的架子拉出来了，总共只用了一个小时。是音乐启发激励我，就好像是音乐告诉我应该怎么做，这是我最快的一次创作。当然在准备阶段我做了许许多多细致的工作，如上述所述，不但准备舞蹈素材，还设计各种办法来解决面临的种种困难。

第二次排练，我不但能告诉演员具体动作，并且指导他们要把绸子当做臂部的延伸，不是单纯在耍绸子，而是绸子和人体和谐一致。同时我随着音乐还指导他们用什么情绪和表情，例如讲解两个飞天之间的关系，虽然两个人相距遥远，但心中的感觉是相近的。我又告诉他们情绪的变化等。

每次排练，我们不但练习动作和技巧，而且强调情绪的变化和发展。随着音乐有明确的表现方法，例如开始演员是背对背的，她们相距遥远，互相没有联系，像两座雕塑；然后她们开始舞动，随着又互相发现对方，于是两人遥对相望；她们试图走到一起，但一阵风又把她们吹开了；她们继续努力直到相遇，接着她们在一

戴爱莲创作的舞蹈《飞天》剧照

起好像是在对话、交流、游戏。这段舞蹈完全是跟随音乐的变化而设计的。我告诉演员，第二段音乐是重拍往下，而且有点民间风味，所以这时的舞蹈动作也要接近民间味道。我告诉演员此时动作要有重力感，可以更有人类的感觉。就是这样，随着音乐的变化，舞蹈也在起伏发展。

在创作过程中我没有遇到任何困难，只是在舞蹈高潮之后，音乐的结尾很安静，这使我必须很好考虑，如何从比较激烈的舞蹈高潮后转到最后的宁静气氛。经思考我排了舞蹈的结尾，没想到竟一次成功。

排练时一直用钢琴伴奏，后来改用民乐伴奏演出，配器很好，其中运用了云锣使人感到真是来自天国的音乐。当时团长李凌曾建议：加入人的声音，会使音乐更完整。

这个舞蹈在全国各地排练演出时，配器经常被改动，根据当地乐团所拥有的乐手和乐器而定，但各种变动都无法和1955年刘行的配器相比。

佛教是来自印度，因此壁画中飞天的服装也是来自印度的。但佛教传到中国后又和中国文化融合，所以我要表现的是中国的飞天，而不是印度的。上身的问题不难解决。在飞天的画中她们总带项链和臂镯及臂部装饰物，所以我请服装设计做肉色上身，短袖的袖口正好是臂部装饰，圆领的领口上缝上装饰品代替项链。然而问题出在"飞天"的裤子上。因为在1954年我访问印度时曾学习印度舞蹈，印度舞者穿的莎丽（Sari）有6码（约5.45米）长、不同地区有不同的披裹方法。我学会莎丽的不同的披裹方法、使用方法。莎丽的缠裹效果和敦煌壁画中飞天的裤子相似，甚至裤子垂下时的皱褶也相似。只有一个地方不同，生活中的裤子一般长及脚脖子,而敦煌飞天的裤子经美术家夸张成比腿还要长。总的来说,飞天服装虽然上身问题解决了,裤子来源也清楚了,但是要把裤子做得过长就无法舞蹈了。当时我学习印度南部的婆罗多舞时,印度方面给我做了一身服装,下身是一条裤子。他们又送我一条6码长的莎丽,并告诉我:原来他们不穿长裤,只在身上缠莎丽。然后他们教我如何披裹莎丽,在身上缠来缠去,最后从身前经两腿之间,掖到腰带后部;效果就像穿一条裤子似的,但比裤子更臃肿,所以新式的印度裤子更贴身些。这种使用莎丽的方法是印度南部男子穿莎丽的传统方法。现在的婆罗多舞演出时,按沙丽的样式做裤子。

我要称这个舞蹈为《飞天》,尽量接近敦煌壁画。但舞蹈创作完成后要做服装时,团里的领导不同意演员穿长裤,说中国传统,女子不穿长裤是穿裙子。我这个人经常听领导的话,因此我就说:"如果服装不能像敦煌壁画中的裤子形象,而要穿长裙,那么这个舞蹈就不要叫《飞天》了。"所以开始演出时演员穿长裙,节目命名为《长绸舞》。直到1955年中国文化代表团访问印尼时,我担任艺术总监兼舞蹈队队长,这是我第一次拥有艺术决策权,所以我决定把服装改为长裤,并把舞蹈更名为《飞天》。但当时时间匆忙,没工夫找人设计类似敦煌壁画中飞天形象的长裤,我们就暂时用中国的灯笼裤代替。从此,这个舞蹈就采用长裤,用《飞天》命名。中央歌舞团也如此,参加世界青年与学生和平友谊联欢节也如此。后来的许多表现敦煌艺术的舞蹈,创造了各种形象的长裤。

对于《飞天》的整个创作我是满意的,实现了我的设想,当然裤子问题除外。但我个人感觉还没有完全解决服装的形象问题,仍缺乏壁画中"飞天"的流畅线条。一位英国舞蹈评论家、《每日电讯报》舞蹈专栏作者弗诺·赫尔在 80 年代访问中国时,曾在舞蹈团的教室中看到《飞天》的排练。当时我不在国内,他看后对中国同事们说:"《飞天》这个舞蹈不论在什么时候、什么地点演出,都能站得住脚。"他在英国《每日电讯报》中也提及此事。

北京舞蹈学院曾把《飞天》这个舞蹈列为大专班实习剧目。1955 年在第五届世界青年与学生和平友谊联欢节上,《飞天》获铜质奖章。《飞天》还荣膺中华民族 20 世纪舞蹈经典作品金像奖。

很多人说《荷花舞》是我的典型作品,比较普及;可我自己觉得,从艺术想像的丰富性来讲,《飞天》超过了《荷花舞》! 但这两个节目真正说得上理想,我觉得还不是。

解放后在北京的其他创作

从 1949 年初我来到华北大学三部,到去北京舞蹈学校之前这几年,我的创作活动都是比较顺利的。

我们接受的第一个任务是要为音乐、舞蹈和歌剧专业的学生编一个晚会叫《人民胜利万岁》,准备在怀仁堂为毛主席和中央首长演出。这是集体创作,内容很丰富,包括舞蹈、各种歌曲、秧歌剧及小戏。领导让我扮演一名女工,跳独舞,并专为我写了一段音乐。我自编自演,彭松安排群舞在后面作为衬托。另外,我还参加尾声的编导工作, 那是一段进行曲——"在毛泽东的旗帜下前进"。这段舞像游行队伍的行进,很有气魄。

1950 年,华北大学三部又接受一个任务,在广场上表演《建设祖国大秧歌》, 这也是个集体创作。我编的那段要表现工人阶级。当时产业工人离不开机器,我想机器又离不开轮子。单靠演员穿工人服装是不够的，而工人又不能拿着轮子跳舞。经过一番思索，我终于决定在伞上画轮子的形象，进行舞蹈，效果极好。

抗美援朝时，我刚从国外回来，负责搞了个朝鲜的《扇舞》。我到舞蹈学校后，带着学生去慰问志愿军，但不让我们过鸭绿江，志愿军战士就到丹东来看演出。当时，不参加演出的就在家里待着，有崔承喜那个班的两个学生，还有一个京剧老师。我就给延边歌舞团写了封介绍信，说："我们这儿有三个朝鲜族学生，应该让他们学习朝鲜舞，所以想派他们到你们那里去；如果需要，他们帮助你们演出也可以！"他们去了，回来时带回了一个《扇舞》，我就排了这个舞蹈。朝鲜舞里有个动作，逐渐往下，我就把这个动作放进去。可是一憋气的时候，正好乐队的巴松管"呜嗡"响，低声的，好像"放屁"，感觉很不好！普通人可能不会发现，可我对音乐和动作放在一起时的效果很敏感，我就让他们改。他们还学了一个匈牙利的《瓶舞》。

创作《飞天》之后，我没有再创作什么作品，搞艺术创作必须有创作的冲动，抗战时我搞了那么多创作，虽然我还没接触到民族舞蹈，可是生活里有很多东西，可以直接刺激我的创作欲望。《卖》就是这样，在生活中，我看见恶人打孩子，我就想"为什么会这样？"后来明白了，孩子是买来的……当然除了创作欲望，还要有条件：有人反对，我就不能够。我到舞蹈学校后，就倒霉了，我能干的事情没能干成，从那时开始，到芭蕾舞团，再到今天，我很可惜，没搞出多少"东西"！我对民族的东西感兴趣，吴晓邦当民族歌舞团团长让我羡慕；后来他不做了，贾作光做了三年，我也很羡慕他！我想我应该到民族歌舞团，可是他们不知道我爱民族的东西。在舞蹈学校期间，我没有为学校搞过创作，而是给中央歌舞团搞了,因为当时我还兼着中央歌舞团团长。

从 1958 年起我三次赴福建前线,第一次是参加首都慰问团。在那里,许多感人的事迹教育了我。我写了好几个台本,有表现民兵的,有写鱼雷快艇战士的,有英雄七姐妹放风筝向敌军发传单的等等。特别是一群小学生在福建前线帮助解放军叔叔的真实故事深深打动了我。人们称这些孩子为"小八路"。

正好厦门歌舞团请我帮他们编舞,我根据李焕之创作的歌曲《社会主义好》编了同名舞蹈,该团经常以这个节目压轴。

另外,我根据上述事迹,为他们创作了小舞剧《英雄小八路》。这些小学生一方面坚持学习,另一方面在生活中帮助解放军战士,如洗衣和补衣。其中有个情节描写一名"小八路"不太会补衣服,不小心把袖子缝死了,胳膊套不进去了。还有一次敌人破坏我们的通讯线路,"小八路"用自己的肉体连接电话线,保证了线路的畅通。这些内容都是真实的、非常感人。在创作中我用自己认为是最合适的舞步来表现这些内容。重要的是让观众看懂舞蹈的内容和体会这种气氛和情绪。

60 年代初,中央歌舞团有个少年班,我也为他们排了《英雄小八路》。有一次当时的艺术局长周巍峙同志请我到文化部。他说观众表扬中央歌舞团演出的《英雄小八路》,希望以后多演这样的作品。这个节目多次表演,一直演到少年班的学员长大,穿不下服装为止。

"四人帮"打倒后,我的创作热情很高。我想:浪费了那么多的时间,应该好好搞搞创作了!那时,国家号召多生产石油,有人提出要搞个石油的舞蹈。我想大庆离北京太远了,胜利油田近些,我就决定去山东。我从来没去过油田,必须先深入生活。当时令我极为惊讶的是,那里竟有女石油钻工。大家都知道石油工人的劳动是非常艰苦的,特别是钻井工人。男钻工干到 40 岁就改换其他工种,然而那里却有女钻工,我认为这真是个好题材。我到油田参观,观察她们的工作。我先写了个台本,又请油田领导提意见,获得他们的认可。我原想为中央歌舞团编《英雄女钻工》,后来没有排成,我就回到胜利油田为那里的文工队编导此舞。我的台本描写女钻工锻炼身体,加强肌肉能力,以便当一名出色的女钻工。然后我进一步了解打井的动作,编成舞蹈。最后表现石油喷射出来。

我了解到胜利油田的文工队员从来没有去过油田,我要求他们深入生活,于是领导派来一辆面包车。当时演员们以为去郊游,穿上漂亮的衣服,一到油田,喷射的泥水溅得他们满身都是。后来这个舞蹈上演时受到油田工人的热烈欢迎。他们说:终于有一个代表石油工人的舞蹈了。这个节目一直演到文工队解散为止。

10

学习和表演东方舞

中国文化代表团

1954 年,周总理去印度与缅甸谈边界问题,指示我们组织一个"中国文化代表团"随他同行。团员很大一部分来自上海,其中舞蹈演员有舒巧、张均等八名女孩和四名男孩;还有一个京剧团和一些音乐演奏员。从北京去的人,包括团长郑振铎,副团长周而复,艺术指导兼舞蹈队队长是我,秘书长是文化部的一名干部,还有李少春、李和曾、张君秋、袁世海等几位著名京剧表演艺术家。

我们带去的舞蹈节目都很受欢迎,有中央歌舞团的《狮子舞》、《红绸舞》,上海只带来了一个《剑舞》。但因为演员人数有限,所以作品都是重新编排过的。《狮子舞》我重排了一下，增加了人与狮子的关系内容，狮子显得更可爱了。我因为从小就在剧场"生活"，所以知道怎么样才能组织晚会，不能每个节目都相同。

出访前，总理就告诫我们：这次巡演以增进友谊为主要目的，不论我们走到哪里，都要尊重当地的民族文化，要向他们学习。我是始终按照总理的指示办的。

在印度时，听说那有十多种古典舞。我曾尝试着学习了他们的三种古典舞蹈，只有卡塔卡利没学，那一般是男子舞蹈，舞者着大裙子，哑剧成分较多，化妆复杂，要戴红色的"假眼睛"（类似今天的隐形眼镜）。我学了"巴拉特那提姆"（婆罗多舞）、曼尼普里（有人认为它不够"古典"，民间的成分大些）和卡塔克舞。我非常喜欢印度舞，因为它们很漂亮，很有传统；我也很喜欢印度文化。当时，印方出一个人陪同我们演出和参观。我说我要学习，他就安排我们到马德拉斯。在那里，一个18岁的女孩教我舞蹈。因为我只有两个钟头，于是就打算用一个钟头学阿拉瑞普。她跳了一遍给我看，我说："两个钟头我学不会啦！"因为我的眼神没有锻炼，还有舞蹈中手的变化那么快，我不可能这么短时间学会！于是，我便用舞谱记下来，这就花了两个钟头；然后我再按舞谱细细练。后来到新德里，我又学了卡塔克舞，学卡塔克舞时，我只有一小时时间。我请"古汝"（舞蹈大师）传授舞蹈，大师说："你要学6年，才能学会的！"我说："我知道要成为'内行'需要那么久，但我只有一个小时，请您教我最基本的东西。"开始他不同意，我就问："您教给学生的第一个东西是什么？"他做了一个步伐，4次，一样的动作，重复加倍做8次，然后再加倍做12次，以后加速到急板，动作速度很快，脚铃也由轻到重、由简到繁，最后再回到轻声和一个铃的

1954年戴爱莲（前排左起第八人）作为中国文化代表团的艺术指导兼舞蹈队长去印度访问

抖动。因为我比较灵活，又是专业舞者，所以这一切我都在他之后做出来了！"古汝"很惊讶！他马上给我编了一个舞蹈。回国后，我经常演出的就是这段舞蹈。现在还有人对我说："我从前看过你演的印度舞。"东方歌舞团排过这个舞蹈，是用集体舞形式表演的，实际上它是独舞。

我学婆罗多舞，只有两小时时间。这本是一种在寺庙中才有的女子独舞，作用是娱神的。一个晚会，一个人要跳6段舞蹈；有舞蹈，有戏剧演唱。开演前先拜舞神，然后开始演出第一段舞蹈"阿拉瑞普"，可以把眼神和肢体全都活动开；最后一个舞段是"提拉那"，也是丰富而纯粹的舞蹈。在两个钟头里学会了它们，是根本不可能的！我只好充分利用这段时间，用拉班舞谱先记录下来。后来，我们到达加尔各答领事馆，在那里的晚会上，我第一次跳了这段"阿拉瑞普"。印度舞蹈大师乌黛·香卡恰好在场，他年纪大了，身体很胖。他拥抱了我，兴奋地对我说："你真像一个印度姑娘！"当时的年轻人也赶不上我跳印度舞的速度（我们的录音带速度是不一样的，这个速度应该有一个标准）。他们不够灵活，别看我年纪大了，可我一直还能跳那个速度。

我的三个印度古典舞服装都是请印度人按照我的身材帮我做的，是真正的印度服装和装饰。我在舞蹈学校时，有一个很好的箱子，打开可以挂服装，那是以前去美国时搞的，我的印度舞服装都放在我那口箱子里，有一次舞校演出时拿出去使用过。"文革"时，我去找那只箱子，结果被人当废品卖了。后来，其他印度舞不跳了，只跳婆罗多舞，我又做了新的服装，可跟以前的不太一样！我记得有一次在福建，人家欢迎"舞蹈家跳一个"，我跳了一个比较简单的，没什么技巧；大家不满足，要看有技巧的，那就再跳一个吧！我又跳个婆罗多舞，这是有技巧的。

1月26日，是印度国庆，我们的演出已近尾声。印度政府邀请中国派团参加他们的国庆盛会，我们文化代表团有四人在被请名单之中。这时，我们大团已转道缅甸访问演出去了。参加完印度国庆活动，我们四人也赶赴缅甸。

这次出访我们带回了很多印度舞。周总理很高兴！但这个过程中，我遇到了一些困难。上海来的演员有一种很奇怪的心理：认为自己是全中国最了不起的人，好像有"人种优势"似的，因而对其他的舞蹈文化有点不屑一顾的骄傲。他们不大愿意学习印度舞蹈，我每天都要动员他们。有个男演员总是不好好练习，排《阿健陀的梦想》时他饰演牧童，老是感觉不对。我就告诫他："你如果再是这个样子，我就要换人了！"结果无济于事，最后还是换了人。在缅甸时，我们使馆有位很高级别的工作人员说了这样一番话："你们不要学缅甸舞蹈，缅甸舞太难看！像上厕所似的。"我认为这样说话有问题。

完成演出任务回国后，总理要求我们这个团暂不解散，随他再去印尼参加"万隆会议"。

我们去印度、缅甸，起初是选择途经香港这条路的。每次总理出国访问，新华社香港分社的人都要去打前站。这期间，发生了一起有坏人在总理座机里安放炸弹，炸死代表团工作人员的恶性事件。总理告诉我："这次出行，不经过香港了，要绕道昆明；以后你们也从昆明走。"所以，我们坐飞机到鲁阿内，然后转机到昆明。当时，没有直达昆明的飞机，所以去昆明必须经过重庆。重庆机场附近看不到什么像样的房子，我们在重庆住的是农民的房子，总理住的也一样。那座房舍好像有四个屋子，整个院子像个公园，屋屋相通，我们每一个队住一间房子，舞蹈队、乐队、独舞演员等均有自己住的地方。向里院走，是农民自己住的房子；再往里，就是我们的团长和副团长住的地方，我们常在里面做准备活动。

有一次，舒巧[1]对我说："能不能给我们上一些芭蕾课？"我说："你为什么要学芭蕾舞，民族舞不好吗？"她说："不是，我们想多学一点东西。"所以我有空就教他们一些芭蕾的基本动作。许多年后，舒巧告诉我，她之所以做编导，是因为我们去印度、缅甸时，我的教学给了她很大的启发。我很高兴！当然，任何事物，没有天生就完美的，我认为舒巧是很有天才的。我曾提醒她："你的创作很好，有很多想像力，但不要搞一个扔一个，好的就要保留下来，不能忘记了！"那时，我觉得舒巧主演的《小刀会》很好，后来她创作的《后羿与嫦娥》也不错。

这次出访，我们团体增加了一名舞蹈演员——总政歌舞团的左哈拉。因为印尼是穆斯林国家，左哈拉是信仰伊斯兰教的，所以她去很合适。我与她同住一个房间。我们一行，巡演了印尼很多地方，如爪哇、万隆，参观"万隆会议"会址，大家轮流在周总理坐过的椅子上坐坐。我们还去了泗水。当时，那里的工人正在罢工，旅馆都不开门；但知道我们是中国文化代表团时，便破例为我们开了房间。那是苏加诺执政时期，中国和印尼关系很友好。

在印尼这个千岛之国需要坐飞机旅行，有人说狮子道具过于沉重，建议不演它了。我认为不行，别的舞蹈可以不演，但《狮子舞》必须保留，因为它受欢迎的程度高于其他作品。

我一个人先期到达印尼的巴厘岛，傍晚时分下了飞机，到旅

---

①舒巧：著名中国舞蹈家，中国舞协顾问。

馆时天完全黑了。这时听到一种很美的音乐，简直就是"东方的贝多芬"，好像天籁，我知道那就是他们的"嘎玛朗"！这给我留下了很深的印象。

印尼的巴厘舞蹈世界闻名，与印度舞蹈、日本舞蹈同样具有国际声誉。以前在英国时，我曾看过来英演出的日本舞、印度舞和爪哇舞，但我没看过中国舞。在印尼，不同的地方，人们的服饰不同，装饰也不一样，比如，头发、脚饰等，舞蹈就更不一样了。我事先对那里的舞蹈做了些资料性的了解，知道了它南北方有点差异。爪哇的古典舞，特别慢，有很多规格，要45度角看地下，在国王面前表演时是不能看国王的。很有意思的是，在跳"查克特"的时候，手臂是不太高的，但在爪哇舞中，手臂是40度的；到了独舞的时候，手就高了，他们有一些不一样。相比较而言，新疆舞的拖步是比较软的，印度是比较硬的，带眼神的，头的动作是划"八字"的。

另外巴厘舞的教学方式很特别，学舞的时候，总有一个老师在后面，踢你的腿，掰你的手。后来，我们要带节目走，还对音乐进行了录音。印尼的舞蹈，无论是爪哇舞还是巴厘舞，都特别有一个锣的声音，是配合甩"索若"腰带的动作。可是，我找不出来巴厘舞音乐的规律，所以要甩"索若"的时候，掌握不好火候。由于学的时间太短，我没有演过巴厘舞，我演过所有我学过的舞蹈，惟独巴厘舞例外，因为我还没来得及抓住巴厘舞音乐的规律。可是，张均[①]很聪明，她学东西快，找到了巴厘舞音乐的规律，所以，她回来后在东方歌舞团一直演巴厘舞。

---

①张均：著名中国舞蹈家，东方歌舞团舞蹈编导。

20 世纪 80 年代戴爱莲与张均（左）和刘友兰在一起

回国后，我们在舞蹈学校搞了一个晚会，全部都是印尼舞蹈，很受欢迎。那时的印尼歌曲《梭罗河》、《宝贝》都是我们带回来的。我们一共带回两台晚会，一台是巴厘舞蹈，另一台是印度、缅甸两个国家的舞蹈，这是我们的学习成果。从印尼回来时，在颐和园的联欢晚会上，一群人跳起了扇舞——印尼的民间舞，很有意思，可让我联想到印尼人的生活。

周恩来总理很高兴，他认为我们任务完成得非常好！不久，巴厘岛的一个舞蹈团到北京来演出，我陪他们还到天津进行了演出。该舞团团址在巴厘岛北部，但有的成员来自南部，听说他们相互间有些摩擦，有人吵架，有人要自杀，搞得我们很紧张。

"东方班"与东方舞

1954 年 9 月，北京舞蹈学校正式建立，我做了首任校长。东南亚之行给我很大启示，对于我们的舞蹈学校，我也产生了一些想法。我认为，我们是亚洲的一部分，我们的舞校除了学习芭蕾舞，也应该开设其他国家和地区舞种的课程。因为我们是亚洲人，亚洲有那么多丰富的舞蹈文化，有很多值得学习的东西！我提出这个想法，但舞蹈学校有的领导不感兴趣。没有办法，我找了周总理，总理肯定了我的想法，所以我在北京舞蹈学校搞了一个"东方班"，我任班主任。

我认为，在东方舞蹈中，印度舞是最好、最发达的东方舞蹈。我们要学好印度舞，就需要最好的专家，虽然这些人都比较老了（他们被称为"古汝"，即大师的意思，也指"教练"）。印度舞也是有发展、变化的，特别是印度的电影业比较发达，其中有大量的舞蹈成分;但电影里面的印度舞已经脱离原始印度舞的味道,不是每一个印度人都喜欢这个东西。老一辈人就认为电影破坏他们的传统,印度舞也搞得商业化了,脱离了传统。中国要请的专家,都是一流人才;可是,那些老"古汝",因为不习惯北京的寒冷冬季,所以不愿来。我在德里的时候是冬天,穿呢子衣服即可,不必穿皮衣。我们住的地方很好,是大理石地面;可有个看房子的印度人却点着火盆,盖着毛毯,还在发抖。他们特别怕冷,此其一;第二个问题是,北京没有槟榔吃,这也是他们难以忍受的。由于这两个原因,我们一直没有引进印度舞的好老师。有些年轻人听到这个消息,给我写了很多信,劝我放宽尺度,"有胜于无";但我认为,没有最好的,就坚决不请,不必事倍功半!

我的第二个选择是学习巴厘岛的舞蹈。巴厘岛派来了两个音乐教员和两个舞蹈教员,我们就搞了"东方班"。学员们学巴厘舞蹈,搞了差不多有一年的时间。我从巴厘岛回来的时候带了一本关于巴厘舞蹈的书(这本书在"文革"期间不知丢哪儿了,也许还在芭蕾舞团),上面有不同的舞蹈、不同服装和做法的照片。专家来的时候,我曾问过这些照片都代表了哪些不同的舞蹈,他们给了我答复。"东方班"的巴厘舞蹈基本上是依据这本书的内容教的,然后又从这本书里挑出一些舞蹈来做节目。一个节目是"撒花瓣",还有一个节目头饰是象:一出场,就有象的味道。

后来,没有人和我商量,也没有人通知我,这个班就被解散了! 1958年大跃进的时候,学员也想去"人民共社"体验一下生活。"东方班"的学员被送到北京郊区的斋堂乡燕赤镇,我去看过他们,大冬天的,虱子在他们身上爬来爬去! 由于天气太冷,老乡都不上山劳动了,他们要求我们演出东方舞,因为我们是"东方班"嘛! 那时, 没有什么东方舞可以在那边演。我只得自己表演新疆舞, 老百姓都是裹着被子在看节目, 还冷得直跺脚, 而我的演出服却很薄。后来, 公社要在门头沟开个会, 我们要为这个会演出。这是我第二次去门头沟, 第一次是去参观煤矿。这次去门头沟我还跳了印度舞——就是我在中国演过好多次的那个印度舞。记得我在广州时, 我跳西藏舞, 观众认为不过瘾, 他们要看有技巧的, 让我再来一个, 我就跳了印度舞, 这个舞是有技巧的。我们的观众也被芭蕾舞搞坏了, 他们只认技巧, 那何不去看杂技呢?!

那以后, "东方班"回北京的第一件事就是"打虫子"。当时, 东方歌舞团的印尼归侨比较多, 我们"东方班"有一个男孩子就是归侨, 他当时就住了医院。他们在山区是很苦的, 我很同情这个班! 作为东方人, 我们认为应该学习、继承东方舞蹈。

1946 年我在美国访问演出期间, 曾怀着浓厚的兴趣访问了美国舞蹈家拉玛丽。她基本上是个独舞演员, 对世界各民族的舞蹈都很感兴趣, 希望要跳世界上所有的舞蹈, 比如印度舞、西班牙舞、墨西哥舞……因此邀请过许多国家的舞蹈家来她的舞蹈工作室演出、讲学。她教自己的学生, 也进行演出。我去参观的时候, 她做了一个实验性作品——《天鹅湖》, 用柴科夫斯基的原创音乐, 用印度舞蹈的手势和表情表达内容、讲述故事。虽然是两种文化, 但是做得很美。我没见过她跳中国舞, 但是我见过她跳中国舞的照片, 手里拿着一个树枝, 像清朝慈禧太后的长指甲, 这不能算是真正的中国舞蹈, 而是外国人根据想像编的中国舞蹈。我带来了一些真正的中国舞蹈, 她对此非常感兴趣, 请我同她合作, 有时教舞蹈, 有时演出。80 年代初, 古巴芭蕾舞团访华演出时, 我曾接待他们。在车站送别时, 团长阿隆索先生说: 我和夫人阿莉西亚感觉你很脸熟，再三思索才想起我们曾在拉玛丽工作室看过你的表演。解放后，舞蹈学校建立东方班时，拉玛丽的做法也给我一些启发，因为她对世界各民族舞蹈都有研究，我们处在亚洲，更应该学习亚洲的舞蹈艺术。

我给"东方班"讲过印度舞的基本功，这是我从书里学来的，动作从阿拉瑞普开始，他们做了各种练习。那次，我和"东方班"的同学相处了很长时间。后来，这个班被中央歌舞团吸收。

东方歌舞团成立时，陈毅副总理请我出席仪式，并对我说："你们搞东方舞蹈很好，作用也很大；可你们也应该学习美洲、非洲的节目，搞'三A'（即亚、非、拉丁美洲）的东西。"

那时，如果胆子大，我会提出不同意见：亚洲舞蹈那么丰富，够我们研究的了！让别人去做拉美和非洲的东西，我们不用做了；亚洲的东西够我们做一辈子的，又专又好。我当时的想法是：一个人做事，必须专一！但我不敢说。现在的东方歌舞团什么都演，我多少有些看法。多年之后，东方歌舞团到巴基斯坦演出，张均给我看报纸刊登的内容，东方歌舞团在国内跳外国舞蹈，可在国外跳中国舞蹈。报纸登了演出消息，他们还演出我的两个作品，一个是《荷花舞》，一个是《飞天》，评论夸奖了这两个节目。很多人把我的舞蹈改来改去，对此我有看法。他们不了解我的舞蹈为什么这样做或那样做！我对东方歌舞团的人说："希望你们在排练的时候，我能去辅导一下。"我是希望他们能演好我的节目。张均请过我两次，北京舞蹈学院也保留这两个节目，六年级的学生跳《飞天》，二年级的学生跳《荷花舞》，因为有碎步，是教学的基础性内容。

另一件事，我也有不同意见，就是关于版权问题。比如，1980年全国会演，文化部有关领导倡议组织所有人学习得奖节目和好节目,根本忽视了艺术作品的版权问题,我认为这不利于创作,也说明我们的法制太不健全!试想,我可以不用创作,到人家有好节目的时候,只是学习就可以了,这不是制造矛盾吗?

　　1979 年,国际舞蹈理事会在美国开了一个创作会议,用拉班舞谱作为舞剧创作的版权依据。有很多芭蕾舞用的是英国的"贝耐什"舞谱。就像乐谱一样,在学生学习时,可以改得简单一点,但是在乐队演出的时候,随便改作曲就不可以了。我去美国参加会议,到拉班舞谱中心,见到缪柔·托巴斯,那时她是舞谱中心的负责人,后来当了朱丽亚舞蹈学校的校长,她建议我应该去看一看乔弗雷芭蕾舞团。我去参观,看了一个安东尼·图德①的节目《继续》。乔弗雷芭蕾舞团有两个团,一个是乔弗雷芭蕾舞团,另一个是由六个年轻演员、安东尼·图德的学生组成的团。安东尼·图德是一个很好的编导,他给这个团排的一个节目我非常喜欢,他们是用拉班舞谱记录了这个作品,我去舞谱中心询问,我能否买他们的谱子,要多少钱。他们回答:买是可以的,要 500 美元。我当时没有外汇,所以买不起。关于舞谱,他们还有一条规定:谱子可以买,也可以排出来,但不能演出;如果演出的话,必须请安东尼本人或他委派的人检验一下你们的演出水平,才能决定你们能否演出。这里还没提版税问题,即演出多少次你应该给他们百分之几的演出版税。

　　很多很多法律上的事情,我们还都没有解决。剧团的问题是一样的,投机很多。小时候,我有一次在克拉斯克芭蕾舞学校,老师还没来,学生在活动,我随便做一个动作,另一个学生就说:"你

①安东尼·图德:世界著名芭蕾舞编导,曾任美国芭蕾舞剧院艺术总监。

怎么可以做我的动作？"我问："哪个是你的动作？"她说："刚才那个就是！"其实，那是我在不经意中随意做的一个动作。由此不难看出，在国外，人们的版权意识非常强。这些问题有的与版权观念淡薄有关，有的则和人们的道德品质有关联，虽然我们是文明的民族，但仍然无法排除我们舞蹈里存在的众多问题。

我听说杨丽萍为她的舞蹈《雀之灵》注册了版权，她做得对！如果全国到处都是"杨丽萍"，那还有什么意思？她独树了个人的风格。有自己的东西，动作别人可以模仿，但内在的东西是很难学到的。

11

"十年浩劫"的磨砺

成了"牛鬼蛇神"

我是看过旧中国,也看过新中国的人。新旧中国我有对比,那是两种世界。像很多人一样,我对共产党,对毛泽东主席、朱德总司令、周恩来总理,还有很多革命的领导人,都特别崇拜,感到他们特别了不起!解放全中国,人民站起来了!所以我感到共产党有情义,不会犯大错误!对于党内矛盾,我根本不懂。"文革"开始时,我不知道是怎么回事,一会儿打倒这个,一会儿打倒那个,但很多"被打倒的人",我对他们印象很好!彭真打倒了,刘少奇打倒了,这都让我想不通!还有余秋里,他是大庆的旗手。从 20 世纪 50、

60年代走过来的人都知道,中国过去是没有石油的,外国人也认为中国没有石油;可后来大庆出现了,中国有石油了!而大庆的第一个负责人,就是余秋里。所以打倒他,我也想不通!

"文革"前,我是中央歌剧舞剧院的副院长,但形同虚设。该院芭蕾舞团的人事安排从不跟我商量,只是用我的名义。有一人要调进团,听说那人偷东西,我不同意。但他进来了。刘庆棠是跳双人舞的,可以做托举,他也要调来;我说可以借他,结果他也调来了。丁宁当时在北京舞蹈学校,同样想来团,我不同意!可结果他还是来了。我真不知道我这个"副院长"有什么职能?他们不要我工作,只利用我的名字。

"文革"初期运动的核心内容是打倒党内走资本主义道路的当权派。因为我不是党员,运动一开始,我就"靠边站",没人理我,也没有我的工作了!一切正常的事业全都停下来了,可会议让我参加。有一次,我参加会的时候有人说我"头发干吗留那么长?"要我剪头发!说"不剪头发,就给你剃光!"我原本不打算理睬这件事的,可人家都是用一种异样的眼光看我,没有办法,我不能不剪!头发剪了,这事就算过去了。那时候,有什么人的斗争会,有什么人被逮到监狱去了,这些会都让我参加,因为还没开始正式斗我。后来有一次,我参加一个会,会上放了"四人帮"(这是后来定性的称谓)的讲话录音,谈文化大革命的。江青说了一句话"为什么到现在你们还没有动戴爱莲?"后来"文革"领导小组成员,造反派头戚本禹又说"戴爱莲有没有历史问题?"从那时起,也就是1967年11月,开始对我进行隔离审查。成立了一个专案组,专门调查我的历史。他们让我写自己的历史,可我的中文不行。我没有读过中国书,只会写英文。他们就找了个翻译,我写英文(其中有个别中

戴爱莲于 1964 年演出《女民兵》剧照（蒋祖慧编导）

20 世纪 60 年代戴爱莲参加慰问解放军的演出

文字),再由翻译译成中文。后来他们不耐烦了,也可能是翻译不干了!没办法,他们只好说"好了,你'洋鬼子',自己写中文吧!"我只好用中文写,一边查字典一边写,这对我来说很费劲!但正因为如此,我的中文有了很大进步! 又是"坏事变好事"了!

造反派让我交待后台是谁。因为按当时的情形,我早就应该是反革命了;但我没有想过这个问题。有人说周扬是我的后台,周扬是什么地方的人? 他说话我都听不懂(因为他有口音),怎么能成我的"后台"呢? 记得有一年冬天,第一次下雪,空气特别好,我突发奇想,对陈锦清说:"我们去滑冰吧!"她不会滑,没去;舒巧是用椅子推着滑的。回来后,陈锦清问:"你们跑到哪儿去了?周扬来了,领导来了,可都没有人了!"可是,在审查节目的时候,周扬并未说什么,而是建议搞个独舞。

我的专案组成员是我们中央芭蕾舞团的演员、演奏员和行政人员,因为我是个"重要炮弹",各个造反派都要抓我的"大头"立功,所以我的专案组成员由各派核心人物联合组成。他们无中生有地给我头上安了很多罪名。

有一次,有个"红五类"跟我"谈话",因为他刚练完功,鞋带没系好。他说:"我看了《舞蹈》杂志,好像你是很进步的? "……他指的是1943年在重庆北温泉,我当时在国立社会教育学院教学。那里没有舞蹈教室,更没有地板,我们的舞蹈课只能在山上的一个小亭子里上。亭子很小,白天又有很多人来来回回,我只能用晚上的时间一个学生、一个学生教……他说:"我原以为你跟普通人不一样,没想到你也那么坏! "说着、说着,他就把脚一抬,鞋正好向我"飞"了过来,好像要踢我一样!这以后,他只要看见我就想动手打我,说我"骗人!"简直是不可理喻!此人"文革"后表现也不行,他始终认为自己做对了,还说他是"执行毛主席的革命路线",一直不承认他有错!

还有一次,专案组一个成员问我:"你跟崔承喜有什么关系?"我是看着他长大的,所以他问我问题我并不感到好伤心,我是什么人他是应该知道的。我说:"你问这个问题,我知道你的意思,你是不是认为我和她一样是'特务'呢?"他说:"你怎么知道她是特务?"我说:"谁都知道'她是苏联特务',很多人都是这么说的!"因为崔承喜夫妇在北朝鲜都被逮捕了。我知道,专案组要给我定一个"国际特务"的罪名。他问我:"在北京去过哪些大使馆?"我说:"差不多全去过了,都是国家叫我去的,不是我自己去的。""你去的时候讲了什么?"我说:"你要问讲什么,我现在怎么记得往呢?"他们的确也找不出什么理由说我是国际特务,于是又想让我承认是国民党特务。他们又问我:"在重庆的时候,你是什么军衔?"我那时连什么是"军衔"都不懂,哪里来的什么军衔!我是后来才从别人那里听说,叶浅予曾经有个"国民党少将"军衔的,我很惊讶!我本来也不知道叶浅予是国民党部队的人,我和他生活10年,根本没有发现他是"军人",那时我想"是不是他对我保密了?"我们是50年代离婚的,很久以后,我才知道这件事。事实上"叶浅予授衔"也是子虚乌有的事!

我回国后的第一个工作是在国立戏剧学校教舞,叶浅予在郭沫若领导的第三厅下工作(这是抗战初期国共合作时政府的人事安排)。我们的工资是按照部队里的级别给的,但这并不表明"我们都是军人"!后来的人不了解过去,但也不能胡乱猜疑!我本来也不知道,只知道应拿薪金。在重庆时,我是躲开国民党人的,连初次与周恩来见面时我都不理他,因为听说他是国民党的师长嘛！当然那是误会了。那时，国民党人找我去演出，我都是躲开的。现在说"我是国民党特务"，说不定还有过很高的军衔（因为我是专家）？我觉得很奇怪！

还有一个问题：抗战时，美、英等同盟国联合攻打法西斯，美国有个新闻署在重庆，另外美、苏、英都有使馆在那里。专案组问我："你和费正清是什么关系？"他们说他是美国大特务。我说："我认识他，但不熟。他的夫人费正梅在美国新闻署，是个画家，我和她很熟悉。我在重庆举行'边疆音乐舞蹈大会'时，她也来看了。我记得很清楚，她就问过我'为什么不编一个表现逃难生活、旅途颠簸的舞蹈？'抗战以后，她曾邀请了华罗庚、老舍、曹禺、傅作义等很多科学家、艺术家、政界名人到美国参观。作为美国的客人，我也去考查了一下美国的舞蹈。我要看什么都能看到，要见什么人都能安排好。"专案组认为，我和费正清认识是个"大罪行"！另外，还调查叶浅予。说他在抗战时，为"中美合作所"画抗战宣传画，美国飞机飞到日本去散发他的宣传画。他们认为我们这一对都是"大特务"！实际上这些都是为抗战而做的，为这个事叶浅予出过一本书。在监狱里，他活得很苦，我都不知怎么活过来的？抗战时，他画了很多用来散发的宣传画；离我们不远的地方是印刷厂，他的画是在那里印的，我看他的画都是爱国的。我根本没有怀疑过他，我认为叶浅予是进步的，相信他不会干坏事。我们生活在一起，我没觉得他有什么反动的东西。我不懂中文，其他问题我不知道！后来他的问题搞清楚了。

"文革"中，有人拿出当年《进行曲》的剧照，说我的服装是国民党党旗。连傻瓜都知道过去的国旗是什么样子！为了这个，斗我斗得好厉害，一直到我们去干校，军代表也来了，还有人给我提国民党旗的事。我就说那不是国民党旗，是当时的国旗。军代表知道了，才说："她说得对，那是中华民国的国旗，不是国民党党旗。"从那时候，才不再提这个事，多少年啦！

"文革"中，《吉赛尔》也是我的"大罪恶"。

1960年，古雪夫找我说："我很想给你们排《吉赛尔》。"我说："我也很喜欢这个剧目！"一般的芭蕾舞演员都很向往演这个剧目，因为它的锻炼作用很大，排出来对很多演员有好处，所以我同意排练。早在1963年，中央芭蕾舞团去上海、南京演出。当时我们团与歌剧院合并了，我当了中央歌剧舞剧院的副院长，黎国荃也是副院长，院长是赵沨。"芭团"去南京时，领导安排我也去。李承祥也去了，他饰演《巴黎圣母院》的神父。要我去主要是谈来年的演出计划，我就提出："古雪夫给我们排的《吉赛尔》，是在国际上有声望的经典作品，也像音乐中的贝多芬一样，是名著；我们既然排出来了，对演员是很好的锻炼，再不让他们演出很可惜，布景都有了。可这是个悲剧，要考虑一下安排在什么时间上演合适？如果是春节，大家都高高兴兴的，要演悲剧就不合适了；'五一'、'十一'也都是喜庆的节日！看什么时候演出好？"我突然灵机一动，"啊！清明节，这个时候比较合适！"……到了"文革"，这也成了我的一大"罪状"，真是莫名其妙！

专案组对我们特别严厉，怕我们出事跑掉。那时我们有很多种劳动，有一种就是在服装车间赶制样板戏服装。我手工很好，从小学过绣花、补衣服、补袜子，甚至裁剪，总之我的"女红"不错，老师傅对我很满意！

后来，军代表来了……我去过好几次部队，也学了不少东西。过去的老传统、老作风，我很欣赏。我总有个口号——"向解放军学习"，现在想起来还是很感动人的！我很想用舞蹈表现我们的解放军，连台本都有了。……军代表叫我出来，问我："你懂不懂密码？"我说："我不懂。"他说："你知道我们的政策是'坦白从宽，抗拒从严'吗？"我说："我当然知道！"他说："你不要怕！"我说："我不怕。"他说："那你就好好交待！"我说："我不懂，怎么能硬说懂呢，同志？"（后来我想起来，我不能叫他"同志"。）他拿了一个钟给我看，问："是你的吗？"我说："是我的。"他问："后面写的是什么？"我过去从没看过，也不知写了什么，于是就翻过来看，上面写了个"陈"字，下面是日期。我明白了，就对他说："这个钟修过两次，一次是在北纬路，一次是在王府井，你可以去查！"他们说这是密码。这些事搞得我有时做梦都在想："在重庆到过什么地方？""是不是做了什么事我忘了？"经常弄得我糊里糊涂的。我的中文不行，见了人也不记得。人家问我："你认得我吗？我到过你家。"我常连这个都不记得，一直到现在还这样，那时就更厉害了。我是否见过坏人、做过坏事，我也不知道，所以这对我压力很大！

关"牛棚"时，音乐学院的李女士和我住在一起。我晚上常不敢睡觉，因为怕李女士自杀，音乐学院的人要斗她，她儿子也拿石头打他，专案组的人打她、还叫我去背她回来。冬天来了，她没衣服、没鞋子，头发长了我给她剪，我给她衣服、鞋子穿，因为她个子跟我差不多。我也挨过打，但没那么厉害。

那时，我总在想：1938年我去德国看见法西斯，抗日战争我从香港回来看见日本法西斯，文化大革命中，中国也出现了法西斯，这是历史的教训。

《白毛女》演出时，北京舞蹈学校揪斗我、陈锦清和鲁方三人，"坐土飞机"，我们的头可以碰到地，汗都流到地上，早上、上午、下午,整斗一天。我用手去扶地,王绍本不让,说:"戴爱莲反动!"在后台,三人靠墙站着挨斗,完了,王绍本把我推倒在地!我的眼镜掉了,嘴、牙也流血了,我强忍着,不叫人看见。他们很残酷,舞校有些人也很残酷,那时有的学生不讲理,很凶!

"文革"结束,我恢复练功,是和男的一起练的。王绍本也到团里来练功,我们有很多时间可以相互见面,可他没有道歉!他认为他没有错,可能他认为我还是反革命。他在国内待不住了,就到国外去了!

后来,1986 年,中央芭蕾舞团在美国演出。国家剧院很正规,人们穿得很整齐。休息时,我在外面抽烟。中国使馆的人叫我去照相,我和他们照了。这时,一个男的走过来对我说:"你记得我吗?"我看了他一下,真的不记得了。"我叫王绍本。"我记起来了。后来,团里人也说王绍本来了,我就说:"不许他进后台!"

"文革"中审查我的专案组,还有王某某、小戴等人。小戴文化程度不高,是从外面调到团里来的(全家都进京了),他也没向我道歉过。

"干 校" 轶 事

1970 年我去干校劳动,有人分配我打扫卫生,扫教室、刷厕所都要我干。我不怕累、不怕脏,什么都能做好,没人说我做得不好!其实,早年在英国半工半读时,我也是这样,什么都做。有人说我傻,逆来顺受,问我"为什么不反抗?"实际上,我并不在意这样的"惩罚"!这种工作总要有人做,我不做,别人也要做。

我腰不好,是当年在香港躲日本鬼子时露宿留下的毛病。在

204

"五七"干校劳动,别人认为我很娇气,不让我干重活,只是在果园里剪树枝。造反派说我笨,不让我在果园剪枝了,罚我到菜地干活,还要我掏粪。粪桶是木制的,很高、很重,我50岁的人了,还要去挑和男人所用的一样重的桶。另外,他们还让我拔草,我一根一根地连根拔,他们又嫌我慢:"两个钟头才搞了这么一点!"于川拿了个锄头,自己锄起来,倒是一会儿就完了。结果两天后,他锄过的地方草又长出来了,我锄的地方却没长,一根草都没有长!而他种的菜,老了才收,为了压分量。

在菜地劳动,我因为腰痛,想站起来伸伸腰,造反派不叫站;我就说要去厕所,因为这样可以站起来。一到这时候,有个造反派就一脸凶相地问我:"为什么站起来?"我当时就想:"这个人专门整人,一定会有报应的!"后来,他中风死了。

我生病,吃西药有反应,只能吃中药。我有一个炉子,可以煮中药。造反派为这事斗了我,说我要吃小灶。

在干校,我是个出色的"饲养员"。1970年开始,先是养鸡。记得有一次,一只母鸡孵卵走失,我找了好几天,才在席子后面找到了。那会儿,鸡是我的宝贝!

再是养小鸭子。我没时间弄水,就给它们找个旧锅装水。后来,鸭子长大了。奇怪的是,鸭子一天少一只,我一查,原来是干校的一条狗,每天吃一个。这可把我气坏了!

我还养过猪,一共有11头。猪很聪明,和我很有感情,我看有的人不如猪!我种了很多葫芦,用叶子给猪乘凉,猪很爱干净,自己经常洗澡,而且听话。果园的水果没人吃,我捡给它们吃。猪什么都吃,最爱吃豆腐渣,但不吃大葱、大蒜、土豆。它们很干净,自己有规律,听到我过来就高兴,一喂食它们就要抢。我把它们先关在外边,用玉米引它们,倒好食后,再放进来。每次喂食,我都要用手试温度。有一头猪最胖,我对它最有感情。当时没条件照相,我想:最好能有人给它画一幅画。后来,干校把一头猪杀了,300多斤重,干校的人自己吃不了,卖掉了。我爱这些猪,受不了看它们被杀,因为我难过! 这件事使我好长时间都不吃猪肉!

虽然我养猪养得好,但身体已垮了!"文革"让我的生理系统(消化系统、内分泌系统)发生了很大变化:我吃不下东西,只能吃馒头和咸菜,吃别的东西都咽不下去。猪卖了以后,有人听说我猪养得好,还要让我继续养,我说我实在不知道还行不行了?我没有家,每个礼拜天都无家可归。我当时的生活就是拿粮票,取生活费,买菜自己做了吃。一天到晚,我总是睡,睡不醒。有个大夫来给我治病,摸我的脉搏很弱,但我还活着!

我们用的芭蕾舞鞋,有很响的声音,演《红色娘子军》时,团里的人说:"借戴爱莲的鞋,她的鞋没有声音。"我的鞋是从国外带回来的,没有声音。但有没有声音并不全在鞋,芭蕾舞的力量要放在脚尖上,我的基础较好,所以使舞鞋显得没有声音。1949年,我去苏联演出,朋友送我一双鞋,排练、演出我都用它,用了一个月。

一次,"芭团"要去国外演出,国外鞋很贵,因此要从国内带鞋,要带10双鞋,每双鞋都要用丝线向上在鞋头上缝一层;此外,每个人的角度还不一样。薛菁华、张婉昭脚背高,她俩的鞋要用线缝得歪一点。我一天只能缝一只鞋,10天缝不了20只鞋。当时我说错了一句话,我说"我如果不睡觉,就可以缝完。"有人愿意帮我,当时团里的"头头"不同意。结果我10天没睡觉,做好了20只鞋。有人说:"不睡觉要死的!"可我没事。做完后我睡了两天。第三天又来了11双,一双旧的要补,10双新的要做。我又做了10

双。因此那次，我有 20 多天没睡觉！

我曾在服装车间劳动。剧团要演出《白毛女》，剧目需要做中国服装，但请的师傅都是做西装的，不会钉中式扣子。我说："我会做。"师傅歪头看看我说："洋老太太怎么会做中国扣子？"我就让他帮我准备好布条，不一会儿就完成了。他很兴奋！这种扣子我的确做得很好，我们一群"牛鬼蛇神"十几个，除我之外，没有人会做，我还教他们来做。

在干校，我最喜欢做的事就是"抄乐谱"，尤爱抄总谱，什么舞剧《白毛女》、《红色娘子军》的总谱，还有俄罗斯作曲家肖斯塔科维奇的大合唱总谱等等都是我抄的。有时一般的五线谱纸，行数不够，36 行的还要加。我还抄了一些钢琴谱，还抄了一些分谱，这是"文革"中我的劳动改造项目之一。我抄了 24 个歌谱，词是别人填的，这种工作，我做了很多。我还经常开夜车干。我把抄谱看成是一种乐趣！为什么呢？因为我唱歌音不准，但是看音乐谱子，我感到很有意思，好像听到了旋律。我女儿明明，她们一家人都是搞音乐的，她家也留有我抄的谱。

繁重的劳动以及精神压力，使我得了很多病，肩周炎、皮肤病等，都很重。当时有个工人刘玉民可怜我；养猪要扫猪圈，而弄水的地方又很远，司机马师傅看我体弱，就和几个工人师傅一起，帮我把水管接到猪圈里，很多人都帮助我！回城后，他们常来我家串门，当时我已第二次离婚，马师傅说他可以把一个儿子送给我。这样的人，才是我的朋友。劳动人民都是我的朋友！当然，我还有很多艺术家朋友，因为我喜欢艺术。我外孙就说过："姥姥的朋友都是穷朋友！"

从干校回来后，常居无定所，我的老学生吴艺——曾在育才学校演《朱大嫂送鸡蛋》，"文革"时把我接到她家去，和她住在一起，她保护了我。因为我不是坏人，所以大家都真心帮我。我还住过"人艺"等好多地方，也经常住明明家。

"文革"后期，明明曾告诉我因为多巴哥总统要来，周恩来总理和当时的外交部长乔冠华在问我的情况。团里开小组会统一口径：若有人问戴爱莲在那儿，必须只回答说她还活着，不谈别的。如有人来问戴爱莲的具体情况，标准答案是："她是有名的，费正清是美国特务，她也是美国特务！她自己没有孩子，要了两个女儿，一个女儿会舞蹈。"费正清是美国人，著名学者，他知道我是研究中国舞蹈的，来中国后打听我，我们团里的人拒绝回答。因为我去美国时，他来看过我。所以有人就"捕风捉影"，肯定我有问题，是美国特务！

专案组人问我："你去哪儿了？"我说："回芭蕾舞团。"他们叫我不要走。一会儿有人来了，说首长希望我把问题搞清楚，写一个检查好"解放"。我写不出来，听说相声大师侯宝林也写不好，是请人帮着写的。于是有人介绍一个同志帮助我写。

"你是爱国的吗？一句话我就能说出你是不爱国的！你重新写。"我不想重新写，我肩周炎犯了，写不了。我就走了！后来，他们找人替我写了，要我签字，我觉得写得不属实，不签字。他们第二次拿着文字来，我觉得太麻烦，所以就签字了。他们态度很坏，专案组王某某一会说你回去，一会儿说你回来，来回折腾，并说："有些事，你还要细想想！"而后，刘庆棠找我，说："你可以休息一段时间，要多久？"因为我当"牛鬼蛇神"很长时间了，所以我对他说："两个礼拜。"他说："太少了，你可长一点。"我说："一个月。"他说："还少！马可（著名音乐家）刚解放休息半年。"我也可以休息半年。我当时算是"半解放"。

1975年，干校补了我8年的薪金，我"有钱"了。吴艺病在上海了，我乘飞机把她接到从化温泉治病；另有外交部研究所一个外交官的女儿，是拉提琴的，但手得了关节炎，我也带她去了。还有一个女孩，一共三人，都由我付钱。

在温泉时，我和钱江成了好朋友。他是周恩来总理的干儿子。我还认识孙维世——周恩来总理的干女儿，她是个很善良、很有才华的人，却被江青迫害至死，非常可惜！钱江心脏不好，走到哪里都要带个氧气袋。他患病，完全是由于生气！因为江青他们污蔑他父亲钱壮飞，说他不是烈士。

钱江早年留学苏联，在莫斯科学习摄影。他告诉我：在苏联学习时，有位著名女摄影师是中国人，正在为芭蕾大师乌兰诺娃拍摄芭蕾影片《罗密欧与朱丽叶》。其实那人就是我的表姐——陈友仁的小女儿，陈玉兰。钱江说他非常想去拍摄现场参观，但是未能成行，深感遗憾！

当时，我们团的一个名演员——薛菁华（她是与廖梦醒的外孙子陈平结婚的）也在从化温泉。"文革"中的红人刘庆棠来看我们，她很恐慌，就跑来问我和钱江，此事怎么办？钱江对"文革"切齿痛恨！我提醒他："钱江，无论如何你不能生气！"因为他的病不轻，一生气就有生命危险。我说："我陪你们去，没有什么可怕的！"

见面的时候，刘庆棠只管和钱江说话，基本没有搭理我。他问钱江："你家里来信没有？"钱江的脚老是不停地在抖，这是病态反应。"来信了。"钱江回答。"说了什么？""都是家信……"刘庆棠还在"耍威风"呢！他真是恶习难改！他在"文革"中是有血债的！粉碎"四人帮"前后，我曾收到一个通知，去参加了一个海军系统的追悼会,听说此人就是被刘庆棠害死的!他是江青在文艺界的"嫡系",官瘾极大。直到今天他还认为自己没错,他还想当部长!他是个十足的野心家! 听说他在监狱里表现不好,很顽固……我并不认识那位海军系统的同志,但我去了他的追悼会。追悼会一结束,亡者的夫人拥抱了我,我体味到了她的真诚。后来我听说,这位女士也是舞蹈演员出身的,她认识我,我并不认识她,是磨难把我们连在了一起。那个场面令我痛心,于是悲从中来,眼泪止不住地流淌。王光美走进来,看到我难过,上前和我拥抱在一起! 她口中不停地念着:"向前看,向前看……"

在中国妇女界,王光美也是我相当崇敬和爱戴的人之一。

我这人是很敏锐的,谁好谁坏我能分得清楚! 那个时代,不是我一个人"道路曲折",是全国性的,三年自然灾害、大跃进,国家也很曲折,大家都一样。

疗养回来,王子成说:"你没有家先别工作,安了家,再来报到。"不久,我在北京西郊的花园村华侨公寓找到了房子,是原国务院一个专家的房子,他搬走了,我就住进去了。

到了舞蹈学校,刘庆棠问我:"身体怎样?"我在疗养院住了半年,不能说不行,就说:"还可以。"结果,舞校给我的结论是:"漏网右派";《和平鸽》、《吉赛尔》就是我的罪证。

舞蹈学校安排我教基础课,专门教舞校的芭蕾舞教员,因为他们很多人学的芭蕾舞有毛病,自己改不了! 其实,这是对芭蕾舞的态度问题。芭蕾是很细致、很完美的,学习者有毛病就要改,练的方法不对,必须纠正。"俄罗斯学派"的手臂要平,"切凯蒂学派"的手臂要略向下来。我给他们改了两年,他们叫苦不迭! 为什么说那么苦? 苦是自己找的,练的方法不对。

戴爱莲（左）与王光美（中）和莫德格玛在一起

第二学期,民族舞专业也要学芭蕾舞,为了借鉴,我也教了他们。这段教学之后,我就回到芭蕾舞团工作了。

"文革"后回到芭蕾舞团我花了三个月的时间进行调查,走访各部门,从出访人员、鞋组、舞工队、舞蹈队到乐队,最后写了一个关于中央芭蕾舞团的情况调查报告,附上我的一些建议。这份东西送给了文化部所有的领导,还有我们团的每一个队。这不是别人逼我做的,是我觉得应该做的。"芭团"后来写出来"很好,做不到!"的批文,有人对我说:"这个报告应该给中宣部送一份。"后来,我在文化部听说,胡耀邦同志对此有过这样的批示:"如果该同志反映的情况属实,应该关心这个团。"

"文 革" 感 悟

很多外国人或住在国外的中国人,不了解"文革"的情况,他们总会问:"难道'文革'就没有一点好处吗?"平心而论,它对我来说,只有两点"好处":一是不会再有一次"文革"的历史,二是它教会了我自己思考。因为我不懂党内矛盾,自从我在英国接触了关于共产党的书,我便认定它的方向性是正确的;随后我的一切道路都是按照这条路走的,我的工作都是党安排的,不是自己找的。我是很"听话"的,上级给我安排什么工作,我就做什么工作,至今如此,从不挑拣。我以前也从来不自己思考什么,而是完全相信党的领导,我的一举一动都是领导安排好的,自己根本不能、也不必想什么!可是"文革"改变了我,因为党内出现了不同的声音,我不知听谁的好了。其实,这种现象早在"四清"的时候,我就已经发觉了! 当时是毛泽东主席出了一个"十条"或多少的讲话,刘少奇又出了一个"二十条"之类的政策,把我搞糊涂了! 我那时看问题简单,只认定一条原则:领导不会有错误。所以容易盲从。可仔细想想就会发现问题:难道江青当时不是"领导"吗?

记得1949年,我去莫斯科参加世界和平大会时,在当地买了很多英文版的马列著作,我都阅读了;后来"文革"前后,我也读过很多毛泽东的书,因为我们那时每周至少要政治学习一次。但"文革"结束,我再也没参加过那样的会。

自从"学会自己思考"后,我考虑问题的方法变了,遇到任何事情,我首先要想想它是否对国家、人民有利,我认为有利的事才去做;否则就对不起了,我坚决不做! 这样一来,我倒感觉自己比过去"强"了。

我恨江青,她干了那么多坏事! 在运动中,本来我已经"靠边站"了,是她"点"了我的名。她问:"为什么到现在了还不动戴爱莲?"从此,我的"苦日子"开始了,致使我两次都要自杀!

我第一次想自杀,是"毛主席语录"救了我。"语录"中说到张思德的人生观——人活着就要有意义。当时,我的"问题"并没搞清,造反派说我是反革命,我当然不服! 但也绝对不能死,死了就没意义了。

我第二次想自杀,是在"林彪事件"以前。当时我在菜地劳动,腰疼得厉害,连跳"印度舞"都不能跪下;他们又不让我站起来!最后,我在床上躺了三天,动弹不得。这时我又一次离婚了,国内我又无直系亲属,人不能动,也吃不下饭。我当时想:"要我一辈子当农民,我怎么生活?"我想自杀! 但我不想死得不明不白的。

可以说,我一生中,大部分时间不知道"恨"为何物,但是"文革"让我知道了"恨"。

"文革"中周恩来总理逝世,我当时不在北京。说到总理,我记得有一首歌,叫《我们的好总理》,这个提法特别好!当年回国时我本来想去延安,周恩来总理劝我最好别去,因为我中文不好,留在重庆的作用更大。周恩来总理和邓颖超大姐还经常看我在重庆的演出。解放后我们从创办北京舞蹈学校开始到建立东方歌舞团,都一直得到他的关心。很多人都问我:"你为什么不给周总理写信?"其实直到"文革"前,我一直是和周恩来同志保持联系的,经常通信。就是"文革"开始后,有人在背后讲我的怪话,说我与中央领导来往甚多,为防止某些人"嚼舌头",我暂时中断了与周总理的联络。此时再让我去给周总理添麻烦,我是绝对不能做的!

同样,我创作、表演的舞蹈《进行曲》,是接受宋庆龄的意见,把服装设计成当时国旗的式样,那在当时是很正常的事,但"文革"时造反派也给我扣上"反革命"的帽子!我也没有过多申辩。但我当时不能告诉他们这些,在那种历史条件下,对他们实话实说,就会给宋庆龄造成极大的麻烦!因为我是"牛鬼蛇神",他们决不会相信我说的话,我也不能因为自己而牵连任何人!

宋庆龄一生无嗣,但却是全中国少年儿童的"母亲"。据我所知,她名下有两个义女,她将她们从小带大,情同骨肉。她喜欢小女儿,担心大女儿,非常忧虑她的未来。有一次,宋庆龄对我说:"大女儿要买鞋,我给了她钱。可她没有买鞋,却买回了一个很大的洋娃娃。还有的时候,我教她做人、做事的道理,她却装做没听见!她还经常给我的司机点'小恩小惠',目的是为了能搭他的车出门!"宋庆龄的这番话,让我深思。

过去,北京饭店理发厅的师傅理发技艺很高,我因为享有些特别待遇,所以经常持外汇券到那里去做头发、按摩。有一次,我

戴爱莲与孙中山夫人宋庆龄保持了几十年的深厚友谊。此为"文革"刚结束时期两人在宋庆龄家中的合影

215

在那里碰到宋庆龄的大女儿，我看到她随意向服务人员发脾气，还乱扔东西，行为很过分！这使我对她产生了一些看法。

1979年，国家刚刚"开放"，我因为工作需要去了伦敦，恰在此时，宋庆龄逝世。此前，我一直留居在英国的表妹家里，我们的驻英大使柯华先生认为这很不成体统，就把我作为他的"客人"，接到使馆他的家中居住，并安排文化处的徐美华女士照顾我的生活。我一到，使馆的厨师王师傅就冲房内喊："徐美华，你的姐姐来了！"他搞误会了！其实，误会也无妨，也就是从那时起，我称她做"妹妹"，她叫我做"姐姐"了。

庆龄大姐辞世的消息传来，我第一个到使馆灵堂吊唁。我当时没有准备黑色的衣服，是徐美华借给我一条黑裙子。

我受党的教育和培养多年，因此有一种对国家、对民族的责任感，这得益于我所接触过的一批党的好干部——周恩来、宋庆龄、邓颖超、廖梦醒、龚澎。他们对我的影响是巨大的。

"于无声处听惊雷"

1976年的某一天，黄永玉和郁风、黄苗子这些著名画家到我家来看我。黄永玉说："我早就答应了给你画一幅画的，所以今天带了东西来。"我打算为他准备一张大桌子，他说不用，就把画纸铺在地上画开了。他们作画的同时，黄永玉悄声问我："你听到了什么消息没有？"我说："现在正在抓人，你们大家一定要小心！"他只"嗯"了一声。郁风把我拉到一边，清晰地告诉我："'四人帮'被抓了！""什么？你再说一次！"我有些急不可待！"'四人帮'被抓了！"她重复道。"你再说一次！"她又重复了一遍。我一下子从凳

戴爱莲（中）与丁聪（后左）、丁聪夫人（前左）、黄苗子（后右）、
郁风（前右）合影

子上跳了起来！"这是今天的特大喜讯！"恰在此时,画家们的大作完成了。黄永玉问我："怎么样？"我说："当然很好！你不但为我画了一张好画,还给我带来了好消息！你能不能加上一只仙鹤,表示它带来了好的信息？""没问题！"他很快就完成了。接着,他转过身来对著名书法家黄苗子说："你能否为画题字呢？"苗子略一思忖,挥笔而就：

　　　　健羽冲寒玄,池塘色更鲜；昨霄风雨后,万朵灿红莲。

　　最后,他以"雷父"二字落款签名。因为他是"老右派",用真名恐对我影响不好；他儿子名为"大雷",因此他签上"雷父"二字,图章是黄色的字。

　　这幅美丽的艺术品,对我来说特别珍贵！并非因为它是著名艺术家的真迹,而是因为它是十年动乱结束的一个象征。经过十年的磨难,我和中国的所有大众终于挺过来了,开始走进了健康的新纪元。这一天,是我一生中一个最快乐的日子！这幅画,不仅是送给我的,也是送给灾难深重的全国人民的。

12

做舞蹈艺术的桥梁

粉碎"四人帮"后，中国芭蕾舞摆脱了封闭的状态，重新与世界芭蕾舞艺术界融合在一起。从 1979 年起，我年年都出国访问，尽我所能扩大中国芭蕾舞在国际上的影响，并且引进外国专家帮助提高中国的芭蕾舞水平，做了不少"走出去、请进来"的交流工作。

与老师和同学们相聚

1979 年我重新来到阔别 40 年的英国，离开时我还只是个默默无闻的初出茅庐的学生，而今我已是中国中央芭蕾舞团的艺术指导。抚今追昔，无比感慨！令我更加高兴的是，在英国我又见到了想念已久的老师和同学们。他们都是为芭蕾舞事业做出了伟大贡献的杰出人物。以往中国芭蕾舞界只知道苏联，不了解英国、美国和其他国家的芭蕾艺术状况，我迫切希望这些经验丰富的专家来帮助我们开阔视野，提高专业水平。

那时安东·道林还健在，住在海德公园附近一处宽大的寓所里，毗邻坎星顿公园。我带吴静姝去拜访他，那天正好是他的 75 岁寿辰，我和他合影留念。从这时起我们多次联络，他说："我去过世界上许多国家，惟独没有到过中国。"于是经我推荐，他的访华之行被列入中英两国政府的文化交流计划。1983 年夏天，他到中央芭蕾舞团，为我们排练了他的两个锻炼价值很高的名作：《女子四人舞》(Pas de Quatre) 和《男子四人舞》(Variations for Four)。中央芭蕾舞团 1986 年赴美国巡回演出时表演了《男子四人舞》，1995 年赴美国又演出了《女子四人舞》，均获得好评。

我在英国做学生的时候，有这样一个说法：要建立一个芭蕾舞团，就必须有实力演出《仙女们》。那时，芭蕾舞的女演员多，水平比较高。尤其福金①的编舞，舞台调度很有学问，的确理解了肖邦的音乐。我最喜欢弹肖邦的钢琴曲，像真正的诗！《仙女们》中的男子形象，就是诗的化身。在我所看过的男演员中，我认为安东·道林诠释这个角色是最好的。40 年后，我见到他，告诉他："我依然认为您的那段独舞是最漂亮的。"后来，拉玛丽②和贝雅③都用这个音乐编过自己的作品，我喜欢拉玛丽的，不喜欢贝雅的。但道林却说："我最不喜欢跳的就是这个节目！"

---

①福金：20 世纪，俄罗斯最著名的芭蕾舞编导家。

②拉玛丽：英国著名芭蕾舞编导。

③贝雅：法国著名现代舞编舞家，代表作有《生命之舞》等。

1981 年戴爱莲与《时代周刊》芭蕾批评家约翰·波西弗交谈

1981 年戴爱莲在伦敦与芭蕾评论家克莱门特·克里斯普及《舞蹈时代》主编玛丽·克拉克在一起

我最后看见安东·道林是在德国埃森，他的干儿子及其爱人都是那里的芭蕾舞演员。福金当年是给尼金斯基排的《玫瑰精灵》，尼金斯基跳的时候特别会用手。有个动作，抬后腿时，绕一下手。那是一段"梦境"，女主人公与男玫瑰精灵的舞蹈之后，后者一个大跳飞出后窗。道林做这个动作，让人感觉很独特。另一个能做好此动作的人，是威廉姆斯·查格①。后来，我看了纽瑞耶夫跳的《玫瑰精灵》，我替他难过，因为他已经老了。芭蕾舞男演员40岁后，托举动作多了，后背的肌肉多了，就阻碍了这个动作的完成质量。后腿抬不起，也踢不起了。纽瑞耶夫跳出窗子时，后腿像一个"尾巴"，我的心都沉下去了！我建议他改动作，前腿跃过窗后，做"fouette"（芭蕾舞动作术语）动作，把后腿变成前腿。因为这个舞很累，男演员从头至尾始终在跳着，安东·道林每次跃出窗外，后面都要放个垫子，他要躺下去，休息一下。巴瑞什尼科夫②也有类似情形出现，我也写信给他一点建议。后来，中央芭蕾舞团排这个节目，吴祖捷③跳男主角，我是给他剪辑了音乐的。

　　一次道林告诉我说："我很怀念我的旧所，那个小房子。有一次，我去看看，就敲了门。出来一位男士，问我'您找谁呀？'我说：'不找谁，只是想来看看老房子，我以前住在这里。''啊！您一定是安东·道林。'我说：'是的。'他请我进去了，喝了一杯酒。"道林建议我也应该进去看一看，也许主人还会请我喝杯酒。我听了他的话，真的就去安东·道林的旧居——我学舞蹈的地方敲过一次门，但不凑巧，房子的主人不在家，未能如愿进去参观。但门外的纪念

---

①威廉姆斯·查格：著名芭蕾舞演员。
②巴瑞什尼科夫：20世纪最伟大的芭蕾男舞者之一，原美国芭蕾舞团艺术总监。
③吴祖捷：原中央芭蕾舞团主演，加拿大吴祖捷芭蕾舞团团长。

牌上清晰地记载老师在此度过的年代。80年代,我国驻英使馆文化处要宴请英国舞蹈界名人，请我开列名单。我请了这些人:彼得·莱特(皇家芭团二团团长)、阿莉西娅·玛科娃、克莱门特·克里斯普(著名舞蹈评论家)、穆德·劳伊德(兰伯特芭蕾舞团的主演、纽瑞耶夫的"英国妈妈")、温迪·托伊(我的同学,安东·道林的学生)。吃饭时,温迪说:"就我一个人离开了芭蕾舞!"她现在是音乐剧的舞蹈大师了。那次宴会上,我指出两个问题:一个是在芭蕾舞剧中,几乎所有的"中国舞"都不像真正意义上的中国舞蹈,手指的姿态根本不对,例如《胡桃夹子》,我断定柴科夫斯基从未到过中国,因为音乐也不是中国的。我给他们讲了"安徽花鼓灯",告诉他们音乐与舞蹈的协调关系,并做了示范动作,他们很喜欢! 彼得·莱特急切地要求:"你再做一次让我们看一下!"第二个问题是我希望把安东·道林的故居、工作室和学校作为"国宝",由政府出面保护起来,他们应该想办法做成这件事。后来我回国了,他们写信说:此事的确应该做,不然房子就无法保存了。又听说,那房子的邻居买下了它,所以现在它已经得到了人们的重视与爱护。

　　我还看望了我的老师玛丽·兰伯特。她当时已90岁的高龄,重病在身卧床休息, 她女儿告诉我她只能有15分钟时间接待客人。玛丽·兰伯特是波兰人,年轻时很有活力,兴奋时还能来一个"侧手翻",人们给了她一个亲昵的称谓——"水银"。我和吴静姝只是站在床边看看她。她见到我时高兴得一条腿都踢起来了! 我们交谈了近一小时,这是我最后一次见她,但我忘记问她关于尼金斯基①的事,因为他们两在"佳吉列夫"舞团是很好的朋友。

---

　　①尼金斯基:20世纪初,世界最著名的芭蕾舞男演员。

我还寻访了兰伯特舞蹈学校的旧址，它原来设在一个教堂里。我去参观时，教堂还在，旁边还有人家居住。校门外有两块牌子：一个上面写着"英国芭蕾舞的摇篮"，另一个是"兰伯特芭蕾舞学校和芭蕾舞团。"我正在那里照相留念时，遇到附近一位居民，我告诉他："我年轻时，在这里学过芭蕾舞。"他说："我知道这里以前是舞蹈学校，现在是个建筑师的家，但屋内的陈设保持了原有的样子，你要是愿意，可以去参观。"我没有进去打扰那位建筑师。

克拉斯克-莱恩舞蹈学校在伦敦中心，是专门教授"切凯蒂系统"、培养教师的学校。40年后，那个房子已成了一家印刷厂，原来的大门还在，叫"西街"，属于有名的"摄影圈子"。我从《舞蹈时代》杂志上看到，她的舞校名为"西街芭蕾舞学校"，房子是26号。边上的24号今天仍是一所舞蹈学校。我敲门进去，说明重游故地的来意，他们马上热情起来。我与他们谈了切凯蒂的系统，谈了英国芭蕾和中国芭蕾。临走时他们很兴奋，并表示欢迎我常回来看看。这里原本是切凯蒂教学的地方，19世纪就开始教学了。

这次重游旧地，我高兴地和当年的同学们取得了联系。玛丽·斯基平①上学的时候生活很苦，衣服穿得很旧，而且总是那一套，她也是"免费学生"。但她的基本功很好，脚有劲，不穿足尖鞋，只穿软鞋都可以立足尖，这一点别人很难做到，全班只有她行。玛丽·斯基平有两个哥哥，一个是指挥家，一个是雕塑家，后者专门雕马，住在西班牙。玛丽·斯基平对芭蕾的发展、对开拓英国和瑞典的芭蕾事业、对芭蕾历史的研究，都做了很多工作。英国版本的《吉赛尔》中，她加了很多动作。我们国内要演《天鹅湖》、《睡美

①玛丽·斯基平：英国著名芭蕾舞艺术家，瑞典皇家芭蕾舞团艺术总监。

1986年戴爱莲与英国安东·道林芭蕾班的老同学在一起

人》，我向安·赫钦森要舞谱，安给了我，我一看，她是按照玛丽的示范记的谱子。我记下来，回到舞蹈学校后做教学用，《天鹅湖》一幕的三人舞，我们改成了四人舞，还有《睡美人》的"蓝鸟双人舞"。我们团里对此兴趣不大，我就教了他们"蓝鸟双人舞"。这个舞其实不是很难的，是一般的独舞演员都应该跳的，就是些"卡勃里奥"（芭蕾舞术语）之类腿击跳跃动作。很可惜，奥丽萨诺（苏联专家）传达给我们演员的信息是：不会重视小动作，只会做大动作。切凯蒂教学，一定要分清哪些是小动作、哪些是中动作和大动作的，而我们的演员做不到。后来我们团拍电影时，也是把中、小动作做成大动作。安·赫钦森看了大叫："我写的不是大动作！"我只能说："对不起，他们做不了小动作！"

我的另一位同学佩姬·范·普拉克是澳大利亚芭蕾舞团的创始人。她也得到了皇家授予的"女爵士"称号，英国皇家芭蕾舞团50周年庆典时，六次提到佩姬的名字，影片中有她年轻时代的照片特写，她是皇家芭蕾舞团的前身——赛德勒斯·威尔斯舞蹈团的主要演员。我们后来在伦敦多次会面。

阿莉西娅·玛科娃曾和我一起求学于安东·道林，她是世界知名的艺术家。她是道林的舞伴，安东·道林去世后的首次纪念活动，是她一手安排的。她是个极漂亮的演员，跳起来轻捷异常，好像一直在半空中飘着。作为"切凯蒂体系"的一员，她继承了纯正的古典芭蕾风格。玛戈·芳婷告诉我，她就是一直以玛科娃为"蓝本"进行芭蕾训练的。"二战"时，阿莉西娅在美国生活了很多年，美国人都非常崇拜她。由于她对英国芭蕾的贡献，英国女皇授予她"女爵士"称号。我们见面时她认出了我。虽然她年长我五六岁，看上去身体有些虚弱，但我仍然非常希望她能到中国来帮助我们。我国的芭蕾演员在国外经常得到她的帮助。中央芭蕾舞团在美国亚历桑那州的坦匹访问演出时，她突然来找我，我太意外、也太惊喜了！没想到她会出现在那里！她看了我们的演出。记录中央芭蕾舞团访问美国的记录片中有她为主要演员排练的几个镜头。安东·道林去世后，我被请去参加纪念活动，因为他生前在我们中央芭蕾舞团排了两个他最拿手的节目——《男子四人舞》和《女子四人舞》，他们还希望我们派一个女演员去。我们有不错的女演员，可赶不上玛卡洛娃、卡拉·法克契等这些将去演出的著名艺术家，但是我们有很好的男演员，所以我带了男演员张卫强去了。道林的《男子四人舞》是根据演员的情况创作角色的，他最喜欢的男演员是约翰·格尤宾。张卫强没有演过这个角色，我想让他用这个舞参加纪念演出，可我本人没有看过道林排的这个作品。我请阿莉西娅帮我给张卫强排《男子四人舞》，她爽快地答应了。我每天在赛德勒斯·威尔斯剧院给张卫强排练，阿莉西娅就来帮忙。直到今天，她还经常向我询问张卫强的情况。

故　友　重　逢

　　在英国，除了舞蹈界的师友外，我还会见了许多老朋友。当年介绍我看斯诺的《西行漫记》一书的朋友约翰·辛征，已成为英国出版界的重要人物，著名海纳门斯出版公司的负责人，出版名人传记和众多教科书。他曾请我代传信息给宋庆龄，希望能替她撰写、出版自传，因为此事已有人在做了，他才遗憾地放弃了。他的工作很有价值，我再见他时，他正在写关于海纳门斯历史的书。后来我得知，他刚刚完成书稿的写作就去世了。他整整比我小一岁，也结过两次婚,有两个漂亮女儿。

有一次约翰·辛征和另一位老友,著名作家约翰·萨马费尔德(他也是我们年轻时代"小圈子"中的一员)建议我去看看我以前的"未婚夫"——彼得·葛兰姆瑟。我说:"我喜欢他姐姐,不喜欢他。"虽然我知道他已经是英国著名的《读者文摘》的"三巨头"之一。萨马费尔德答应帮我探听他姐姐的消息。然而我不许他们告诉彼得我来英国的消息。打探的结果是:我的"英国姐姐"在西班牙,因为她怕冷,所以每年都像燕子一样地飞来飞去,不总在一个地方住。既然这样,我正好可以避免和彼得见面。然而不久我收到彼得来信,他从英国《电讯报》上看到我到机场欢迎节日芭蕾舞团访华时和团长巴瑞·格雷合影的照片,他才知道我在中央芭蕾舞团,就写信给我说:"我看见你的照片,终于找到你了!前些年我曾去过中国,可惜不知你在哪里。如果你能到英国来,我们可以见见面吗?像我们年轻时候一样嬉笑高兴一番,有多好哇!"他不知道我已经去过好几次英国了。可我还是不想见他,在以后几年中,约翰·辛征老是劝我跟他见面,这时,我的"英国姐姐"也回来了,我便答应了。

那是一个夏天,在彼得的花园里我们见面了。我的"英国姐姐"夫妻和彼得夫妇。他的哥哥已在美国了,他们一家人都是卓有成绩的。我的"老未婚夫"依然对我殷勤友善,这让我感觉有点不自在,因为我脑子里浮现的,总是他与我吵架时的样子,我曾发誓一辈子不要见他。

回伦敦后,他请我吃饭,给我讲述了他与我分手后的全部经历:第二次世界大战他参了军,与德国法西斯战斗,时常深入敌后,负过重伤,医生说他将丧失行走的能力。但一切都过去了,他又站起来了。他现在家庭幸福，生活美满，工作也很顺利。

彼得告诉我，他刚到《读者文摘》工作时，经常在办公室里走来走去地想问题。想什么呢？他说："我老觉得，人们买书看罢后，很多都扔掉了。但若能把这些书分门别类地集中编辑在一起，出这样的一种书，人们不仅不会扔掉它，而且还有保留价值，后人可以继续看它；另外，这种书不能太贵，要让人买得起才行。"因为有了这样的想法，《读者文摘》才有了一大堆"特别的书"。有一次，他要"宴请"我，我发现他风尘仆仆的，好像刚出远门归来。我问他："你在忙什么，老是跑来跑去的？""啊，对了，我是从埃及回来的！"他答到："我去告别我的'孩子'了，因为我要退休了。"他的"孩子"就是他出的那些"书"，因为世界各地有这种"特别书"的机构。他还说："我出了一系列的书，内容都是各个国家的国宝，一共有七八本。中国的暂时没有，因为中国的国宝太丰富了，但我已积累了一定的出版经验，现在我看可以搞'中国卷'了。"他送我三本书并告诉我："我已写信给两位中国朋友，但他们没有回复，你能不能帮忙联系一下？"我回国后替他办了这件事，他被邀请来华讨论出版事宜，同来的还有《读者文摘》的美国负责人。

我希望彼得请大名鼎鼎的画家吴作人设计封面，他也拿出完整的书样给我们看。接待者给他们安排了系列游览活动。我陪同他参观了不少地方。他探寻吸收中华文明的热情与方式对我很有启发。因为身体原因，他没去长城就回国了。不久我也要再去英国。在机场，我看到了一本关于中国国宝的书，但署名不是他。到英国后，我立即打电话告诉他此事。他听到后很气愤地说："我明白了，有人剽窃了我的创意！"

虽然彼得的"毛病"很多，但他又是个非常聪明的人，畅销图书的创意层出不穷,几乎每个英国家庭都有一本他的书。他搞了不少地图集,发明了不断接制版,使地图可以任意连接;他还出版有关植物栽培的书籍,如"种花"的书。后来荷兰郁金香的一个新品种以他的名字命名,叫"彼得·葛兰姆瑟郁金香"。我故意开玩笑说:"有什么了不起,我也是花,我是'爱莲。'"他说:"那不一样,你的名字生来别人给的,而那个花则是用了我的名字的。"不管怎么说,他是个聪明绝顶的天才!

五年后,他搬到位于英国南部的萨法克的一个相对小些的房子,以前这里曾住过一个音乐家。它是个"山"字形建筑,有四间卧室,面对野外,自然风光很美。天气热了,外国人喜欢在户外用餐、喝茶,所以我们常在外面呆着。我看见他搬椅子的动作有些迟缓,显出了老态。后来,当我要离开伦敦时,给他姐姐打了一个电话,她说:"我弟弟来了个电话,说要我去看他,他以前从来都是来看我的。想必他可能是有病在身了。"于是我主动给他打了一个电话询问情况。他刚刚出医院回家,电话里还在跟我打趣,叫我"中国小姐",我称他"英国先生"。我说:"你身体现在好些吗?"他回答说:"我可能是肝炎药吃多了,所以发生异常,现在需要让它们离开我的身体。"我回国后不久,英国《泰晤士》报发了一个消息,说他去世了!辛征给我写信,开头就称我为"最亲爱的爱莲",我有些诧异,并有一丝不悦,我什么时候成了他'最亲爱的'了?!可读完信后,我明白了,这是彼得先生对他的最后请求,让他代笔给我写一封信。我没有想到,那回打电话是我们之间的最后一次交谈。

他去世后,《读者文摘》依旧给我"赠阅"刊物,我很感激,便写了一封信,表明了我对他们继承彼得事业的由衷敬佩,并祝他们工作获得成功。彼得的继任者给我回信说:"很高兴收到您的信,我一定要请您到我们的办公室来看看,这里有很多葛兰姆瑟先生出的书。"我认识很多善良的人,他们丰富了我的生活,也给我莫大的精神寄托。

和玛戈·芳婷的交往

在英国期间,著名芭蕾泰斗玛戈·芳婷请我和助手吴静姝看玛莎·葛雷厄姆舞团的演出(最后一起吃饭至半夜一点半)。那天看演出,我们是在二楼包厢落座的。第一次幕间休息时,她邀我们到后台去看玛莎。一进去,玛莎立刻对我说:"我认识你,以前我见过你!"是的,1946年我在美国访问过她的舞团。这一隔就是33年,直到1979年,我们才又一次见面。当时她与玛戈谈得很热火,最后,我听见她对玛戈说:"我亲爱的,我知道了,我明白了!"告别后出来,我问玛戈:"她知道什么了?"玛戈说:"你知道吗?她以为人家都像她那样,年纪那么大,还那么有活力,还能上台演出!她就不懂,我现在不上台演出了有多高兴,我可以不用每天扶把杆了,不用那么早起床了,哈哈!"

第二次休息时我们一起喝咖啡,咖啡厅里的人们都盯着玛戈·芳婷看,大家都非常崇拜她。最后他们也注意到了我:"啊,玛戈也有中国朋友啦!"我则因为有了玛戈这样的朋友而甚为自豪。

看完戏,玛戈要请我吃饭。我说:"我不能和你去了,今晚我大姐从苏格兰来伦敦,我要去见她。"她说:"没关系,我也请她一起吃饭。"我打电话给旅馆,大姐正好刚到。我叫她下来时她还没来得及洗脸、换衣服。我们到一家意大利餐馆吃饭,我大姐这才到洗手间去洗了脸。玛戈从小就只喜欢吃一样东西——土豆,不能吃

80 年代戴爱莲（中）在英国与玛戈·芳婷（左）会面

太营养的东西,家里逼着她吃别的,可她一吃就要吐! 到北京来时,我曾请她吃烤鸭,鸭脑是最好的东西,我说:"这个不会对你有什么不好!"她只是用舌头尝了一下,还是不敢吃。吃意大利餐也是和美国餐一样,一人一大盘,她只是吃了一点点,吃一点好的东西都不行,要吐出来,不能吃。和玛戈·芳婷一起出门,很多人都认识她,连到上海机场都有好多人认出她。那时,我认为纽瑞耶夫来时也一样,可中国人不太认识他。

记得我曾到皇家剧院多次看演出,有一次,我看到了我的一个现代舞老师,叫莱斯莉·巴若思-古森斯。当年在她学校学习时,我提出现代舞可以吸收芭蕾技术,因而被她开除,她跟我打招呼,我有点怕见她,但我还是过去了。她见我跟名人在一起,就对我很友好,让我去她家里做客,连日子都定好了。可是回去后,她又打来电话说她和丈夫都感冒了,约会要改时间,后来不知怎么就没有消息了。

芭 蕾 "新 世 界"

可以这样说,所有到中国来的芭蕾专家都喜欢我们的芭蕾事业,喜欢我们的芭蕾演员,喜欢中国人民。

拜瑞·格雷在 60 年代初也来过中国,她是第一个与中国芭蕾舞团合作演出的外国舞蹈家,她为我们排演《仙女们》。当时的男舞伴就是王绍本。虽然她年纪大了,弹跳力有限了,但演出中她那瞬间的空中停顿、造型和姿态还是那么美,充满了幻觉。她做医生的丈夫回国后写了两本书,书中提到了我。我当时已是人民代表了,他在书中感慨:"一个舞蹈家,在中国已经有了那么高的社会地位,真的了不起!"

格雷在英国的家位于一个森林里,房子像一艘大船,四周是林海。她是节日芭蕾舞团的团长。节日芭蕾舞团的房子,叫"Festival House";还有一个大会堂,叫"Festival Hall"。在那里的大厅中可以买书、听音乐、吃饭,有演出、讲学,有各种各样的活动,展览也在那儿开。后来,"中国文化中心"的很多活动都是在那里举办的。纽瑞耶夫的家也在那附近,他常去节日芭蕾舞团练功,还给该团上课、排练。节日芭蕾舞团很多团员都希望访华时也带上他。但当时他还没有国籍,无法来中国。彼得·绍弗斯来了[1]。

没想到虽然拜瑞·格雷为节日芭蕾舞团做了那么多工作,但她的工作作风很厉害,经常责备人;加上到中国来演出又赔钱了,所以演员投票选举,不要她做团长了,给了她一个类似顾问的闲职。约翰·费尔德和彼得·绍弗斯相继接替了她的职位,团体的水平已经与皇家芭蕾舞团不相上下了。

松山树子及日本芭蕾舞

松山树子[2]及其所率领的日本芭蕾舞团,早在50年代末就到中国来演出《白毛女》了,松山树子演喜儿。当时,我们还没有创作这个剧目呢!她演中国题材的芭蕾舞令我很感动。我在《舞蹈》杂志上写文章赞扬她。我很喜欢她,看得出来她的芭蕾动作干干净净,非常规范,是切凯蒂学派的学生,她舞蹈技巧也是具有俄罗斯

---

[1]彼得·绍菲斯:丹麦著名芭蕾舞艺术家。
[2]松山树子:日本芭蕾舞活动家,松山芭蕾舞团艺术总监。

风格。我年轻时有点像她,可我没她漂亮。松山树子的舞团也非常注重演自己民族的芭蕾舞作品。几十年了,她始终是中国人民的好朋友,这很难得! 她的丈夫清水正夫①也是很友好的朋友,每次森下洋子②来演出,我到后台都能见到清水正夫,每次他都要送我小礼物。他还送了汽车给我们的文艺单位。

松山的儿子清水哲太郎既学芭蕾,也学指挥。后来,小清水成了森下洋子的丈夫,他自己也开始演出。在巴黎,纽瑞耶夫来团演出,他也不甘示弱。说实话,他跳得远不如纽瑞耶夫。准备动作做得很大,到主要动作时就没有了,动作语句没有高潮。可森下洋子是个艺术家! 我们合作过,当时我们没有时间排练,我只能在电梯间跟她说些细节的处理,结果演出时她都做对了,很不容易。在巴黎,我多次在纽瑞耶夫家碰到清水正夫,他们的关系非常好。

其他国际舞蹈文化交流活动

在巴黎举行的国际芭蕾舞比赛上, 大屋政子③曾当过一次评委。我们中国人不大了解她,只知道她很有钱。她虽然举办过大阪国际芭蕾舞比赛,但她不是国际芭蕾舞比赛这个圈里的成员。此次比赛之前, 她说她要单独给所有国际芭蕾舞比赛组织成员发奖,她的摄影师要来给她专门照相,拍摄发奖情况。 当时,一个法国负责人对她说:"亲爱的夫人,你已经发了一个特别奖了。你也

①清水正夫:松山树子的丈夫,松山芭蕾舞团团长。
②森下洋子:日本著名芭蕾舞表演家,松山芭蕾舞团主演。
③大屋政子:日本富商,爱好芭蕾艺术,在日本出资主办过几届大阪国际芭蕾舞比赛。

1989 年 5 月戴爱莲与花柳千代在一起

戴爱莲接受彼得·怀特爵士的鲜花

知道发奖的时候,是各个评委轮流发奖的,所以你给那么多人发奖是没有必要的。"第一次我碰到这位日本夫人,是在联合国教科文组织的国际舞蹈理事会上,因美国推迟了会期,经费有些紧张,所以就请她吃饭,让她捐钱。90 年代初,北京舞蹈学院合作排演《胡桃夹子》也是由她赞助的。在评委会里还有一个日本人,他自己不是搞舞蹈的,但他是东京芭蕾舞团的团长。在评委会上他不发言,但每当我发完言后,他总是要表示附和我的意见。会议期间,他给我看了一个材料,是东京芭蕾舞团到欧洲旅行的演出表,我一看非常惊讶!都是最好的一流剧场。可是我们芭蕾舞团到英国演出,宣传不够,剧场也一般,群众场面时演员都跳不开。所以英国人就认为我们的舞团不如日本的好。实际上对我们的评论是比他们日本好得多的。我认为:我是中华人民共和国来的,每次出去都像战斗一样,只能打胜仗,不能打败仗!所以每当我们国家有团体出去演出,我都希望是国家水平的。一般的杂技团出去都是国家水平的,国际水平的。我们的杂技太好了,不管是哪个团体出去,只要是我在国外遇上了,都要去看,他们的表现都很好。可惜的是,出国的舞蹈节目不一定都能代表国家水平。这一点,外国人也能看得出来。

"文革"的时候,"造反派"问我:"你怎么会得到这个地位?谁是你的后台?"我真不知道谁是我的后台!实际上我真没有后台。我做工作,如果人家承认你的工作,你当然就会有地位了,不是找这个关系,找那个关系。

1993 年我去美国,在旧金山参加一个舞蹈会议。会议分几个组、几个会场同时进行。上午会议安排我发言,一般的学术讨论会,起码给 20 分钟发言。当我讲了 10 分钟的时候,这个会场的主持人,是个比较年轻的人,他说我时间到了,我感到很突然,怎么10分钟就到了呢?不是起码要20分钟吗?这时下一位发言人却说:"让她(指我)讲下去,她讲得很有意思,我要听听,我的时间给她了!"我参加那么多国际会议,那么多学术讨论会,这是第一次遇到这种情况。这是个德国人。

文化交流工作我已经做了快20年了,我去了大概有20多个国家。1997年我到希腊出席国际民间艺术组织会议,会议发言中,很多国家关心民族传统、民间文化的消失问题;可第一天发言的(会议只有两天)全是希腊人,这引起了其他国家代表的不满!认为这有背于国际会议精神。第二天,各国代表开始讲话,我也破例发言了!没有想到,我的发言赢得了大家热烈的掌声。后来翻译告诉我:"你的发言很重要,可以作为此次会议上午总结报告。"我发言的核心内容,就是强调了各个民族继承和发展文化传统的重要性。参加会议的代表都穿自己民族的服装。第一天我穿的是旗袍,第二天我下身穿裤子,上身是中国现代式的。他们说:"你怎么不穿民族服装?"我说:"这就是民族服装,是现代化的民族服装。"可是料子不是中国的料子,是泰国的料子。但能看出是中国的样式和风格。很有意思的是,非洲人是光着膀子的。参加会议的,还有朝鲜代表。对朝鲜人,我总感觉像是亲戚,从文化角度来看,我们是同宗同祖,因而彼此很亲切。

中国第一次举行国际芭蕾舞比赛,是在上海。我担任评委会主席。评委中有美国的玛利亚·塔拉契芙①,她是巴兰钦②的第三个夫人,这个人特别容易接近。我们相识也是国际芭蕾舞比赛场上,

---

①玛利亚·塔拉契芙:美国著名芭蕾舞女演员,纽约市芭蕾舞团第一位女明星。
②巴兰钦:俄罗斯人,美国纽约市芭蕾舞团艺术总监,世界知名芭蕾大师。

那时她是评委会主席。从那时起，我们就是好朋友了，因为她的观点经常和我的一致。

然而并非所有人都能像玛利亚那样合拍，例如纽约市芭蕾舞团的一位女艺术指导，就曾利用纽约芭蕾舞比赛的某些程序和规定左右评委工作，使我们这些专业人士十分反感。纽约芭蕾舞比赛和别的芭蕾舞比赛不一样，参赛选手所跳的舞剧片段是统一规定好的，音乐也是统一的，舞蹈动作可以不一样。譬如第一个是《天鹅湖》片段，一个晚会都是看《天鹅湖》片段；第二个是什么片段，又要看第二个了。经过评议大家同意一个西班牙男孩子得金质奖，但那个负责教演员的艺术指导不同意，说他懒，她还说："如果一个芭蕾舞演员懒的话，哪个芭蕾舞团都不会要的！"那时我并不了解情况，但我想，如果他懒的话，不可能跳到这个程度。为什么不喜欢那个男孩子呢？后来我才弄明白，在比赛过程中由大会安排教员给参赛演员们上课和排练节目，但那个艺术指导找的教员没有按照演员的实际水平授课，因此那个男孩子根据音乐自己练，他没有和大家一起练，就因为这个，她就不喜欢那个男孩子，反对他得奖。后来我还发现，那个男孩子真是聪明，他才17岁，女指导排的那个节目，已经超过了他那个年龄段所要做到的，里面的一段双人舞，非常难跳！成年人经过锻炼才能达到，但他还没有经过什么锻炼，如果按照要求跳很可能受伤。美国有一对双人舞，女演员进了第二轮了，男演员没有进第二轮，但男演员还要陪女演员跳。为准备第二轮排练时，这个男孩子不幸腿摔断了！这也让我突然领悟了那个西班牙男孩子的聪明，他知道：如果过多地跟那位教师练习，一定会产生恶果的！他虽然年轻，却很有经验，懂得保护自己的身体；他还很会演戏，跳的《天鹅湖》三幕双人舞非

第三届美国杰克逊（密西西比）国际芭蕾舞比赛评委合影

常有表现力，真的不容易！所以他一上台，大家一致认为这个男孩子是最好的。

后来上海举办第一届芭蕾舞比赛，组织者请我推荐评委会人员，玛利亚·塔拉契芙当然在其中了（有些人是上海请的）。见面以后，我对她说："玛利亚，你知道吗？我们是亲戚，因为你是印第安人，所以我感到和你特别亲切。"她说："是的。我也感到我们是亲戚关系的。"她和她妹妹都是芭蕾舞演员，她早期就出名了，她的"自传"说她在法国巴黎歌剧院当客席艺术家。外国人在巴黎歌剧院当客席艺术家的还有一个，是日本的森下洋子。玛利亚的爱人叫伯季，我不知道他姓什么，只知道他们叫他伯季。

去 美 国 探 亲

1979 年，我出国参加英国伦敦举办的纪念鲁道夫·拉班 100 周年诞辰的大会。正好美国在依阿华州召开了一个"作家协会"（pen club）的笔会，会议主持人的夫人是中国人，台湾女作家聂华苓，她的女儿王晓兰是搞舞蹈的。他们与中国方面取得联系，邀请我去参加。我想借此机会去探亲，我去英国前就对文化部说了："我回国几十年了，我在特立尼达的长辈还活着，我很想去看看。"我上一次见到他们还是在 1947 年，当时我在美国演出完毕，我的亲戚送给我和叶浅予以及我的舞伴飞机票到特立尼达去，我在那里演出、叶浅予开展览会。那以后直到 1979 年，32 年过去了，时间很长了，我很想念他们。到美国后，王晓兰和我接上了头。王晓兰还邀请我到美国讲学，她说肯定先要准备两个发言，然后再到各个大学去讲学。这可是个苦差事！我没兴趣，我让她请别人。后

1984 年戴爱莲在英国皇家舞蹈学院

戴爱莲在英国讲学

来她请了许淑英①去了。

那个作家协会的主持人问我能不能留下来参加他们的活动？我听说台湾也有人去了，为了免除麻烦（因为那时我们是不能和台湾联系的），我决定不去了，这样我就有了一些时间，我在美国还有不少亲戚，我的大妈、舅舅，都需要去见"最后一面"（现在他们都没有了）。在美国，常有些外事活动。解放前，那里就有个组织叫"中国同盟"，都是由爱国华侨发起组织的；解放后这个组织没有了，划分成一个圈、一个圈的小团体。我家原来是杜阮，后来划到新会去了。因而我是新会人，新会是华侨之乡，每一家都有人在国外，新会的老乡要我去讲讲国内的事。他们很关注中国的未来，我告诉他们："我的老家现在有水、电，有自然湖，工作完了可以去休息乘凉；解放前土匪占据了虎头山，现在土匪没有了，那里修得很漂亮，有个大水库。"我有个远亲也回老家去了，她还带了录影带来放。看到老家的人还在打赤脚，他们说："哎呀！老乡们还那么苦啊！鞋都没有穿的。"我说："不是这样，是天太热都不穿鞋！"

我在国外呆了5个月，回来时人家都惊讶地说："哎呀！我们都以为你不回来了，很多人出去就不想再回来了！"我是有条件不回来的，但我从来就没有这个想法。做中国人是我从小的愿望，抗战时叶浅予要去印度我都不跟着去，因为我要学做中国人，学中国的文化。我出国时就准备回来，我再出去，也还是要宣传中国。人家还说："你受的教育是西方的，学的舞蹈也是西方的，可你现在搞中国舞蹈，真是奇怪！"我回来时，中国给我的感受是不接受芭蕾舞的，只是解放后才知道中国要芭蕾舞。当时只想：既然我是

①许淑英：著名中国民间舞蹈教育家。

戴爱莲在伦敦教舞

1995 年底戴爱莲在加拿大多伦多国际舞蹈活动中心教舞

中国人,就要跳中国舞,我有民族自尊心。徐悲鸿、吴作人都是在法国学的,都是学外国文化、回来搞中国文化的,我也一样。还有在法国学习的常书鸿,到了敦煌被中国的文化迷住了,为了这个,他爱人离开了他,只有女儿常莎娜一直陪伴着他。他非常了不起,能在沙漠里住下来,我是不行,因为我爱喝水,连西瓜也不能满足我,我要喝开水!他在那儿的生活很苦!父亲破产后,我在英国好几次忍饥挨饿,找不到工作。我知道"苦"是什么,我回国时是抗日战争时期,也够苦了,但那时我自己不感到苦,因为我有了一个目标——要学东西,再苦,我也不会感到是牺牲,因为我愿意这么做!这是文化的威力。想舒舒服服地取得成就是不可能的。

很多外国人都对中国文化感兴趣,可我们对自己的东西不够重视。京剧界比较好,他们认为他们的东西是宝,音乐界也把民族乐器当做我们的国宝加以保护,就是舞蹈缺乏这方面的认识。当然,有些地区,如少数民族地区,他们知道保护自己的舞蹈文化传统,我希望他们一直这样保持下去。

保持自己的传统,不抄袭人家的文化!如今这似乎很难办到了,我承认西方同样有伟大的艺术,我也很佩服,可我们有自己的生活、自己的传统,不能丢掉这个。现在我们有时赶的"时髦",在西方已经是过去时,像有一阵人人要穿的喇叭裤。"国标舞"我小时候就有,30年代就有,当时有一对夫妇很有名,《舞蹈》杂志有他们的照片,叫爱因卡斯,60年以后,在我们这儿成"新"的了!桐油灯,我小的时候就有了,到这来也成了新的,我们有些人总觉得那边的月亮比这边的月亮大。对这些,我很有看法!

西方也有传统与创新的矛盾,我1979年去丹麦参加了纪念布农维尔去世百年的演出活动,组织者原本计划是演100多年前的节目,可后来他们又想现代化,于是就有了很多不同看法。讨论的结果是:传统要保持,也要有新的东西。我认为这个做法是对的!连音乐也是这样,不可能说我们不要巴赫、贝多芬,传统、经典的东西总是要的。可芭蕾和音乐还有点不一样,一些经典作品常被后人改来改去,新版本也很多。有的改得很成功,有的还不如以前! 音乐有乐谱在那里,你不能随便动。

13

学习传播拉班舞谱

拉班舞谱在中国

从 20 世纪 70 年代末起，我的外事活动特别多。我在美国前后两次讲学的时候，基本上是讲中国舞蹈。当时也有人提出让我讲 30 年代英国芭蕾舞情况，是如何启蒙发展的。还有人要求讲达亭顿，讲拉班的情况。拉班舞谱与音乐的总谱相似，只不过它是用符号分析和记录人体动作。最近，有人撰文谈到"拉班舞谱"没有动作表现力的问题，是的，它是"动作记录术"，的确不涉及情感和表现力的事情。

1939 年的时候，在达亭顿的尤斯–雷德舞蹈学校，我得到两个奖学金。第一个奖学金是暑期学校的，当时有 12 门课程，里头有一门舞谱课，当时还不叫"拉班舞谱"。一般人都知道，学音乐，没有谱子是很困难的。语言也是一样的，如果没有文字，没有书，光是靠口传，就容易失传。舞蹈，在很久以前就有人想到创造舞蹈语言，西方 15 世纪就有人开始用不同的方法记录舞蹈，我们中国早在很久以前就已开始记录舞蹈动作了。可是学拉班舞谱，我特别高兴。学过音乐的人，学拉班舞谱学得最快，因为拉班舞谱和交响乐谱是一个道理。开始时，我们只是学习识谱，没学怎么记。那时候没有什么谱子可以阅读的。就是教我们怎么写，没有谱子，没有书，没有东西可看。我发现拉班为了创立舞谱，研究了很多国家的符号，包括中国的"道"学（八卦）之类的东西。我没有专门研究八卦，可我发现拉班动力学和八卦是有关系的，拉班是很有学问的。对所有拉班的理论我都有兴趣。暑期训练班学完后，第二个奖学金班是参加该校的正式学习。这次，我的老师就是拉班的学生，一个叫莉莎·乌尔曼的，她是很有名的拉班学说继承人；还有一个老师，是荷兰人，他本来是学生，后来因为成绩好就留下来了，是比较年轻的教员。他们两个都是教拉班舞谱的。学习过程中，因为我特别感兴趣，就想方设法自行考察。平时看到小孩玩耍时的特别动作，能不能记下来；杂技中的翻跟头等等，能不能记？实践下来，我认为这个系统太好了，不光是舞蹈，所有的人体动作都能记下来。

现在拉班舞谱已经发展为国际通用的舞谱，在西方，特别是在美国是最为普及。目前，美国有 180 所大学开设拉班舞谱课。学生在纽约舞谱中心的学习成绩，可以计算大学学分。还有欧洲的其他国家，如德国、荷兰、法国、匈牙利、英国，也都广泛使用拉班舞谱。现在,拉班舞谱已发展到东方,香港、新加坡、泰国、印度尼西亚、日本等很多东方国家和地区。

1940年我回到香港时没有时间介绍拉班舞谱,后来在抗日战争的时候,我在重庆开始介绍拉班舞谱,但是很少有人把它作为一门专业来学习。我很相信拉班舞谱,达到了信奉的程度,所以那个时候,我自己还创造了一种"简谱"。

抗日战争结束后,1946年我去美国待了一年。我有一个同学安·赫钦森,她那个时候已经在纽约,开始推广拉班舞谱,她的办公室就是她的家,所以我去的时候,也参加了他们的活动。当时美国很有名的舞蹈家也参加了,有六七个人。安·赫钦森对拉班舞谱的建设、发展有很大贡献,她研究了手、腿屈伸等动作的记录方法,还有抬腿的度数——45度、90度、180度,这些方面都有方法记。为更细微、更准确地记录微小动作,她发明了一些符号和记号,当时如果各地有什么新方法,都寄给拉班,拉班那个时候还活着,他住在英国。同意不同意吸收这些新方法,由拉班决定。安的想法很多得到了拉班的首肯。我的两个老师尤斯和西格·雷德,当时是配合拉班一起搞出这个舞谱的。拉班舞谱是个动态科学体系,需要后人不断地革新。我回国后也教了不少学生,有些人在学习中也想独辟蹊径,创造自己的东西。譬如我的一个学生,自己搞了一个舞谱,他认为拉班舞谱还不够科学,他自己的更好。但他也没有深入研究,只是了解一些舞谱原理,因此做得不顺利;他也做过些实验,带了些学生,但没有机会实现他的想法,所以就没有搞成。在国际上很多人都想创造新的舞谱,因为这个事情很新鲜。一直到文化大革命结束,北京舞蹈学院想了解拉班舞谱是怎么回事,我就向他们的教员介绍了一下,有些人感兴趣,但有的人不相

舞蹈理论之父——鲁道夫·拉班头像

信。陆文鉴①当时很感兴趣，他异常兴奋又不无遗憾地告诉我："因为我的课太多了，负担太重，不然我很想学学这个拉班舞谱。"潘志涛②不相信这个舞谱，他做了一个云手动作，问我："这个能记下来吗？"我说："能记。"当场我给他记下来了。从中我得到一个经验，一般的人学拉班舞谱会感到很复杂，所以就不相信："这样的东西怎么能记动作呢，不可能的？"不理解的人，都会像有些人那样，不相信！实际上是他们还没有学懂拉班舞谱达到能自己记的程度。根据这些情况，我总结出一个方法：刚开始如果有人提问，不要马上答复。因为这个东西和学音乐、学文化一样，要由浅入深，不可一蹴而就，所以要分初级、中级、高级。介绍之初，我们没有加以区分，现在正式推广的时候，就要分等级了。但是，我还是感觉到开展不起来，人家不喜欢、不感兴趣、不需要。可是我又觉得很可惜，那么科学的东西，那么好的东西，为什么不能吸引人？我不理解？！就像我40年代初刚回国时的那样：当时的中国不需要芭蕾舞，虽然我的专业是西方芭蕾舞，可人们不需要，我又何必硬塞给他们呢！舞谱也是一样的，你不要我也没有办法。

可是后来，拉班舞谱又在中国开展起来了，什么原因呢？是改革开放的直接影响。

参加国际拉班舞谱学会双年会

1978年，美国夏威夷大学的胡善佳③邀请我去参加一个"拉

①陆文鉴：北京舞蹈学院教授，专攻外国舞蹈研究方向，1998年病故。
②潘志涛：北京舞蹈学院教授，原中国民间舞系主任。
③胡善佳：原国际舞蹈理事会亚太总干事，香港演艺学院舞蹈系创建人。

班舞谱"会议,我感到很有意义,目的是研究如何更好地用拉班舞谱记中国舞蹈。我知道这个会是太平洋地区的,就申请去参加。但我们当时还没"开放",文化部觉得时间紧,劝我不要去,所以没去成。这个会不是"国际拉班舞谱学会"召开的,而是一个地区的会议。因为"国际拉班舞谱学会会议"是隔一年开一次,都是单数年份召开。

1979年7月在伦敦"拉班中心"举办纪念拉班诞辰100周年大会,那时我们刚刚"开放"。文化部同意我去参加这个会,但说应有人陪我去,目的是照顾我的生活。我有点怀疑?因为当时很少有人出国,是不是有人想借机出国去玩一趟呢?如去一个不会说英语的人,我还得当翻译,那我要累死了!做翻译我特别费劲,我试过的,给别人当翻译我累得要命!也不是说身体累,我舞蹈时知道跳得太久了身体会很累;可做翻译是脑筋累,那个累我受不了!有一次我去上海,陪我去的人上飞机后耳膜破了,到上海我还要照顾她,给她找医院。本来说是她陪我、照顾我的,可后来却反过来了!后来文化部领导说"当然要派会说英语的人去",问芭蕾舞团有没有这样的人,我说:"有一个,吴静姝。"当时英国来人到团里拍电影,我让她陪着。起初,大夫不让她离开北京,因为她当时病得不轻!后来实在没有别的人,大夫同意她去40天,带了几大瓶药。

离开英国40年,我又踏上这块土地,和老师、老同学见面,我特别特别高兴!我的同学西蒙(威利的夫人)也出席了。我们都是拉班弟子的学生,拉班没有亲自教我们,那时他生病住在我们学校,是他的学生莉莎·乌尔曼、西格·雷德教我们的。我发言了,内容当然是我回到中国几十年中学习运用拉班理论的心得,我谈到了拉班在中国的影响,在我的创作、排练中的影响,拉班系统对我的作用,我怎样把拉班理论引进中国,我又怎样不断地吸收中国文化,等等。我对中国画很感兴趣,我发现中国画论跟拉班创作舞蹈的理论是一致的,如:画一幅中国画,要有地点、时间,还要创作一个环境,这些都是必要的因素。如果人家说《荷花舞》、《飞天》好,我下意识地就这样做了,但我知道创作的时候要有时间、地点和环境,不管人家懂不懂,但一看就可能感受到。我不解释《荷花舞》是在水里走的,可给你的感觉它们在水上漂,水的规律是什么样的,人与那个大空间的关系,还有自由的飞行等,都能清晰地感受到。与会者一致认为我是拉班系统在中国的代表性人物。会议期间,我碰到了老师莉莎·乌尔曼,彼此都非常高兴!她正好还要去法国开第11届国际拉班舞谱双年会,便邀请我去发言。我不知怎么说,她说:"把你记下的藏族舞蹈、秧歌、霸王鞭和其他民间舞蹈带上;然后,再重复你在伦敦的发言,就行了!"

这是拉班舞谱学会第11次会议。如果是两年开一次,就是拉班已经过世22年了。为纪念拉班诞辰,国际上专门成立了一个核心小组,由乌尔曼、西格·雷德,还有一个德国人库内斯特,和"拉班舞谱"的第三代人我的同学安·赫钦森(目前核心小组里的前三位,都已不在人间了)组成。那时限制比较严,不是专业的拉班舞谱会员是不让去的!我告诉邀请单位:和我同去的吴静姝虽然不会舞谱,但她是专业的芭蕾舞演员。现在普及得多了,谁愿去都可以。开会的时候,我提出来一个问题,即:我在记动作的时候,速度比较慢,因为符号都是方块的,另外低位的动作符号还都要涂黑,所以很麻烦、很慢,不像音乐五线谱那么好写。为了记得快,应该有个简谱。我1946年曾搞了一个简谱,寄给了拉班,征求他的意见。拉班认为平时可以使用，但印刷出版舞谱不用简谱。

在中国传播推广拉班舞谱

早在"文革"后期，我就想再试一试推广"拉班舞谱"，如果再失败了，我就死心了。国际拉班舞谱学会每两年开一次年会。以前，我没有参加该组织，从 1979 年起，我成为它的一名正式会员。那次会议上，美国代表提议 1981 年年会在美国召开，最后达成了此动议。但是，许多欧洲人不喜欢到美国去，因为路费太贵了。1983 年是在匈牙利的首都布达佩斯开的。1983 年的会上，有人提出 1985 年在中国开怎么样？我说："好哇，太好了！"如果要在我们国家开拉班舞谱会议，那等于是帮了我的大忙！我决定回国后尽早开展拉班舞谱的普及工作。

我学过 7 年钢琴，有扎实的乐理基础，因而很容易理解拉班舞谱的原理，乐谱是符号，拉班舞谱也是符号。"文革"中不让我工作，"罚"我抄了很多乐谱。我当时就在想，音乐总谱的道理和"拉班舞谱"是一样的。一个人的身体就是一个乐队，等于一个人手在什么地方，就好比一个乐曲的声部。然而普及拉班舞谱从哪个方面入手呢？我想，作家与读者相比，谁占的比例大？音乐家和听众，哪个人多？总体看来，当然是后者数量大于前者。所以从普及的角度而言，首先要懂得看谱、识谱。我决定最先做的事情，就是从初级班教起，用学钢琴、学音乐的方法来教拉班舞谱，使学生的学习由浅到深。

要搞普及，首先要有教材，现在博物馆、图书馆都有舞谱可以查阅，但在那时可选的资料很少。记得"国标舞"开始普及的时候，

戴爱莲在总政歌舞团介绍"拉班动力学"

我有个用拉班舞谱记录的国际标准舞的谱子（是别人送的），有人要学国际标准舞，一定要找我借去用。因为它记录的是标准的国标舞动作，非常准确、具体，别的地方找不到。我找到一本书，里面10个民间舞，都是初级的。因为是初级的，不可能什么都会记。10个民间舞源自不同国家，都是初级水平的。这本书很好的，我打算用它做初级教材。

那么学生从哪来呢？中国舞蹈家协会帮助组织。我们通知了在北京的各个舞蹈单位。舞蹈学院因为是一个学校，所以给他们6个名额；其他单位，中央歌舞团2个名额，东方歌舞团2个名额，中央芭蕾舞团2个名额；民族学院本来也是2个名额，但是我们是借他们的地方，在他们那里办班，他们要求多给几个名额，也就随了他们的心愿。当时芭蕾舞团正好有些老演员，他们正在考虑改行，即第二个事业的问题。他们一个一个地来找我，都要学舞谱，我很高兴！我开了张条子贴在舞团的黑板上，让他们自己报名，结果有30个人表示要参加学习。所以，我又在芭蕾舞团单开了一个班，加上民族学院那个班，就有了两个班。星期一、星期四在一个地方，星期二、星期五在另一个地方，学习的内容是一样的。学习班开始的时候，很有意思，舞蹈学院一个人都没有来；东方歌舞团的人只上了第一堂课，他们说拉班舞谱不能记东方舞蹈，所以他们以后就不来了，退出了。其他的，还有部队文艺团体的、军艺的都来了。结果，民族学院那边有70个学生，"芭团"这边有30个学生，一共有100个学生。

第一堂课我准备得很认真。首先，我教他们怎么看谱子，因为初级都是从步法开始的，脚是怎么走的、脚的动作，还没有到腿的姿态。然后，准备做试验。可是70个人在一起，怎么学呀？于是我就把大家分了四五个组。我准备的材料发给他们一个人一份,这就是作业,让他们回去准备;第二次来,大家来跳,每次都有钢琴伴奏。第二堂课,音乐开始的时候,我要求他们听音乐,多少拍子;然后就开始一起跳,大家全部都跳对了。所有 10 个民间舞蹈都是这样教的。先不教他们怎么记,就是先教他们识谱。每天,我还没有去,很多人就都到了。教完以后我走了,大家还在练,学习热情特别高。在这中间我有个学生,是部队的,他以前学了很多东西很想记下来。我告诉他,这是初级班,初级水平你掌握的符号不够,等到了中级水平你掌握的符号多了,才能记。他说他要到我家里来,他急于要把很多东西记下来。我说:"你现在还没有学好初级水平,我不能教你太多了!"他说:"我就是要学这个,你告诉我嘛!"我说:"保密!"他没办法了。现在这个人在美国教拉班舞谱,很成功,也是用的我的方法,先教认谱子。

初级班结业后,很多人提出来还要接着学。这时我打算培养教员,而且要突击培养。我计划三个月时间教完中级水平,因为中级水平有很多东西要学。如躺在地上、翻跟斗的等等,这些都包括在中级水平之中。初级班结业的时候,舞协的游惠海很支持我们的这个工作,所以找了一个地方,举行了初级班结业仪式,很隆重的。开中级班的时候,我只收 8 个人,计划培养他们做教员。所以在 100 个初学者里面,谁学得好,谁学得快,就作为对象,当然也要考虑单位,因为他们回去还要做普及工作。

当时正值刚刚"开放",1979 年,我的老关系、新关系,都请我出国。但是我决定要有三个月在国内不动。1980 年、1981 年,我的活动很多,做不到三个月不动。因为 1979 年第一次出去,去了五个月,招致了 1981 年的"活动年"。这一年没有办法开。后来定在了 1982 年,就在我家里办了三个月的班。16 个人一起学,排成两排,8 人是正式生,8 人是旁听生。我对旁听生说:"你们来,只需带眼睛、带耳朵,不带嘴,不带腿。"如果 8 个人不明白,我还可以再教。在这三个月当中,上海芭蕾舞团要参加芭蕾舞比赛,请我去给他们看看参赛的节目。所以这边的课就暂停下来了。中级水平的教材,我是按安·赫钦森的一本教材编纂的,有一定的范围。吴静姝这个人特别聪明,所以我让她看这些材料,都是"躺地"的动作。我跟她讲:"你看看这本书,如果你能看懂这些注释,我不在家的时候,你就可以代替我教他们。"所以从一开始,吴静姝就做我的助教。还有一个热心人,是芭蕾舞团的张苓苓,这个人很聪明,她又会绘画。中级班的时候,16 个学员有疑问总是问她。后来她告诉我:"你知道吗?戴先生!我们当中,有三个人已经全懂啦!"很快,中级班的课程就学完了,他们都结业了。

随着中级班的结业,"中国舞蹈家协会拉班舞谱委员会"也在此后于 1985 年正式成立了。如果你具有中级水平,就可以参加拉班舞谱协会,成为会员。这是我根据我们中国的情况决定的,不是国际组织的条件。国际拉班舞谱协会的规定是,只要你是舞蹈专业人员,就可以申请参加协会。我参加拉班舞谱协会的时候,有一个条件,就是要做些协会中的具体工作。即便你是搞舞蹈专业的人,也不是每个人都能参加该协会的。譬如我们现在国际拉班舞谱学会,会员有分工,还有做具体工作的工作人员。后来发展到有的会员是教员,有的是搞计算机的。虽然他们不会跳舞,但这项工作需要他们。

国际学会中有一个人,是搞爵士舞的,他的拉班舞谱水平很高。所以说,拉班舞谱什么都能记。有人说:"拉班舞谱连老鼠的动作也能记。"于是就做了各种试验。举个例子,有位夏威夷大学的舞蹈教授,她把在韩国学的朝鲜舞记录下来,然后她让从未见过朝鲜舞的夏威夷大学的学生按着舞谱跳,她不具体教。她看到学生们跳得很好,自然很满意。后来她拍了一个录像带送给她的朝鲜舞老师,并对他说:"您教我的舞蹈,现在我的学生没有亲眼看见过朝鲜舞,但看着舞谱就学会了。"朝鲜舞老师不相信真的那么准,其实完全可以做到。抗日战争刚结束,1945年日本投降,我到藏族地区,就用舞谱记了8个藏族舞蹈——7个是巴安弦子,1个是甘孜锅庄。到1979年,我去美国的时候,看到那里的人们还是按着我写的舞谱在跳藏族舞,而且味道纯正。有些人怀疑拉班舞谱的功用,认为风格、味道不可能记录。事实上不是记下来了嘛!

在我看来,拉班舞谱是一种实实在在的舞蹈文化。过去有人总说,舞蹈不是艺术,更不是高级的东西,因为它没有文化。音乐记载有乐谱文字,舞蹈没有文字。可是拉班舞谱我认为就是文字,舞蹈的文字文化。所以安·赫钦森,她的组织名为舞蹈语言中心,就是将拉班舞谱视为一种语言——舞谱语言。我们还没有正式开办拉班舞谱高级班,可是基本上我已经教过了,因为过去在办中级班的时候,其中就包括了不少高级教材的内容,如安·赫钦森的书等。后来中国舞协又帮助组织全国性的拉班舞谱高级教材训练班。由当时的香港演艺学院舞蹈系主任胡善佳和纽约舞谱中心的爱琳·福克斯授课。这次学习班收获非常大,为记录中国民族民间舞及其道具打下了很好的基础。

我看到我的同学中,很多人早已在国际上开展了推广拉班舞谱工作。当然我是学了40年以后才开展这个工作,应该说我是最慢的。可是从1980年开始,我从初级班一直教到中级班,开展的速度又是最快的。虽然我们起步晚，但是在大家的共同努力下，我们在北京、上海、广州等许多城市举办了几十期不同程度、不同教学内容的拉班舞谱学习班，有来自全国各地的近千人参加，其中包括从小学生、工人到体育工作者、大学教授、研究人员、系主任等各种专业的不同文化程度的人参加。我们也得到国际拉班舞谱学会的许多专家的帮助。他们只要来华访问，就主动抽时间为我们义务教学，提供教学资料。随着我们拉班舞谱委员会的成立，我们开始用拉班舞谱记录中国的民族民间舞蹈和出版拉班舞谱书籍，引起了舞蹈界的关注。北京舞蹈学院请张苓苓和谭联英记录中专一至六年级中国民间舞教材。我们还在舞蹈研究、编导、教学等领域运用拉班舞谱，所以可以说我们起步晚，开展速度却是最快的。因为在国外的时候，特别是历届拉班舞谱学会双年会，都不是为了普及。我感觉，要扩大拉班舞谱的影响力度，普及是最重要的事情！我就告诉学会的同仁们："中国有一种说法，叫'两条腿走路'。这两条腿，一个是普及，一个是提高。可是我们有些人只知道谈技术。"

丰　硕　的　成　果

1999 年国际拉班舞谱学会双年会是在西班牙巴塞罗那开的。1997 年第一次在亚洲——在香港召开了。这个学会的会议多半是在欧洲开的，1981 年在美国是第一次在欧洲之外召开，后来在纽约州又开过一次，其他都是在欧洲。可是什么人在东方、太平洋地区开展这项工作呢？在中国大陆，当然是我开展了这项工作。胡善佳在香港开展了。在印度尼西亚、日本、新加坡、马来西亚、泰国等地,这个工作也开展了。东盟的考古艺术中心曾组织几次训练班,由东盟各国学员参加。后来我看到一个消息,有一个人在非洲工作了好几个月,具体情况我不太了解,听说是记下了很多非洲舞蹈。第11次会议吴静姝跟我一起参加的。她也是会员,但是她太忙,只参加了一次会。以前开会,就我一个是亚洲人,其他都是欧洲人或是美国人;一般都是白种人和我一个黄种人。美国还有黑人参加,不多。可是1997年在香港开会了。1990年在香港演艺学院开了第二届国际舞谱会议,当时有世界各大舞谱的代表人物参加;那次亚洲人不少,有从东南亚来的,也有菲律宾人。1995年那次双年会是在法国开的。当时张苓苓去了;马来西亚有人来,从东方来的只有三个国家。现在参加的国家多了,我感到特别高兴。看到拉班舞谱在欧洲、亚洲、太平洋地区(南美的情况我就不知道了)得以推广,我由衷地感到欣慰!

我有几个学生,舞谱水平很高。其中一人要出国学习拉班舞谱,我介绍他到俄亥俄州去学了。她给我写信,说:"我太感谢您了!您给了我良好的规范。"因为我教他们记谱时,要求很严格。比如拉班舞谱的节奏,或者是"一答一",或者是"一答答答一",有大小,有很明显的规范。写节奏,就要像写音乐谱子一样正规,只有这样,使用者才能看得很清楚。

在国际上,关于舞谱人们说有三大派别:拉班舞谱、贝耐什舞谱(芭蕾舞用得比较多)和艾斯科-沃契曼舞谱(以色列派别)。80年代末,以色列人牵头召开过第一次国际舞谱会议,他们邀请我参加。但当时,中国与以色列尚无外交关系,所以我没有去。就是在那次会上,世界上几大舞谱机构联合倡议:每四年举行一次国际舞谱会议。第二次会议是1990年在香港开的,由胡善佳召集各大舞谱体系联合举办的。胡善佳是我的朋友,到北京来曾住在我家,他的拉班舞谱是向德国的库内斯[1]学的。参加舞谱会议的,美国人最多;非洲也派了代表参加。与会者都了解中国历来是有舞谱的。我们中国拉班舞谱协会,有两个名誉会员,是研究中国古代舞谱的,一个是彭松,还有一个周冰[2]是搞八卦舞谱的。关于拉班舞谱我们出了三本书,是中国舞协给我们印的,质量比较差。第一本是世界民间舞蹈,是初级的,还有一些简单的中国舞蹈,如秧歌等;第二本就是由我和冯碧华记录的《中国少数民族民间舞蹈》;第三本是彭松与冯碧华[3]合作搞的,用拉班舞谱复原、破译并记录中国古代的舞谱,主要是中国汉族舞蹈,不包括纳西族的东巴舞蹈及其他一些少数民族舞蹈。我在美国教拉班舞谱的那个学生,信中提到"三件事":一个是说我教他记东西很严格的,按着标准写;第二,说他发现自己是班里学得最好的;第三,他认为我们的水平不低于美国水平。其实完全可以说,我们的拉班舞谱水平,已达到国际水准。可是以前,总是我一个人参加会议,显不出我们的整体实力。后来张苓苓到法国去参加会议,她的论文很受欢迎。外国人没有想到中国的拉班舞谱水平那么高,所以一下子,中国在拉班舞谱协会的地位瞬间就提高了。这使我感慨良多!我这一辈子,在中国推广拉班舞谱,这个事情是做对了!

我这辈子最高兴的事情之一,发生在 1990 年 7 月,那是在"第五届香港舞蹈讨论会"期间。这次讨论会中最大的活动是"第二届国际舞谱会议",有来自五个不同国家的舞谱体系的代表以

---

[1]库内斯:德国拉班舞谱专家。

[2]周冰:已故中国艺术研究院舞蹈研究所研究员,民俗舞蹈研究专家。

[3]冯碧华:中国拉班舞谱学会理事,民间舞研究专家。

及各舞谱中心、舞谱机构和组织的代表参加。这也是我们的拉班舞谱委员会第一次派代表共六人参加国际舞谱会议。我们要在会议上宣读各自的论文。会议前夕，我们六人聚集在我下榻的香港湾景宾馆，再次审查和商讨。有人坐在床上，有人席地而坐，床上堆满中英文论文稿、工具书和其他材料。我要求大家语言精练、翻译准确，严格把握发言时间。就这样，我们对每一篇论文的每个观点、每个例子反复推敲，直到深夜两点。

会议期间，我们几个人中最早发言的是罗秉钰，她介绍了《从用拉班舞谱向中国儿童普及舞蹈文化》。她用几个实在的例子证明用拉班舞谱开发儿童智力、传播舞蹈文化的优越性，赢得了代表们的热烈掌声和赞美，为我们打响了第一炮。我的题目是《三步加……》。这是我在研究中国民族民间舞蹈时发现的一种规律——走三步，加一个动作或姿态或……从简单的步法元素中演变出许许多多的舞蹈语汇。我记谱的各民族民间舞中都有。我把记录的谱例发给与会代表，大家一起阅谱而舞，现场体会。

7月28日是会议的最后一天，这天上午的国际舞谱会议由我主持，四位中国代表发表了三篇论文。会议节奏非常紧，但由于事先做了充足的准备，我们的发言有条不紊地进行着。第一篇是《拉班舞谱在中国的普及和发展，运用拉班舞谱分析和记录中国民间舞和抢救东巴经舞谱》，由吴静姝和张苓苓共同发言。她们介绍如何成功地运用拉班舞谱分析和记录民间舞，特别是对不同风格的掌握。他们的论点得到了专家们的赞赏。我们曾去云南收集散落在民间的"东巴经舞谱"，并用拉班舞谱将东巴跳的祭祀舞蹈记录下来，在抢救濒于灭绝的东巴文化活动中，贡献自己的一点力量。

80年代，中国舞蹈图片展在国外展出时，陈列了用"东巴经舞谱"记录的一段祭祀舞。它的旁边又陈列着我们用拉班舞谱记录的老东巴根据"东巴经舞谱"所跳的这段舞。有些参观者竟读谱跳出了这段古代祭祀舞。他们激动地说：中国800年前的舞谱，今天还有人能读谱而舞，真是太了不起了。

这天宣读了的第二篇论文是《运用拉班舞谱"复原"中国古代舞蹈的探索》，由冯碧华介绍彭松教授和她如何合作复还、破译，并用拉班舞谱记录了我国七个朝代的九个舞蹈的片断，其中最引人注目的是对唐代敦煌舞谱残卷的《酒令舞》的破解与记录过程。

最后是我们的名誉会员周冰宣读题为《当今世界最古老的舞谱——八卦舞谱》的论文。她的发言又一次激起了听众的浓厚兴趣，一致认为八卦舞谱是世界舞谱历史上最灿烂的明珠。这几篇论文发表后，全场热烈鼓掌。散会后各国专家不肯离去，围住我们，临时加印的几十份论文稿被一抢而光。东盟考古与艺术中心的蔡曙鹏博士当即提出邀请我们去新加坡为该中心的拉班舞谱训练班讲学。

当时人们众口一词：香港舞蹈讨论会最成功的是舞谱会议，而舞谱会议的高潮是中国代表的各种发言。从中看出，对中国的评价是很高的，这是我最大的安慰！现在北京舞蹈学院有时请张苓苓去教舞谱，后来美国专家南希·扎根多夫来了，我陪他去看张苓苓的课，他很满意。学生考试的时候，张苓苓也请我去了。还有空政歌舞团的罗秉钰[1]，她做了很多普及工作，培养了很多的学生，她的舞蹈教学是和拉班舞谱同步进行的。

---

[1]罗秉钰：空政歌舞团著名舞蹈编导，舞蹈《敦煌彩塑》作者，中国拉班舞谱学会副会长。

2001年戴爱莲参加国际拉班舞谱学会双年会，与美国的拉班舞谱专家露茜·范纳勃（中）和学生谭联英的合影。同年8月，戴爱莲与露茜·范纳勃荣获了美国"俄亥俄舞蹈奖"的终身成就奖

一件事能成功，往往是一群人共同努力的结果，不是一两个人的功劳。在芭蕾舞团，我老早就告诉白淑湘：作为老同志，要照顾年轻人，要给他们出路。老同志有老同志的价值，如果没有我们这些老人，芭蕾舞团也不会有今天。不能否认历史！文化艺术是靠一代人一代人的继承与积累；当然随着生活的发展，艺术也要发展，这是规律。

　　如何鼓励年轻人成材？搞舞蹈比赛，并不是培养人才的惟一方法。有些东西，是无法类比的！艺术欣赏和艺术表现是"法无定法"的。莫扎特和贝多芬，到底谁好？巴赫和舒曼，谁比谁高？不可比。以中国为例，我喜欢吴晓邦的作品，但其他人的我也喜欢。但我无法说清谁好？谁第一？艺术这个东西，根本就不能这样比！在苏格兰时，我参观一个美术展览。一进门，侍者给你一张纸：请写上你最喜欢哪幅画。这就是征求观众的意见，并不是比赛。

　　从舞谱，我们看到——舞蹈有语言。一看到舞谱，马上就能知道那个国家的舞蹈怎么跳。利蒙①的舞、韩芙莉的舞，安东尼·图德的芭蕾舞，都是通过舞谱记录下来的。1978年在美国开了一个关于舞蹈版权问题会，但至今这个问题还没有完全解决。但基本上明确了——舞蹈编导的版权以"舞谱"形式表现，和音乐一样。

---

①利蒙：美国现代舞大师，"利蒙技术"的创始人。

14

探寻中华舞蹈之宝

中国的文化艺术之宝是什么？秦砖汉瓦、唐诗宋词、园林建筑、散文书画、金石篆刻、民乐戏曲……这些都是中国人创造出来的文明瑰宝。可舞蹈的宝在哪里，我们中国有没有舞蹈的宝？我自己有自己的看法。

有一次，云南的一个团体到英国去演出，是华侨赞助的。请我们吃饭时，他们唱歌，也要求我唱个歌。我说："你们知道，我不会唱歌！"他们说："那您就跳一个舞吧！"我说："我也没有准备表演的舞蹈，就给你们跳一个5000年前纹彩陶盆上画的舞蹈吧！我觉得那就是古羌族人的舞蹈！"我认为那是5000年前的，就边唱边跳。有个华侨问我："你会不会跳3000年前的舞蹈？"我说："我会

1993 年戴爱莲在云南和普米族的妇女一起跳舞

戴爱莲与安徽花鼓灯艺人冯国佩交谈

几个步伐,可是不知道节奏,因为记载上没有。"所以,我就做了些记载下来的步伐。啊,她服了!到场的很多人都对这个很感兴趣,知道3000年前就有舞蹈,舞蹈有那么长的历史!很多中国人却不知道。科学院研究很多科学的东西,可是对基础教育就缺乏研究。基础教育是什么呢?民族的东西历来是个宝,传承它、保存它,是基础教育的重要内容。不是今天的我比前人聪明,东西都是今天"创造"出来的!其实那个东西,原来在老百姓中就有了,像巴兰钦说的"东西本来就是在那儿,我就是取过来,摆来摆去罢了!"所以我说,民族的文化早就有了,但是人们忘了;民族舞蹈还活着,在偏僻的地方保留下来了,只要我们去寻找,这些宝物总能发出光芒。我去丽江,看到东巴文化,我说这就是中国舞蹈的宝藏。中国观众只爱看技巧,爱看舞蹈杂技,但那不是舞蹈的根本,舞蹈是一种文化,没有语言,但一个动作、一个姿态,都是文明的载体,舞蹈是一个民族生存的动力。少数民族舞蹈步伐很丰富,只是还没被人去认真"发现"罢了!

在中国,汉族占人口的大多数。那么汉族又是从哪儿来的?我认为,汉族是在距今2000多年前的汉朝,融合了各地区、各民族的人形成的汉人的基础上,才出现的民族。你要问广东人是什么人?他会说他是"唐人"。所以各国有唐人街,美国、英国都有唐人街。华人都说"我是唐人",而不说"我是汉族"。我们是"华夏"人。"华夏"是从哪儿来的呢?"华"就是中国的意思,"夏"是夏朝,那是4000年前,所以说我们是个古老的民族,华夏,就是中国的宝。

秧歌也是中国的"宝",是民族的舞蹈。各个省份也有不同的跳法、不同的风格,陕北、云南、安徽都不同,所以比较丰富,这很好。如果都是一种跳法,那又太单调了!有一个观点认为:秧歌是汉族典型的民间舞蹈。可我认为不能说是典型的汉族民间舞蹈，可以说是现代汉族典型的舞蹈，因为甲骨文有3000多年历史，秧歌舞的形象可以在甲骨文里找到，但那时还没有汉族。秧歌比汉族出现起码要早1000多年。汉族以前是华夏民族，它是来自各个少数民族的，是各种各样文化的融合。所以，不能说秧歌就是汉族的典型民间舞蹈。这就是基础知识，人们首先应该知道汉族是怎么来的，没有理由"大汉族主义"。这个观念至今很顽固地存在着，不是一代、两代人能解决好的问题。在一些人的意识里还认为少数民族是落后的。文化落后的标准是什么？什么叫现代文化？总有个概念，认为只要是西方的（以科学民主为基础）就是好的。我不同意！不能用一个标准看，我认为各个民族的文化一直保存到今天，不管是音乐、舞蹈，还是文字典籍，这些东西都是人类共同的财富。我想写文章，探讨一下中国舞蹈的"宝"在哪里？可写这种文章给谁呢？我看还是给社会科学院，因为他们研究这种问题，我认为这是基础教育问题，让他们看看我的观点怎么样。

民族的文化都是宝，包括他们的舞蹈。我认为民族的文化都是各民族（包括汉族）逐渐创造出来，经过时间的考验，一直保持到今天。人类古老文明的历史多数中途"断流"了，像埃及、希腊、印度等就是这样，印度的佛教文化也都向中国、泰国流传了。但中国了不起，我们的历史没有断过！其他国家很少像我们这民族文化没有断过的，这是个基础的问题。所以我要学各民族真正的舞蹈，我认为那是真正的宝，并不是所谓的"落后"。一个民族，什么是美的？他们自己知道。他们有自己的美感，为什么他喜欢穿那个颜色，各种颜色怎么配起来？他们喜欢用银的东西，而不是用金子。连图案都是宝，民族文化的宝。

15

我的舞蹈家朋友们

我与纽瑞耶夫的交往

第一次遇见纽瑞耶夫,是偶然的。1979 年,我去丹麦参加纪念布农维尔逝世 100 周年活动,一个礼拜演出的都是布农维尔的作品。芭蕾界名流都去了,英国著名舞蹈评论家克莱门特·克里斯普等很多人在那儿待了很久。此行还有一个目的就是为中央芭蕾舞团请一个外国专家来教课。我知道我们需要什么样的教员,"文革"以后,我们的教员水平不够高,特别是女教员,我要找一个好教员,帮助克服我们现有演员身上存在的一些毛病。我知道巴黎歌剧院拥有国际一流的演员、教师,所以就到那儿去物色人选了。

介绍我去的是艾弗·盖斯特（我同学的丈夫），他用英文写过有关巴黎歌剧院芭蕾舞团的历史方面的书。后来被希尔·盖尔译成了法文。我去时，希尔·盖尔是芭蕾舞团团长，他接待了我，并替我找教员，可后来他被调到日内瓦芭蕾舞团去了（以后又回到巴黎歌剧院），这我都不知道。他来北京我不知道，我去巴黎是路过，只有两天时间换飞机，就利用这个时间到巴黎歌剧院看看、顺便找教员。我事先复印了艾弗的介绍信寄给歌剧院，提出我想看演出。他们说：近日都有演出，不过不在同一地点。我说两场都想看，因为是不同节目。幕间休息时，巴黎歌剧院所有的领导人都出面了。歌剧院的建筑是很漂亮的，像过去皇宫里那样富丽的贵宾室里，放着一张大桌子，但只有我一个客人坐在那里。

我记得，1979 年华国锋从法国到了英国访问，曾去观看英国人演的《睡美人》。黄华当时是外交部长，他没和华国锋坐在一起，而是坐在我后面；可能是玛戈·芳婷的关系，我被安排坐在华国锋前面，是在二楼前面很好的位子。华国锋当时是中国共产党的主席……

所以在巴黎歌剧院，我也拿出了"外交人员"的姿态，我说："很高兴，中法两国的关系在加强，因为中国领导人刚刚访问过法国！我在这儿只有两天时间，我们北京有个芭蕾舞团，很想请一位法国的芭蕾舞教员去教学，因为我知道法国芭蕾舞世界闻名，有很好的传统。"他们听了马上表示赞同，提出让我明天一早就去他们办公室。第二天早上我去了，碰见伊菲特·肖弗雷①，她是法国的"乌兰诺娃"，安东·道林和她合作过的，每次国际比赛她都去，我

---

①伊菲特·肖弗雷：法国巴黎歌剧院芭蕾舞团主演。

很喜欢她,很漂亮、一直到年纪大了还很漂亮。有一次参加比赛她晕倒了,那里空气不好。她见到我说:"都传开了,说'剧院要派一个专家到中国去',你一定要选择我,让我到中国去!我不光会教女的,还会教男的,还可以帮你们排《吉赛尔》,希望你挑我去。唉呀,如果你不要我去怎么办呢?那我只能旅游去了!"看得出,她的心情非常急切!可我自己想:经过"文革"我们的水平下降,教员水平不高,演员的毛病太多。本来芭蕾舞演员的脚特别讲究,脚的功夫要很漂亮,但我们芭蕾舞演员的脚像"破抹布"。教员的责任是帮助提高和排练,帮助他们克服毛病。因为我们演员的基础训练存在问题。一个艺术团体,不管是芭蕾舞团,还是交响乐队,不光是演现代作品,有时还是要排古典作品的。像乐队就要排贝多芬,这样才能保持水平,因为有的新作品锻炼不了乐队。像纽瑞耶夫来时搞《堂·吉诃德》,可以锻炼我们的演员,每个演员都有很多舞蹈可跳,目的性很强。我认为伊菲特·肖弗雷不行。我到了办公室,纽瑞耶夫坐在那里,一见面就不像生人。他气坏了!说:"节日芭蕾舞团第一次去中国,我就应该去,可没有去成!"他很想到中国来。我说:"我们国家很穷,请不起你。"他说:"我不要钱!""那太好了,我非常感谢你!你现在是什么国籍嘛?""我没有国籍,这个很重要吗?"我说:"你没有国籍,我们怎么能保证你的安全呢?难道你各个国家都跑了,就没有一个国家的护照吗?"他说:"我在英国有个绿卡。"我说:"这就是你的国籍嘛!"后来,他到中国之前,加入了奥地利国籍。在英国的时候,我很怕有苏联特工跟着他,因为他是从苏联逃出来的。在法国时,他问我排什么剧目合适,我就提出排《堂·吉诃德》。

　　那天中午,正好我和彼得·绍弗斯约好了,他搞了一个大型的募捐演出，有好多人参加，纽瑞耶夫也参加了，那是为儿童的募捐活动。那天他第一次请我到他家里吃饭，还请我到节日芭蕾舞团（他在那里练功），看了他的排练。我和纽瑞耶夫很快成了好朋友，我叫他鲁迪，这是朋友们叫他的昵称。

后来回国时，文化部的人问我有哪些人想来中国，因为要开展文化交流。我就说"很多人都想到中国来的，尤其是纽瑞耶夫"。当时中国刚刚开放，对外国人很有吸引力，有一次我碰见一位老太太，是人家告诉我说有位老太太认识我、想见我，我也不知道是谁。见面后她说："你在美国的时候，我上过你的舞蹈课（我教了那么多人哪记得住）。"她说："小时候，我看过马可·波罗的书，就有了'要到中国去'的愿望。我现在年纪大了才有机会可以到中国去。"不光是舞蹈界，很多人都想来中国看看。我到印度去时，也有很多年青人向我表示想来中国，可我们中国人却相反，就认为美国有吸引力。一般人到中国来，都能满足他们的要求；可很多人到美国去以后，只能收获失望，因为他们想像的美国不是那样的！有的人去了美国，想回来却回不来了。到现在为止，我没有听到有人到中国来有不好的印象的，说不定有人有，可我没见到、没听到。在舞蹈界，安东·道林要来，纽瑞耶夫要来，都是很好的。

我们打算请纽瑞耶夫来中国之前，我曾要他给我一个预算方案。他按照自己出访别的国家时对方通常的开销情况给我提供了一个计算。可是他真正来中国，是作为政府文化交流项目，由中方接待，我们也没有花多少钱！我知道，在西方一个主要演员排一个舞剧片段（而不是全舞剧）报酬就要 4000 美金，那还不是纽瑞耶夫呢！他是把自己版本的《堂·吉诃德》舞剧送给我们的，是送给中国人民的，所以他分文不取。我们还要到美国演出该剧，所以是要给他版权费的。当然，给多少是可以商量的。负责此事的两个经理知道我们有困难，收了很少的版税。那时，我们的经济状况还是相当窘迫的，现在是好多了。那时，我们是请不起像安东·道林那样的人的，因为给他们安排住房是很困难的。后来也是以两国文化交流项目的名义把他们请来的。我当时只负责把他们请来，但是如何接待我是没有能力管的，因为那时的安排还是要看级别的。有一次，我请了一位有名的匈牙利女专家来，为了方便她，我们替她找了一家离我们团较近的旅馆住下。第二天，她对我说："我昨天一夜没睡觉，这里的旅馆，让我一看就想回去了！"因为她房间里没有换新的被单，床具很脏，洗澡间也很脏。匈牙利人是很爱干净的，他们喜欢白色，受不了一点灰尘。不光是她，我的干儿子伊凡·纳吉的家也是干干净净的，什么都是白白的，太干净了，人都不敢坐！……后来，那位女专家自己去叫他们换了床单才了事。以前我请专家来，请我的老师来，都带他们到北京饭店去理发、按摩，那里的服务水平是很高的，每次回来，他们都是很高兴的，认为中国什么东西都是好的。

在英国，纽瑞耶夫的助手从巴黎给我打来一个电话，说："告诉你一个好消息，已经决定他要去中国了！但要五年以后。"我说："很好，你来不来？""他没说我来。"我问他的英国妈妈："你来不来？"她说："他没请我。"我说："你告诉他你也要来，鲁迪有钱！"

纽瑞耶夫暂时来不了，于是他告诉我："你可以写信给诺沃特提①，说是我说的，请他到中国教学，之后我就来。"后来诺沃特提给我回了信，说："鲁迪让我来，我当然来很多次；鲁迪怎么说，我

---

①诺沃特提：奥地利国家芭蕾舞团艺术总监。

就一定怎么做!"他对他的朋友也是很好的,他的朋友也都是很好的人!

纽瑞耶夫要来无偿地帮助我们。有人就问:"为什么他对我们这么好?"我想难道世界上都是坏人吗?不会有一个人心是好的?可能因为他是从苏联逃出来的,所以人们对他心存疑虑。还有人批评他太傲慢,其实这是误解他了。他是塔塔尔人,有时候他很不礼貌,那是对有些总找麻烦的人不礼貌,他对事业是很严肃的。如排练的时间一到有人拖拖拉拉才进来,他就要发脾气!他要求艺术是那么严格,芭蕾舞是一个整体,一定要有纪律作保证!一个乐队也是如此,总不能音乐响了队员拖拖拉拉才开始演奏,不可能的,这是集体的艺术。只要看到演员很努力,他就愿意伸出帮助的手,从来不拒绝。我带演员出国去参加比赛,问他有没有时间来看看,他虽然很忙,可就是十分钟时间他也要为我们挤出来,他搞艺术是相当严肃的。有一次,他接受一个电视采访,采访者问他:"你认为你有天才吗?"他说:"当然!"有人认为他骄傲,可他这是在说实话。有时他不知道该怎么答复这些问题。因为他这个人很真实,不会说假话,也从不隐瞒自己的思想。同样在与我的交往中,他没有说过什么我爱听的话、别人爱听的话。

鲁迪对中国很尊重。来之前,他曾客气地提出希望带一位意大利按摩员,可后来那人来不了了。他问我:"到中国要带按摩员吗?"我说:"中国按摩员特别多,你不必带!"来之后,我们团里的大夫为他按摩,先后换人,他都说不合适。后来,北京饭店楼上有个按摩员给他按摩,他非常满意,很高兴!在这以前十天,我找不着让他满意的按摩员,对他说:"鲁迪,对不起!我找不到人。"他说:"如果我每天不按摩,身体会感觉非常难受!"要是在以前,他肯定会发脾气了！我知道他为什么一定要按摩:他学习芭蕾舞的"开法儿"时间很晚,因此练得很猛,肌肉很容易"发死"。他边排练,还要边做动作。他腿上有伤,而且有一条腿还短一点。如果考北京舞蹈学校,他是考不上的;普洛勃金斯卡娅要考也考不上,她有点驼背。在法国第一次见到鲁迪时还看不出来,到北京来时他腿伤厉害了;离开北京他还要去日本演出,人们都不知道他的脚趾断过,可十天后还要演出！在英国,他本来已经不演出了,后来知道中国大使要去看演出,他带伤上了台！我告诉她的英国妈妈说:"鲁迪身上长的好像不是骨头,而是钢铁,他的结构里有钢！"我们团的钟润良也是这样,她也是有这种"身体结构"的人,可以演出很长时间。鲁迪50多岁,年纪大了,可他的毅力很强。刚到北京,知道他两周后要去日本演出,就开始练,而且练得很苦,膝盖水肿得厉害！我心都疼了,可一个芭蕾舞演员的确是不能停下来的！我跳印度舞时,也膝盖肿。我原来没有职业病,后来蹲下去就起不来,这种情况要休息,否则肌肉都没有弹性了。

在北京,他工作起来十分投入,他每天都有排练计划,他不喜欢人家打乱他的计划。有一次中国舞协请吃饭,可我们还在按计划排练。时间到了,我们也不能提醒他。快到晚上九点半了,舞协不断打电话来问,我告诉他们"还没排完哩!"后来不得已,我告诉他人家等了半天了,他才说:"好了,好了!"我们才去。那天他腿疼,走起路来一拐一拐的。我要他到我家里来,就告诉他:"这不是请客,只是家庭式的,我们几个人聚会。"他和他的英国妈妈,还有他在巴黎歌剧院的排练助手、他的秘书,我的两个女儿和她们的丈夫,就这些人在我家吃了一顿饭,没有请别人。我的邻居王老师对我说:"我不要你请吃饭,但我要看看那个人!"我说:"我们吃饭没什么看头，我们吃完饭，你来喝咖啡吧！"那天他们来了，都感到很自由。那时我们每天排练完就在北京的马克西姆饭店一起吃饭，都是他出钱，他来北京时，巴黎那个马克西姆饭店老板通知北京店说要好好照顾他。参与的人有穆德（他的英国妈妈），他带来的人——秘书玛丽-苏珊娜·苏比、助手尤金·波利亚柯夫，还有我共六个人。后来大家轮着请。在马克西姆饭店吃饭相当贵。中央芭蕾舞团的一个演员汤国华（他舞蹈感特别强，代表性舞跳得很好）问他："你为什么这么浪费？这里吃特别贵！"纽瑞耶夫答复他："你知道吗？我工作很多年了，我有了钱了，我高兴我就花了，我的生活不会回到小时候那样了！"他小时候，只能吃土豆。有时，他还把土豆扛到市场去卖，他还卖过水。他妈妈带他去上民间舞蹈课，由于他没有鞋子，妈妈还得背着他去。所以他童年的生活是相当艰苦的！有一次，他对我说："你知道我小时怎么生活的？我父母、两个姐姐，还有一条狗，就住在一间房子里。我们乌拉尔山那儿有石油，可莫斯科政府都拿走了，只给我们留了一点点！"那时他们生活很苦，所以现在高兴了就花钱，因为他不愿再回到过去的那种生活状态中去。纽瑞耶夫这个人很大方，总是自己请大家吃饭。有一次，他请我们的主要演员张卫强在建国饭店吃牛排。张卫强说："你技术那么棒，当然啦！你吃牛排，我们不会像你那么棒，我们不是吃黄油、吃牛排长大的。"他说："什么，我吃牛排？我告诉你，我的技术是我吃面包练出来的，我那个年代，黄油不一定有多少哩，我是靠面包长大的！"他说："那时我很苦，晚上到俱乐部跳舞，白天我要到市场去卖水。可我就是喜欢跳舞。"张卫强听后，傻了，半天不说话。

他喜欢中国古董，在北京时，经常跑到琉璃厂去买些小东西。

有一次,他们四个人坐出租车,司机问他们是什么地方人?鲁迪是奥地利国籍,他的英国妈妈当然是英国人,而他的行政助手是法国人,尤金·波利亚柯夫①是苏联籍的犹太人,但已离开了,因此他无国籍。司机都糊涂了,他最后问:"你们是不是一起的?"实际上,芭蕾舞就是没有国籍的艺术。

　　鲁迪告诉我,他是出生在火车上。当时火车走过贝尔加湖南边,纽瑞耶夫说:"沙皇侵略中国以前,这里是中国的地盘。"他是鞑靼人,他父亲也到过哈尔滨,原来是俄国军人。他要搞舞蹈,他父亲反对,认为那不是男子汉的事业。所以他一直和他父亲的关系不好。我带他游览到长城时,我说:"这就是为了防止你们的入侵而修的,现在你们胜利了。"他笑道:"不光到长城外面,还在长城里面。"那天,他带了摄像机,拍了不少东西。后来我很想看看他的录像,可是没有了,他的东西都拍卖了,在美国拍卖的,在英国已找不到了!

　　我知道他很喜欢吃我做的广柑酱,在旅馆他想吃了,可那儿只有草莓!她的英国妈妈告诉我:"在苏联时,不知道有这个酱,他只知道蜂蜜,到了英国才知道了很多其他美食。"广柑酱的来历是这样的:西班牙是个盛产广柑的国度,商人们用海船运广柑到英国去销售,途中遇到风暴,船翻了,广柑都倒在海里了! 商人们深感可惜,便将沉海的广柑捞起来,加上盐和糖煮成了果酱。盐和糖是有一定作用的,如果是苦的东西放点盐会变成甜的,人们发现这种果酱味道很好吃,后来欧洲的"大陆早餐"都这样吃了:面包、咖啡或茶加上果酱。很简单!我给了鲁迪一瓶广柑酱,第二天他的

---

①尤金·波利亚柯夫:国际芭蕾大师。

助手告诉我："你那一瓶酱,他一顿饭就吃完了!"于是我做了一大堆,装了几瓶给他。后来,只要有人到法国去或是我去,就带广柑酱给他。他到香港演出,正好有个美国人大卫·布里斯去,我就顺便让大卫帮我带了两瓶果酱给鲁迪,我又复了一封信。鲁迪很友好地接待了大卫,但第一件事,就是急不可耐地问:"我的果酱有没有?!"……后来,他在美国编了个舞蹈《灰姑娘》,他没演主角,而是演了一个"电影导演",一个现代人的形象,我半天都没认出他来!在后台,他有个黑人朋友给他拿来了奶酪吃,我才知道他也喜欢吃那种东西。

还有一次他突然说"没有音乐我活不了,您有没有录音机?"我知道巴瑞什尼科夫是会弹钢琴的,那时他在我们团上完课,人们都回家了,他留下来弹钢琴,我总是陪着他的。纽瑞耶夫也会弹钢琴,他法国的家有架古老的钢琴,还有很多古董。他问我:"你要吗?给你吧!"但又一想:"太沉了!"他怕冷,所以老戴着帽子。到中国来的时候,我给她买了一顶新疆帽子,我说:"你戴上这顶帽子,下飞机后人家都认不出你是哪里的人了,以为你是新疆人哪!"我还给了他毛线帽和皮帽,他有好几个袋子,里面装的都是帽子。伦敦"节日芭蕾舞团"到中国演出,本来该他来却没来。后来见到他时,戴了顶"解放军"的帽子,上面还有红星。我问他从哪儿搞到的,他说:"节日芭蕾舞团来的时候,有人在上海买了带回去送给我的,下飞机时没戴,忘记怎么戴了。"他很喜欢那顶帽子。

以前,每年在英国克里西亚姆大剧院都有他的演出。那是个很有名的剧院,舞台是可以旋转的。他后来年纪大了,已没有年轻时演得那么好了,可人家还是买他的演出票,都要看他!

有一次演出结束,纽瑞耶夫拉着我的手走出后台门。马路上都是人,都在等着看他,他不拉着我的手会被挤散的,后来找到汽车,上了汽车大家还都盯着玻璃窗看他,老看不够!这个人很有魅力,他的表现力很强。他死以后,我对他的英国妈妈讲:"他的表现力特别强,你问他一个问题,不用他回答,从他的表情就知道他要回答你什么。他看见前面走路的人,从步频的快慢就能猜出人家在想什么。他的智力很好,是很有学问的一个人。"他的英国妈妈告诉我:"鲁迪第一次从法国到伦敦来,他提出要和玛戈·芳婷一起跳,玛戈因为年纪大了,准备不再跳了!玛戈说:'他想和我一起跳,那不是像一只小羊和快被宰来吃的老羊一起跳舞吗?'可后来他们一起跳了。"在芭蕾舞的历史上,两个名角一起演出又配合得那么好、那么深刻是少有的! 在芭蕾舞历史上有几对著名的艺术家,例如有尼金斯基、卡沙文娜一对,听说很好!可我没看过尼金斯基,只看过卡沙文娜①跳。还有安东·道林、阿莉西亚·玛科娃,也是一对,跳得特别好。在芭蕾艺术中,独舞跳得好,与别人搭档跳双人舞也配合得天衣无缝的人,不多!像纽瑞耶夫和玛戈·芳婷这样的"黄金搭档"就太少了!我看纽瑞耶夫在台上跳时,已不是他年轻的时候了,看得出他年纪大了,但他们的合作还是很好。

　　一天鲁迪在大剧院演完后,我们去吃饭,在哥特广场附近一条小胡同里有家意大利饭店。我不会喝酒,他说:"应该喝酒,对身体好!"他的英国妈妈喝"白酒",我说:"你真厉害!"她说:"不、不,不厉害,很轻很轻的!"其实她喝的是白葡萄酒。可在中国,一说白酒就是烈性酒,也就是英国人所说的"列克"一类的东西,比如白兰地、威士忌等,就是烈性酒。

---

① 卡沙文娜:20 世纪初俄罗斯著名芭蕾舞女演员。

玛戈·芳婷送给戴爱莲的演出照

晚饭一直吃到夜里两点钟。因为我知道老有克格勃跟踪他，我很担心他的安全。可他说："没事，他们早就不跟踪我了！"吃完饭，他一个人跑出去，为我叫出租车，我这才意识到他在英国是安全的。那家意大利饭店对我们很照顾，用餐时，他需要什么，人家就马上办到，非常周到和殷勤。

我很同情他，我知道他是个伟大的艺术家。他当年在法国演出很受欢迎，苏联人怕他叛逃，可那会儿他还没有那种想法呢！后来，苏联人要他回国，他知道那不是件"好事"，所以就逃出来了。那时他才23岁，一个年轻人离开了家，工作那么忙，他的生活里都是旅馆、剧院、飞机，好像流浪一样，精神压力也很大，却没有一个真正的家，只有他的英国爸爸、英国妈妈（他的"义父、义母"）照顾他。据我所知，有很多人想做鲁迪的妈妈，但我没听说有人愿意想做巴瑞什尼科夫的妈妈的。鲁迪的英国妈妈穆德是我的老同学，她说：鲁迪来英国时住在她楼下，他特别怕冷，盖好多被子还冷。第二天看被子湿了，出了好多汗。开始时，他英语不太会，后来逐渐适应了。但能看出他不愉快！我问过鲁迪："你有多少妈妈？"他说"英国妈妈、中国妈妈，巴巴拉不能算妈妈！"我后来问穆德："巴巴拉是谁？"她说："那不算的。"但是他对穆德和她丈夫感情最深，所以我写信给他们，替他们高兴。他们俩人有一个笔名，叫亚历山大·格兰特。用这个名字，他们出了很多有关芭蕾舞的书。我也曾给鲁迪写信，说："我很高兴，看见穆德夫妇待你像亲爸爸、妈妈一样亲，你也像亲儿子一样地待他们！"他的英国爸爸去世了。老先生病的时候，鲁迪一直在他床边，像待亲爸爸一样。

戈尔巴乔夫当权后莫斯科大剧院芭蕾舞团的领导人，请纽瑞耶夫、巴瑞什尼科夫回去看看。鲁迪说："我一定要比他早去，我要

第一个回去！"他要去看母亲，他妈妈病的时候他曾要回去，但当时的苏联政府不让去！现在，他当然想回去看看！他是在巴黎歌剧院办公室接受采访的，我在电视上看到消息，当天就给他写信，说："我替你高兴，太高兴啦！你可以回家了，可以看见你妈妈了！"第二天，从电视里看到他在红场上，他已经到了。这是个很特别的人，待人很亲切。

　　我给纽瑞耶夫写信，称呼总是"我的塔塔尔（鞑靼人）！"他英文信写不好。到各国去演出，我们都可以通电话，可有时也找不到他。他有好几个家，他的英国妈妈那儿楼下有他一个单元；巴黎的家在塞纳河旁的一个三层楼，很漂亮！特别是晚上，在家中，就可以看见游船走来走去，还有河对面的卢浮宫，地点特别好。他在蒙特卡罗还有房子，在纽约也有个单元，在美国还有个农场，在西印度群岛、在伦敦，他都有房子，本来有八处房产，但他没有住。有的租出去了，有的卖掉了。最终，他买了一个岛。最后，我去巴黎看他排练《舞姬》，他已经坐轮椅了。我对他说："鲁迪，你瘦了！"他说："没问题，就是累一点！"因为排练时，他老起来示范，当然有人在帮助他。可没想到，他的身体坏得那么快，在电视上看到他变化很大！那时，巴黎政府已经给了他一个很高的位置，当然我更关心他的健康状况。我和他的英国妈妈联系，她说鲁迪第二天要去一个地方演出《天鹅湖》；第三天后，去一个岛上休息十天。可他还在工作，还在准备给巴黎歌剧院演出《胡桃夹子》。他从英国皇家芭蕾舞团挑了一个相当好的《胡桃夹子》版本，这个版本他肯定要给巴黎歌剧院排的。休息了十天，回来时他的身体好多了，可这是最后的消息！再来的消息，就是他已经去世了！我当时在英国，通知我去参加追悼会，我没想到他那么快就去了，我还给他做了广柑酱！

我还给他写过信说"我 6 月要去看你的《舞姬》的演出",我已经申请去巴黎的签证了。接到让我去参加追悼会的通知,那上面安排得很周密:我可以乘第一班飞机到鲁迪的秘书玛丽-苏珊娜·苏比的家里(她家离巴黎歌剧院很近),在她家里吃罢早饭后,一起到巴黎歌剧院参加追悼会,再到郊区公墓。我不断在英国申请赴法签证,告诉他们我要提早一周去巴黎,也就是星期六去。可海关一直关门到星期五,我签证没拿到,就没有去成。后来我看了电视转播,纽瑞耶夫的葬礼规模相当大,乐队奏乐,他的棺椁停在巴黎歌剧院,人们为他举行了告别仪式;然后是送葬,马路上挤满了各种车辆。

　　我没能参加他的追悼会,而是去巴黎看了他的墓。陪同的人说墓很好找,在巴黎南郊。一进公墓大门,左边可以看到里法尔①的墓,他也是巴黎歌剧院的团长。他的墓是大理石做的、刻着金字。陪我去的是李路,他是我们大使馆的二秘,他开了车陪我去。我找到了他的墓,那里有很多的鲜花,还有巴黎歌剧院送的假花。鲜花已谢了,但假花很新鲜。我也带了花,我本来是要和鲁迪谈话的,可去的时候有个女的站在那里。我有些顾虑,李路说"没关系",我就讲了。旁边那人问我:"你认识他吗?"我说:"认识,你呢?"她说也认识。她是德国人。我问她:"你喜欢鲁迪,是把他当做一个人,还是当做一个艺术家看待的?"她说是像一个人那样看待的,因为他很会做人! 我看得出,她也是个很好的人。

---

　　①里法尔:法国芭蕾舞大师。

伊凡·纳吉——我的另一个"干儿子"

有人问我"你怎么那么多干儿子,而且都是世界名人?",还问我"为什么不要巴瑞什尼科夫做你的干儿子?"我说:"巴瑞什尼科夫可以做朋友,但我不愿意他做我的干儿子!"我的另一个干儿子是伊凡·纳吉,而且是他先叫我妈妈的。他怎么会成了"干儿子"呢? 记得那次,我参加美国杰克逊国际芭蕾舞比赛,还没开赛就出了问题。我去抽签的时候,发现那里除了有我们的国旗外,还有台湾"中华民国国旗"。我一发现,就给组织者提了出来,我说:"你难道不知道吗?美国只能支持一个中国,台湾不是一个国家,不允许有他们的'国旗'!"还有,我看见他们已印出来的说明书,其中有一个选手属台湾(ROC),也就是"中华民国",这也是不允许出现的事情! 当时,旗是已经拿下来了,可说明书早已全部发掉,收不回来了,这是个极大的错误! 按规定,选手上场时要拿国旗,我提出台湾选手不能拿所谓"中华民国"的旗帜。组织者说一切照我说的办。排练时,他的确没有拿旗。晚上开幕式,所有评委按照自己国名的英文字母顺序落座,可我被安排在在波兰评委后面。我们坐定后,选手上台。台湾选手上场,还是拿了"中华民国"的旗子!我当时就提出强烈抗议,并且扭头就走出去了!我不能参加这样的活动,有损国格! 我回到评委休息室,找保卫人员,让他们给我找辆出租车,我要回旅馆去。组织者赶紧把上司找来,说这是个误会!我说:"你们怎么样能让我相信这是个误会?你说服不了我,你们是故意的!"本来道边的台湾旗子已经拿下来了,又加了一面中华人民共和国的旗帜,所以我们有两面旗帜在飘扬。当时会议

戴爱莲与阿根廷芭蕾舞演员在一起交谈

1996 年国际民间艺术会议上戴爱莲与爱斯基摩参会代表合影

还在进行,到宣布中华人民共和国时,波兰人站起来了,他听不懂英文;可到宣布波兰时,却没人站起来了! 接着,是当地的市长发言。发言完了,他来找我道歉,我说:"你跟我道歉有什么用? 不是我个人的问题,是一个国家的问题,你应该向中华人民共和国政府道歉!"他说:"当然,我可以做的!"我说:"口说无凭,要用文字写下来了!"他照办了。这样,开幕式结束,我才进会场。我走出去时,美国方面很紧张,他们怕我去找报纸、找新闻界"闹事"。赛事的组织者也特别紧张! 因为这次比赛有两个评委会主席,一个是格里戈洛维奇①,还有一个是的罗伯特·乔弗雷②。开赛前,有个在美国开办芭蕾舞学校的俄罗斯人,要让他的学生来参加比赛,可一个学生都没能进预赛。于是他找到新闻界,说是格里戈洛维奇故意不让他的学生参加比赛! 为此,比赛惹出了一些风波。再加上北京和台湾的事情,所以怕我也闹事。伊凡·纳吉告诉我:"你做得对,要是我也会出去!"我告诉组织者放心,我不会无理取闹的。但我也正式告诉美国方面:你们出于友好请我来,我来了,你们却对我的国家不友好! 你们口头上承认一个中国,可实际行动不是这样! 下面的活动我可以参加,但希望比赛能顺利进行。一听说我不闹,他们知道我不会去找新闻记者了,悬着的心才放下了。

随后,我向中国驻美国纽约总领事馆,汇报了比赛过程中发生的情况及其我的处理,他们肯定了我的做法,并对我表示敬意! 我们的领事馆从休斯敦派了丁伟(他现在是文化部外联局局长)来具体负责处理这件事,他带来了中、美两国的"上海公报"。其实

①格里戈洛维奇:世界著名芭蕾大师,原莫斯科大剧院芭蕾舞团艺术总监,舞剧《斯巴达克》的编导。

②罗伯特·乔弗雷:美国著名芭蕾舞团创建人及编导家。

当时中美之间已经有了很多联系,有了文化交流,所以这件事是"坏事变好事"了。

比赛时,我和伊凡·纳吉、瑞士的汉斯·斯伯里[①],还有阿根廷的一个女评委与东欧国家的评委的座位都挨在一起。来自前苏联的格里戈洛维奇是评委会主席,东欧国家的评委都追随他。这种做法很不公平。有一次我参加巴黎的比赛,格里戈洛维奇没来,他的夫人伯斯多娜[②]来了。国际上很多芭蕾舞比赛,经常出现这样的情形:只要格里戈洛维奇参加,人们就趋之若鹜,整个赛事工作都会"一边倒"。这次比赛结束时,在一个比我们中国北京的人民大会堂还大的会场里,举行了一个聚会,有很多人参加。汉斯·斯伯里很淘气,故意敲打盘子发出声响,还装做不知道是谁敲的!……

杰克逊密西西比的芭蕾舞比赛组织得很好,每一个国际评委都"配备"一个当地的人负责接送,没有事的时候,他还可以带你去参观。有一对夫妇,老是招待中国人,他们的家中还有接待过北京舞蹈学校黄伯虹等人的照片呢!这些主人常带我们去些很有特点的小饭馆用餐,那种小地方,很舒服,有的小店主人甚至都不露面。有一次我们去吃饭,碰到匈牙利舞蹈学校的校长依米·多扎,他长得特别漂亮,很难碰到那么漂亮的男人。餐厅的人纷纷问我:"这个是谁,你认识不认识?"美国人对他特别着迷!我看见评委照片时,也觉得这人长得很漂亮,他是伊凡在匈牙利的同学。有一次我看到他的皮肤都晒红了,一问才知道是他的主人对他很好,他们常到海里玩摩托艇"滑水"。

---

①汉斯·斯伯里:瑞士巴塞尔芭蕾舞团团长。
②伯斯多娜:俄罗斯芭蕾女演员。

我的主人带我到密西西比河入海口去玩,我们坐的面包车还可以坐一个人,他们告诉我可以请一个评委一同去,我就请了伊凡·纳吉。我第一次认识伊凡,就是这次比赛。正像所有跟他接触过的人的反映一样,我觉得他这个人很好,很有智慧、有经验;大家很尊敬他,每一个评选结果都要征求他的意见。但他一点不骄傲,平易近人,他的观点也经常与我吻合。我就想:要找一个能和我合得来,也和我的主人合得来的人!我想他们会喜欢伊凡。我问伊凡有没有空?他说:"有空!"随后高兴地来了。我们到了一家饭馆,吃饭的时候他告诉我:"我去过中国,是旅游去的。"我说:"要是知道你去过,我一定请你到北京我的家来!"他问:"中文怎么说'妈妈'?"我说:"妈妈,ma ma。"他说:"啊,一样的!什么是'儿子'?"我说:"'儿'(er)就可以了!"后来他给我写信,就写"亲爱的妈妈……你的儿。"我只有两个干儿子,一个是纽瑞耶夫,另一个就是伊凡·纳吉。

　　上海国际芭蕾舞比赛时,伊凡来了,他起了很大作用。他很有经验,比赛时给我出了很多主意,我不知道的事就问他。苏联的瓦西里耶夫①,我也比较熟,在蒙特利尔开会,吃饭的时候,他跟我跳双人舞。因为我个儿小,他一下就把我举起来了。上海比赛时,需要提评委名单。我说:"日本和苏联的,组委会自己就能找到,因为你们很熟;其他国家,我来点名就行了。"我点了很多人,连美国评委都在内。瓦西里耶夫来晚了,比赛都已经开始了,因此他当评委,但不能评分了,我就建议他参加提意见但不评分。他是来玩的,一到上海就忙着到各处转转,没有认真来参加比赛。因为当时

----

①瓦西里耶夫:莫斯科大剧院芭蕾舞团艺术总监,舞剧《斯巴达克》男主演。

他已经是莫斯科大剧院的领导人了，似乎觉得自己有些身份了！伊凡·纳吉建议：要给他安排工作做。后来"闭幕式"专场演出，我是总负责，就由瓦西里耶夫辅助，伊凡·纳吉，还有格里娜·塞姆谢娃[1]，四个人负责。我们三人先到了，只有瓦西里耶夫最后到。他说："我来晚了，没有全看到，所以我不好安排。"他自动退出去了！我对伊凡说："他什么都不做，可不能让他白来！"伊凡说："他已经感到过意不去了，就让他参加谢幕吧！""这不也太便宜他了，鞠个躬就完了？"我在想。原来想让他参加组织节目，他答应了，后来又不行了！如果让他组织谢幕，到时候他又不来，怎么办呢？可他答应了，说是要柴科夫斯基的音乐。上海方面不错，找了好几版不同乐队、不同速度的录音给他挑。比赛完了，演员不知道谁得奖，都要准备谢幕。瓦西里耶夫很卖力，那么多人，他一个一个地指导他们，在什么位置、怎么跳。那次比赛最好的一个男演员是古巴人，参加了法国青年芭蕾舞团，他个儿矮；还有一个女孩本来没有得奖，她的男伴得奖了，她也来陪他的舞伴参加闭幕式，她个子小，可他却把她放到了中间位置。我提醒瓦西里耶夫：应该把另一位一等奖的女孩放中间！她很漂亮，现在到香港芭蕾舞团去了，北京应该要这个孩子，十六七岁，很漂亮、有风度、很有发展前途。瓦西里耶夫就把她和那个男演员放在一起了。那天晚上真是很累，演员都很疲劳。瓦西里耶夫说："明天还要排。"回到旅馆，我对服务人员说："对不起，我们一直工作到现在，请给我们来点夜宵！啤酒、点心什么的。"瓦西里耶夫特别高兴！第二天的谢幕仪式，像个小舞剧似的，他排练得很好很好的！所有的演员都做得挺好，就是

①格里娜·塞姆谢娃：苏联芭蕾舞蹈家。

澳大利亚那个男演员的基础差一点，但他做的东西也还过得去（给他的动作，他因不熟悉做得比较笨，就为他一个人改了动作）。瓦西里耶夫立功了！伊凡打分有个好处，日本的松山树子给分偏高，伊凡有时给的分数比较低，2分什么的，松山树子给9分，正好可以平均起来。松山树子对芭蕾舞演员都爱，不管好坏都爱。伊凡不是这样，好就给够分数，不好就"扒"下来！还有一个人我也很喜欢，如果再要选择一个干儿子的话，我会选择尤瑞·基里安[1]，这个人也很好，人很谦虚。安东尼·图德看准了这个接班人，这人的确很好。

当然，我没想到，我朋友威利的儿子，成了我最亲的干儿子！这倒是说明了一个道理：亲戚不能选择，朋友却是可以选择的。我的亲戚很多。在中国，我有个干女儿李伊兰，还有叶浅予的女儿明明；有英国姐姐，还有西蒙（我的"法国的双胞胎"，我俩生日相同，但我比她大一岁）。我是个"国际家庭"！有些时候，特别是西蒙死后，很多报纸写她不好；可是认识这个人，就知道这个人的价值！

我一生运气好，认识了很多朋友，我爱我不同国家的朋友们。

---

①尤瑞·基里安：荷兰著名现代舞编导家。

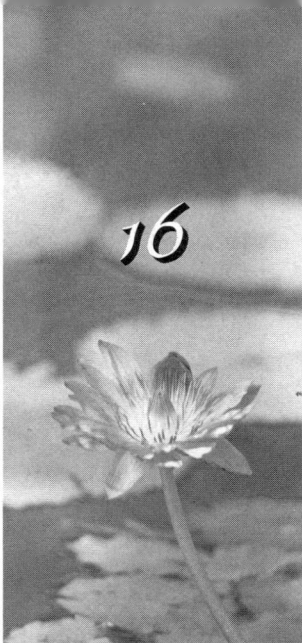

16

不停息的人生舞步

2002 年 4 月 30 日，对我来说不同寻常，因为这天中央芭蕾舞团收到了一封来自中华人民共和国文化部的信。信中写道：

为促进我国造型艺术和表演艺术创作研究的发展，奖励在造型和表演领域内取得创作、研究卓越成就的艺术家，和艺术理论家，中华人民共和国文化部艺术司设立《造型表演艺术创作研究成就奖》。第一届《造型表演艺术创作研究成就奖》评选工作已结束。由文化部艺术司聘请的专家，经过严格评审，评出 11 位获奖者。贵团戴爱莲先生获此殊荣。……

作为舞蹈界的代表获得这项荣誉，我深感荣幸。中国舞蹈事业是我人生中永远的舞台，我将在新世纪里一如既往地舞下去。

1996 年 7 月被授予香港演艺学院院士

戴爱莲荣获"中华民族 20 世纪舞蹈作品评比展演"经典作品奖

台湾刘凤学的"新
古典舞团"和郭惠
良的"绵绵舞蹈
团"敬赠的"中国
舞蹈之母"奖盘

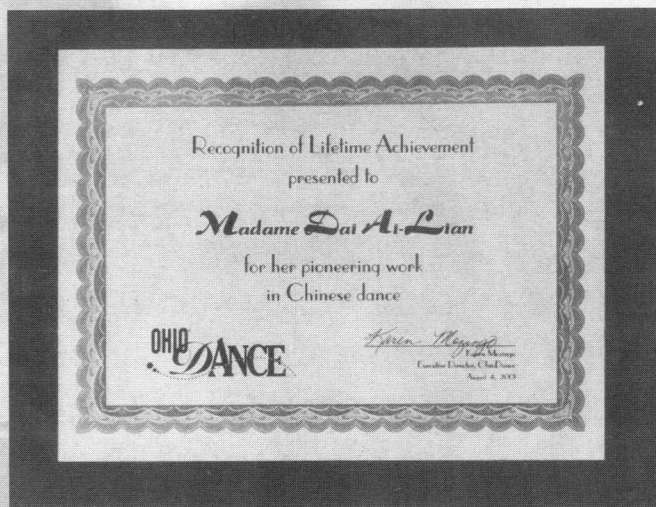

美国俄亥俄州立舞蹈协会授予戴爱莲终生成就证书

1996 年戴爱莲 80 岁生日庆祝会上的即兴舞蹈

附　录：

关于芭蕾和现代舞

戴爱莲

芭蕾的学派及其他

我认为，一个国家的芭蕾舞团，只有演具备自己民族内涵的芭蕾作品，才能形成自己的风格，而不是形成一种流派。芭蕾是国际性的东西，派别不是容易形成的。

芭蕾历史上，只有切凯蒂学派、俄罗斯学派、法国学派三大学派。"布农维尔学派"实际上还是法国派的延续。切凯蒂学派是真正古典芭蕾的标准学派，"布农维尔学派"的功夫好在不用手来帮忙，跳跃起来，上身是不动的，脚下非常干净。后来，默尔·帕克做英国皇家芭蕾舞学校校长，她不要"切凯蒂"，改用俄罗斯派的东西，阿什顿①就有不同看法。结果，皇家舞校的学生显然退步了，因为换了派别。阿什顿坚持认为，所有皇家舞校学生都要学"切凯蒂"的"帕地伯拉"（芭蕾术语———一套以臂和头部动作为主的组合），至少有五套动作。

节日芭蕾舞团现在变成了英国国家芭蕾舞团，那儿有个好教员，原来是舞团的主演，是"切凯蒂"派的弟子。过去我看她演出，

---

①阿什顿：英国著名芭蕾舞大师、编导家，英国皇家芭蕾舞剧团原艺术指导。

技巧很好，但不怎么有激情；后来又看她一次演出，很有戏剧天才了，会演戏。她还是相当全面的演员。英国芭蕾也是从切凯蒂来的，有"切凯蒂学会"，美国也有。很多人不了解芭蕾的发展，应了解过去好的东西，应该知道世界上所有好的芭蕾艺术家，几乎都是切凯蒂的学生，他是个重要人物。里法尔，没有切凯蒂，他根本出不来。

一个瑞典人——约翰松①，一个意大利人——切凯蒂，奠定了芭蕾艺术体系的基础。北京舞蹈学院出来的学院派都一个模子，但不是艺术家；要培养艺术家，需要有不同的人才传业，才有可能出来天才。艺术最反对"学院派"。我知道芭蕾舞的愉快，是安东·道林给我打下的基础，玛格丽特·克拉斯克教给我舞蹈技术，我的艺术观念是靠朋友的刺激和熏陶，不是谁对我有用我学谁。芭蕾是强调技巧，但只有技巧，不是芭蕾艺术。我看过皮娜·包施②的舞蹈，我感觉有点像魏格曼。

玛利亚·费伊③是匈牙利人，我介绍她来中国的，她自己想来教芭蕾舞。她 1982 年来中国。艾娃·艾芙多基莫娃是她最好的学生。她教代表性民间舞的，教得非常好。她的手很漂亮，因为她学过拉班的东西。她的代表性民间舞是真正向那个民族的人学的。匈牙利有很好的舞蹈学校，也出了很好的演员，伊凡·纳吉就很有名，欧洲很多国家，像德国、罗马尼亚，都有好演员。她的教学方式相当科学，"芭团"的很多演员都从她那里大受裨益。王才军④原来

---

①约翰松：世界著名芭蕾舞大师。

②皮娜·包施：当代最具影响力的德国现代舞编导家，代表作有《春之祭》等。

③玛利亚·费伊：匈牙利芭蕾舞教育家。

④王才军：中国中央芭蕾舞团主要演员、主要教师。

就能转 4—5 周"五位转",经她点拨之后,很轻松地就能转到 7—8 周了。所有的学员都非常钦佩她。

还有一个,芭蕾是世界艺术,但对我们来说,是外来文化。我们接受了很多外来的艺术,油画、管弦乐,只要人民喜欢、接受、满意,就是好的、可以存在的东西。在欧洲,每个地方的芭蕾舞团都有自己的地方风格。中国的芭蕾演员有一种不同于西方的味道,这是一件很好的事情,说明将来中国能够形成一种风格独特的芭蕾舞。

新旧问题……"新古典舞"是可以说的,因为它是在古典舞基础上发展而来的,本身并未脱离古典的基础。我认为,一切都是在发展的,无论你提不提"发展"的口号!你不提,它也是在发展着。任何人、任何势力或力量,都无法阻挡发展的步伐,发展是永恒的。比如,我向安徽民间艺人冯国佩学习"花鼓灯",一看我便知,不可能完全"模拟"他的神韵和妙处,只能是尽量地学他的艺术,我无法"复制"他或"变成"他!但我可以按照自己的理解去做,这也就加进了我的东西。以后,我又将自己所学传授给另一个人。这个人曾向冯国佩学过舞,可经过我的教学之后,他跳的"花鼓灯"中我的东西增加了,冯国佩的影响却减弱了,而他自己的内容又加入了。就这样一次次"传承",一次次"发展",是一个十分自然的过程。所以说,发展是必然的,无须强调。少数民族的舞蹈,也是在原有的基础上,不断发展着的,绝非不变的。现在少数民族跳舞时,年轻人跳的舞,老人是不参加的;老人们跳的舞,年轻人早已不会跳了。这说明民族舞蹈也是发展很快的。

关 于 现 代 舞

现代舞,在欧洲,首先出现在德国。第二次世界大战以前,20世纪20、30年代,德国是个相当发达的国家,在技术、文化方面领先于世界。大机器生产和民众生活水平的提高,为现代舞的诞生提供了土壤。在美洲,依莎多拉·邓肯则率先扯起了现代舞的大旗。……玛莎·格雷厄姆是爱美国的,但她爱的是那个"欧洲白种人的移民国家"。每年11月的感恩节,是为了纪念白种先民发现美国而确立的,主流文化中的美国人只对它和由它开始的美国历史感兴趣。玛莎的作品,开始多是表现美国早期开拓者的主题和白种人的生活的。这样的"美国",是没有自己的传统的,因为它的文化传统在欧洲。为了突出自己的存在,美国人要从"零"开始,创造一个新的文化样式。现代舞,就是在这种文化精神的指导下出笼的。随着经济实力的强盛和国际地位的上升,他们又希望每个人都像他们一样,文化也是他们的那种文化。就像基督教一样,意思是只有加入它的苑囿,才能找到"文明"。这就是美国人的"世界主义"。美国现代舞,很大程度上宣扬的是这种东西,因此,我不喜欢美国现代舞(当然,这只是美国文化的一个方面,并非所有的美国人都认同它)。

中国人所以崇拜美国文化,一方面是近一个多世纪以来国势衰微造成的心理阴影使然,另一方面,是我们的民族观念、民族历史的教育失衡使然。我从"寻根"联系到民族学,少数民族很清楚自己民族的历史;随着民族学研究的深入,我又涉及了人类学——一个更大的领域,使我明显地感受到我们民族的伟大! 美洲印第安人，1492 年被白种人发现而"命名"，这个错误一直延续至今。实际上，他们并不是从印度到的美洲，他们真正的"故地"是中国。中国今天的民族，实际上也不只 56 个。……如果还有一次生命的话，我很想从加拿大开始，一直到智利，去仔细研究一下早期美洲的传统文化，因为他们有很多东西和我们的文明如出一辙。"太阳崇拜"、"鸟崇拜"，等等。他们都是我们的亲戚。中华人类文明的历史，是地球上惟一延续不断的历史。我们的民族真正是了不起！作为中华民族的一员，我真正感觉到很自豪，从来没有过自卑。爱国、爱人民，前提应该是"爱民族"。一个连自己民族都鄙视的人，不可能是爱国者！

另外，大民族没有理由歧视小民族，世界上所有的民族都应该是平等相待、共同进步的。目前，在世界范围内，国家不分大小一律平等是所有人的共识，但对于民族的认识还未上升到这个高度，这是需要大家努力的事情。国家也好，民族也罢，就像一个"大家庭"，它由无数个小家构成，吵架、拌嘴是情理之中的事，关键是要有良好的解决"分歧"的办法。目的只有一个，保持大家的繁荣。大家庭繁荣了，才能对世界文明做出积极的贡献，而这种贡献的能量往往是无法估量的。

美国现代舞，不要民族，这是危险的！中国是个多自然灾害的国家，像洪水、瘟疫这样的灾难来临，如果人人自保，那将是怎样的后果呢？据说，美国的现代舞已经进入法国了，1979 年我去法国时，那里的现代舞还是德国传统的。奥地利原来也有现代舞，后来美国现代舞也进去了。

现代舞是不讲传统，不讲"根"的，尤其是美国现代舞。每个人都认为"一切从我开始"，其他都没有价值。我很小就开始研究芭蕾舞的派别,我认为现代舞同样是存在派别的,格雷厄姆、拉班理论、魏格曼等都应是不同派别。在美国参观时,我看了很多现代舞。每当我认定某人为某一派别时,他们总是摇头说:"不,不!我不是某某派别的,这是我自己创作的。"没有"根"的东西,我认为是没有发展前途的东西。这就是我的观点。我理解,中国人对现代舞的热情,源于多年闭关锁国后的惊喜,但任何事物的发展、变化都有其内在的逻辑性,不可盲目引进,更不能照抄照搬。中国不乏传统,更不乏底蕴丰厚的好东西,为什么不认真、仔细地开掘一下呢?难道只有"外国的月亮"才是月亮吗?当然,接受外来影响为我所用,也是必然的、应该的。中东地区有很多好东西,对我们的有益影响很多。如敦煌壁画,很大程度上受了伊朗文化的熏陶。这种文化间的互动古已有之,印度雕塑在内容与形式上与古希腊的雕塑有很多共同之处。影响和交流是正常的,但不能违反规律。一个民族有一个民族的美感,有一个民族的形象。比如"树"的形象,傣家人像一棵竹子,亭亭玉立的。如果你把它搞成一棵榕树的模样,那就不是傣族人了。大自然是最美丽的,白云因为有了阳光,才幻化出七彩颜色;如果全世界的云彩都像美国的云彩一样,就那么一种色彩,那还有什么意思呢?

关于舞蹈人类学和舞蹈民族学

——对 20 世纪 80、90 年代后中国文化的看法

戴爱莲

中国目前的现代化,不是现代化,是西方化。总强调"创新",什么是创新?西方人怎么做的?我没去过多少国家,但应该向外国学先进的东西。1948 年我到北京,我认为北京是世界上最美的城市,有古建筑、故宫。

我去了 29 个国家,很多国家有自己的风格,很漂亮! 我们不能破坏传统,芭蕾舞我很喜欢,但我从不忘记自己的传统。有人说:民族传统落后,民族的东西没有技巧。因而不重视民族。我们要赶上西方,但不要忘记自己的民族传统,要在这个基础上发展。地球在动,什么都在发展。现在富了,要感谢邓小平! 中国的文艺来自人民,整个社会要有自己特色的文艺,搞文艺的人要爱自己的国家,爱自己的人民,爱自己的文化。美国没有吸引力,他们没有自己的传统, 可能现在持我这种观点的中国人为数不多了,我希望文化部、宣传部、文联重视这个事情。技术方面的东西,西方先进应该学,可是要保有自己的灵魂。如服装模特,要有个性的,不是美人就是好的! 我是中华民族的人,我很自豪,但要真正发展自己民族的文化,不是什么都要西方的。我喜欢我们有成绩,我们已落后了 40 年,搞现代化是历史的趋势。我们的京剧就改变了,

我喜欢川剧、越剧,很自然;京剧太程式化,不容易懂。要研究地方戏,要找"根"。没有"根",文化发展就没有后劲。少数民族的文化继承了"根",秧歌、腰鼓、狮子舞是民间的,龙舞是中华乐舞文化的"根"!我们要搞清楚。现在很多事情让我想不通!经常说"两个文明一起抓","精神文明"抓得怎么样?就是负责人写一下总结就完了吗?我曾给《人民日报》写过一篇文章,希望及时落实精神文明建设。我在政协会上老反映情况,可没有用!很多少数民族同志同意我的意见,认为目前我们的物质生活水平是提高了,但精神文明的高度发展没有反映出来。民族之间的发展不平衡,蒙古、朝鲜、壮族等,少数民族都是中华大家庭的一分子。早年在英国学校上学时,我就因为是中国人、但不会说中国话而感到自卑,我强烈希望保有自己的民族自尊。我的表弟是外科大夫,他的妻子老欺负他,因为他是中国人也不会说中国话。很多在国外出生的中国孩子说自己不是中国人,而说"我是中国加拿大人",多可悲!中国人的头发很硬,是直的,西方人的头发是扁的,所以卷。走到哪儿,你都是中国人的血统!今天的中国,一定要有中国特色的精神,中国特色的文化,中国特色的艺术。从舞蹈角度看,我们的芭蕾舞提高了;现代舞"开放"后才真正开始系统地引进,而人家已搞了50多年了;国际标准舞,西方也是一个世纪的发展经历了。我特别反感"探戈"舞,小时候就不喜欢探戈,可有人欣赏,他可以满足"自我表现"的欲望,所以还会存在。但英国有很多现代舞团体,是跳民间舞的。因为政府的艺术管理委员会是不支持过多的现代舞团体存在的。

舞蹈的摇篮（二）

——戴爱莲建立的育才舞蹈组 （红岩村—上海）

彭　松

　　1946年8月戴爱莲先生离开重庆去美国访问、讲学。育才舞蹈组的教学工作让我负责，这时的舞蹈组有我和叶宁两个老师，十多个学生，我们已从合川草街子古圣寺搬到了化龙桥红岩村刘家花园内，和八路军办事处毗邻而居，有了宽敞的教学大楼，舞蹈组有了练功教室和排演场地，开始了比较正规的教学。文化课请社会组的教师担任，我担任舞蹈基本训练及排练课，音乐课由叶宁担任，同学们任选一种民族乐器学习，以加强对音乐的欣赏能力。

　　搬来红岩村，教学条件得到了改善，但政治风云日渐险恶。自日本投降后，国民党撕毁了"双十协定"，进攻解放区，迫害民主人士，陶行知先生是民主运动的先锋，是党外的布尔什维克。郭沫若先生告知陶先生已进入了国民党的黑名单，但陶先生无畏无惧，继续为民主事业奔走。1946年7月16日陶先生在上海写信勉励育才学校全体师生：

　　绿芷、博禹……永扬、蒋路、彭松、百令、淑怡诸位同志：接到你们的慰问信，大家、尤其是我，从这些信里，得到无上的鼓励……为民主死了一人，就要加紧感召一万人来顶补，而中华民族才活得下去。……要以"仁者不忧，知者不惑，勇者不惧，达者不恋"的精神培养学生和我自己。……我提出五项修养：一为博爱而学习,二为独立而学习,三为民主而学习,四为和平而学习,五为科学创造而学习。这些也希望大家共勉。

这是伟大的教育家陶行知先生教导育才师生的最后的一封信,也是陶先生生前所写的最后的一封亲笔信。1946年7月25日凌晨,陶行知先生突发脑溢血症,逝世于上海。

消息传来,如惊天霹雳,育才全体师生如丧父母,哭声动地。至今我想起当时师生老老少少陷于极度悲痛中的情景,仍禁不住泪流满面。

陶行知先生追悼会在延安、上海、重庆先后举行。《新华日报》1946年9月23日载:"陪都(重庆)各界人士二千余人(在沧白堂)举行陶行知追悼大会。……主祭为邓初民,陪祭有吴玉章,许德珩等……彭松读祭文:'陶先生,我们哭……内战还在打,自己人打自己人! 我们哭,联合政府还没有成功,党派得不到平等! 我们哭,老百姓饿死冻死,还要征兵征粮! 我们哭,有船只是运兵打内战,我们不得还乡! 我们哭,我们还没有自由,还没有民主!'……台上台下的人们止不住满眶的热泪。"

育才学校的师生们,遵照陶先生的遗愿,忍着眼泪,化悲痛为力量,为博爱、为独立、为民主、为和平,为科学创造努力学习,以告慰陶校长在天之灵。舞蹈组在半年多的时间里,坚持上舞蹈基本训练课,音乐、文化课。我为学生们编排出一批新的舞蹈节目。

《乞儿》:塑造了三个在抗日战争时期流落街头,无依无靠,饥寒交迫,骨瘦如柴的孩子。用了一首《柏木扁担》哀婉凄切的民歌伴奏,曲调感人泪下。由韩宗隆、张丽玲、陈如九表演。

《猴戏》:是一个讽刺性的独舞,借用猴子耍把戏的形式,演一个小猴子在锣鼓声中，戴上不同的面具表演，有发国难财的奸商、有投靠日本人的汉奸、有勾搭美国兵的交际花、有国民党的打手。寓美于丑，用夸张的舞蹈动作表现这些反面人物的心理丑态。由肖化成扮演，他是舞蹈组较小的学生，十分机灵。

《弃婴》：表现一个逃难妇女，因流亡艰难处境，不得不抛弃自己的亲生骨肉时的矛盾心情和内心的痛苦。由年纪最大的学生鲍如莲表演。

《火苗》：这个作品是用象征的手法，表现一缕火苗由小到大，由慢到快，由弱到强，由聚到散，象征着"星星之火，可以燎原"的意蕴。由舞蹈组唐南宁等全体同学表演。

另外还有《快乐的人们》由姜敏等表演。

《向民主小姐求爱》，用陶行知先生同名诗朗诵伴舞，用面具舞的手法表现。

这些新节目加上戴先生的边疆舞蹈，曾多次到工厂学校演出。

育才学校于1947年春季迁校上海，舞蹈组随行，我和叶百令和小同学一起乘船东下，经过三峡直达上海大场校本部。"育才"为了在上海扩大影响，于1948年春节前，由戏剧组、音乐组、舞蹈组在上海兰心大戏院举行联合公演。关心育才学校的进步人士和文艺界的许多朋友都来观看，连演三日，座无虚席。田汉先生在上海《新民报》上发表了热情洋溢的评论文章，对育才三个艺术组的联合演出备加鼓励，对《乞儿》、《猴戏》、《火苗》几个舞蹈称赞不已，特别赞扬戴爱莲先生在育才学校开辟的这块舞蹈园地，舞蹈幼苗已经在成长之中。边疆舞运动也已在学生运动中展开，中国新舞蹈艺术，辉煌发展的前景已露出了曙光。

后　　记

　　历时三年,经过了春夏秋冬分明的四季更迭,这本记录中国现代舞蹈大师戴爱莲先生艺术与人生的"随笔性"著作,终于有了一个雏形! 回顾两年多的采访、写作日子,我们感慨颇多;抚摸风雨兼程中的跋涉、砥砺时光,我们获益匪浅!

　　面对戴爱莲先生,面对着一位"跨世纪老人"的艺术人生、高尚情怀和伟大人格,我们折服了! 面对这部书稿,面对着一卷并不规整、但却真实可信的大师生平"实录",我们释然了! 不管怎样说,这是迄今为止,戴爱莲先生为后人留下的第一本"自述性"文字。虽然它有着很强的"漫话"色彩,也没有过多地追求文章的完整性。

　　该书源自戴先生 50 余盘采访录音的整理,由罗斌、吴静姝二人分工合作,完成了这本书初稿。

　　衷心感谢该书的策划者,我国著名的舞蹈史学家王克芬先生

（她是戴爱莲先生的老学生）无私而忠实的坐镇、提携、把握和赤诚的援助！没有她的指导与鼓励、勤勉与奉献，这部书恐怕难成！感谢戴先生那批真诚而又童心未泯的"老学生"们，因为有了他们的真诚协助，这部书稿才能顺利完成。这些同样年逾古稀的老人，是在用自己全部的情感回报老师的哺育之恩！她们是彭松、隆征丘、吴艺、袁春、姜敏、韩宗隆、金立勤等。

中国艺术研究院舞蹈研究所的霍德华老师，也是特别需要感谢的人！她的真诚援助和无私奉献，同样使这部书增光添彩！

当然，还要感谢那些为这部书的成功付出了辛劳和汗水的各方朋友，如周红女士等，还有整理者罗斌先生的家人（他的侄儿），特别是责任编辑牛抒真女士。他们付出了辛勤的劳动，也因此而感到无比兴奋、无上光荣！

记录、整理者
2001 年 11 月 24 日

309